教育部现代学徒制试点项目建设成果
国家级教学资源库配套教材
高等职业教育连锁经营与管理专业规划教材·职业店长系列

U0648832

CAIGOU YU

GONGYINGLIAN

GUANLI

采购与
供应链管理

颜莉霞 主编

楼永俊 吴哲 于天懿 副主编

富媒体智能型教材

东北财经大学出版社 大连
Dongbei University of Finance & Economics Press

图书在版编目（CIP）数据

采购与供应链管理/颜莉霞主编. —大连：东北财经大学出版社，
2024.5

（高等职业教育连锁经营与管理专业规划教材·职业店长系列）

ISBN 978-7-5654-5171-3

Ⅰ.采…　Ⅱ.颜…　Ⅲ.①采购管理-高等职业教育-教材 ②供应链管理-高等职业教育-教材　Ⅳ.F25

中国国家版本馆CIP数据核字（2024）第040268号

东北财经大学出版社出版

（大连市黑石礁尖山街217号　邮政编码　116025）

网　　址：http://www.dufep.cn

读者信箱：dufep@dufe.edu.cn

大连天骄彩色印刷有限公司印刷　东北财经大学出版社发行

幅面尺寸：185mm×260mm　　字数：302千字　　印张：13.75

2024年5月第1版　　　　　　　2024年5月第1次印刷

责任编辑：郭海雷　王芃南　　　　　　责任校对：刘贤恩

封面设计：原　皓　　　　　　　　　　版式设计：原　皓

定价：36.00元

富媒体智能型教材出版说明

"财经高等职业教育富媒体智能型教材开发系统工程"入选国家新闻出版广电总局新闻出版改革发展项目库，并获得文化产业专项资金支持，是"国家文化产业资金支持媒体融合重大项目"。项目以"融通""融合""共建""共享"为特色，是东北财经大学出版社积极落实国家推动传统媒体与新媒体融合发展的重要举措之一。

"财济书院"智能教学互动平台是该工程项目建设成果之一。该平台通过系统、合理的架构设计，将教学资源与教学应用集成于一体，具有教学内容多元呈现、课堂教学实时交互、测试考评个性设置、用户学情高效分析等核心功能，是高校开展信息化教学的有力支撑和应用保障。

富媒体智能型教材是该工程项目建设成果之二。该类教材是我社供给侧结构性改革探索性策划的创新型产品，是一种新形态立体化教材。富媒体智能型教材秉持严谨的教学设计思想和先进的教材设计理念，为财经职业教育教与学、课程与教材的融通奠定了基础，较好地避免了传统教学模式和单一纸质教材容易出现的"两张皮"现象，有助于教学质量的提高和教学效果的提升。

从教材资源的呈现形式来说，富媒体智能型教材实现了传统纸质教材与数字技术的融合，通过二维码建立链接，将VR、微课、视频、动画、音频、图文和试题库等富媒体资源丰富呈现给用户；从教材内容的选取整合来说，其实现了职业教育与产业发展的融合，不仅注重专业教学内容与职业能力培养的有效对接，而且很好地解决了部分专业课程学与训、训与评的难题；从教材的教学使用过程来说，其实现了线下自主与线上互动的融合，学生可以在有网络支持的任何地方自主完成预习、巩固、复习等，教师可以在教学中灵活使用随堂点名、作业布置及批改、自测及组卷考试、成绩统计分析等平台辅助教学工具。

"重塑教学空间，回归教学本源！""财济书院"平台不仅仅是出版社提供教学资源和服务的平台，更是出版社为作者和广大院校创设的一个自主选择和自主探究的教与学的空间，作者和广大院校师生既是这个空间的使用者和消费者，也是这个空间的创造者和建设者，在这里，出版社、作者、院校共建资源，共享回报，共创未来。

最后，感谢各位作者为支持项目建设所付出的辛劳和智慧，也欢迎广大院校在教学中积极使用富媒体智能型教材和"财济书院"平台，东北财经大学出版社愿意也必将陪伴广大职业教育工作者走向更加光明而美好的职教发展新阶段。

东北财经大学出版社

前　言

在课堂上，采购课程常被学生们贴上"理论性太强，在实践中不够用"的标签，一些授课老师也持同样的观点。在企业中，采购部被视为花钱的部门，公司越想控制采购成本，越是掉入花钱深坑。进入智能时代，企业采购必须从企业战略这个高度对供应链进行全局性规划，实现全面增值。这就有了"采购与供应链管理"的叫法，本书的命名由此而来。

本书编写的第一个理念，是把企业采购，从简单的持币购物，向供应商与供应链管理提升，让采购成为企业的命脉，不单单在于成本节支，更在于确保企业全面增值。

本书编写的第二个理念源自由ChatGPT引发的对高等职业教育的思考。什么样的高技能人才能够适应未来高速变化的社会需求呢？如果将之前的教育比作造房子，是基础知识模块的夯实与积累，那么未来的教育则类似于搭帐篷，不仅需要教育者知识架构的搭建与延展，更需要学习者海量知识的容纳与创新。基于此，编者希望呈现给学习者的是采购与供应链管理的框架体系——每个项目以一个"引例"开始，通过引入一个零售行业的虚拟公司，引导读者对其商品采购与供应链管理做出重要决策。同时，在知识讲解与任务实施过程中引入大量行业动态与案例引发学习者思考，引导其探索技术创新与能力的提升。

党的二十大报告指出，高质量发展是全面建设社会主义现代化国家的首要任务。新时代下高素质人才担负着构建优质高效的服务业新体系，推动现代服务业同先进制造业、现代农业深度融合的重任。行业转型升级必须加快发展物联网，建设高效顺畅的流通体系，降低物流成本。采购与供应链管理，在大数据、人工智能、电子商务、新零售、万物互联的今天，显得格外重要。编者希望本书可以作为课堂教学的有力支持，向学习者展示采购与供应链在企业经营与管理中对提升企业竞争力的贡献。

本书主要面向高等职业教育"连锁经营与管理""采购与供应链管理"专业核心课程课堂教学而设计，同样适用于"经济贸易类""工商管理类"供应链管理相关课程。书中企业类型涵盖全渠道零售企业、其他商贸流通企业、餐饮等服务型企业及提供相关零售赋能服务的机构等。

通过学习，应掌握供应商开发、采购谈判、合同管理、商品进货、商品补货、商品退货等采购管理的能力，并通过供应链这个抓手来统领、有机组织企业活动。本书以采购管理过程为主线、供应链管理为引领设计了6个学习项目：初识采购与供应链、需求预测与库存计划、采购计划与预算管理、实施采购过程、供应商管理、采购绩效评估与供应链可持续发展。每个学习项目各包含若干个工作任务，根据完成任务的需要介绍采购与供应链知识，通过任务实施将知识转化为技能。

本书特色如下：

1. 以商战竞争中奋力转型的 A 零售公司这个典型案例贯穿全书

这个案例贯穿全书，通过阐述采购与供应链日常经营与管理，帮助学生综合掌握各项目中的重要概念和分析工具。每个项目的引例均体现当今智慧零售企业实际面临的挑战。每个任务导入中所讲的故事可以激发学生的兴趣，将各种商科类高职高专教材中的概念与工具应用于事件中，通过各种带有数据和图形的例子呈现出来。

2. 以学习目标与知识、技能体系思维导图架构采购与供应链基本知识体系

每个项目先列出学习目标，梳理学生在学习该项目时应该掌握的知识点与技能点。这些学习目标也梳理出未来采购与供应链管理者走向职场需要的分析工具。项目开篇处将本项目出现的和需要学生掌握的知识、技能通过思维导图的方式呈现，厘清学生对本项目的认知。正如前文所提及的，在未来教育中，教育者的工作更多是知识体系的搭建。本书希望通过这样的思维导图框架结构搭建，在每个项目学习之初即能帮助学习者了解采购与供应链管理基本框架体系。

3. 以行业典型案例与高职专业技能有效衔接引导学生技能创新

近年来企业非常重视供应链战略，行业内涌现出诸多实践典型。虽然商业问题错综复杂，但学生通过学习行业典型案例，能从中借鉴和思考。未来教育需要学习者海量知识的容纳与创新，本教材将行业内优秀典型案例与课程知识点技能点有效衔接，希望"他山之石，可以攻玉"。

4. 以职业教育数字资源共享平台汇聚资源库建设集成共享课程知识技能成果

伴随大数据、人工智能等新技术在教育中的应用，教材成为跨媒介教学资源的有机组成部分。本教材编者团队有幸参与"连锁经营与管理"专业国家级教学资源库建设项目，承接了"连锁企业采购与供应链管理"课程子项目建设。本教材与"智慧职教"资源库课程体系设计同步，依托资源库可以为广大教师、学生和社会学习者提供优质数字资源和在线应用服务，也可以为本教材持续升级提供强有力的数据资源支撑。

本教材由浙江商业职业技术学院颜莉霞担任主编，楼永俊、吴哲、于天懿担任副主编。颜莉霞负责设计本书整体框架、拟定大纲并编写项目1任务1.2、项目2、项目3、项目5、项目6任务6.2。楼永俊依据其主编的《连锁企业采购管理实务》教材，结合行业最新发展动态重新调整编写项目1任务1.1、项目4、项目6任务6.1。吴哲、于天懿参与提供项目1~4相关行业素材并参与相关媒体智能型资源制作。借此机会，感谢浙江商业职业技术学院经济与管理学院的同事和同学们。同时，感谢中国连锁经营协会以及校企合作企业提供的大量行业、企业实践素材，他们引领了教材编写方向，充盈了教材编写内容。

本教材编写过程中参考和借鉴了相关专家和同仁的文献资料，在此特别致谢。由于编写时间仓促，加上编者能力有限，书中难免有疏漏之处，敬请广大读者赐教，待来日修订完善。

编　者
2024年1月

微课

主编说课

目　录

项目 1
初识采购与供应链

■ **学习目标**

【**知识目标**】

✓了解采购的基本概念

✓理解采购管理与采购的联系与区别

✓熟悉采购部门组织形态与设计方式

✓熟悉采购流程

✓了解供应链的概念及目标

✓理解供应链流程观点

✓理解竞争战略与供应链战略

✓掌握供应链绩效的驱动因素

【**能力目标**】

✓能描述采购业务流程，绘制采购业务流程图

✓能根据采购组织结构设置岗位并描述岗位职责

✓能描述供应链的循环观点和推/拉观点

✓能描述企业如何实现供应链战略与竞争战略之间的战略匹配

✓能论述每个驱动因素对于实现供应链战略和竞争战略匹配的重要作用

【**素养目标**】

✓引导学生理解采购与供应链管理对企业、行业全面增值的重要性

✓引导学生认知采购是过程，而非结果

✓引导学生理解采购对企业经营的重要性，树立爱岗敬业、忠于职守的职业素养

■ **学习导图**

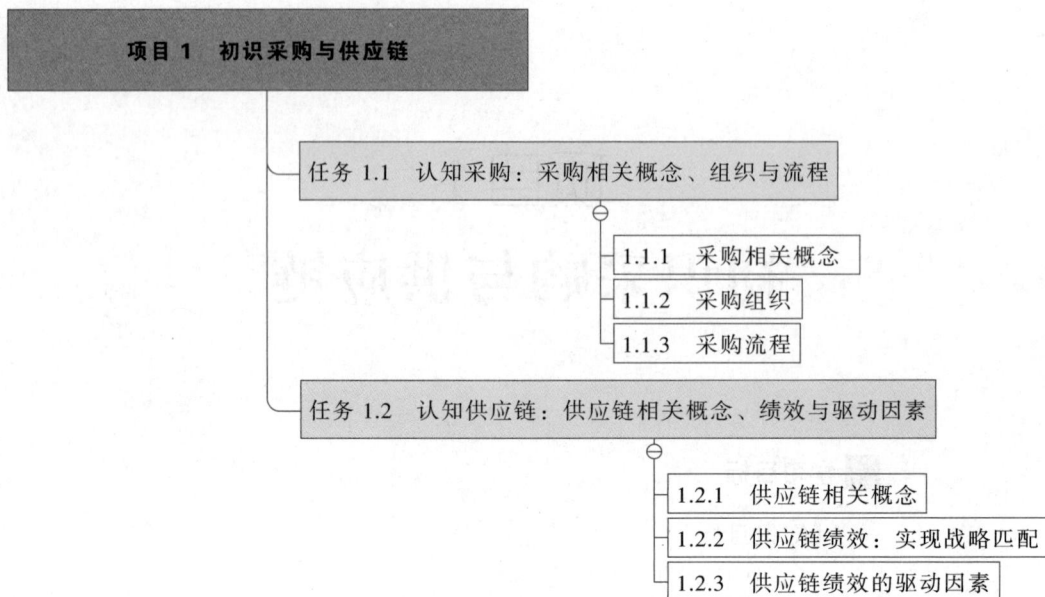

■ **引例**

A公司曾经叱咤零售行业数十年，如今为了扭转发展颓势，公司总裁S先生给自己设定了一个目标：变革采购与供应链。S先生是目前该区域零售行业中最具远见卓识的领军人物，他为什么这样重视采购呢？其他公司总裁们以前几乎从未考虑过采购这个环节。

S先生之所以关注采购这个环节，是因为他深知A公司的供应商一直以次充好，如果能够改善采购，公司的竞争力将显著提升。那时，公司旗下大卖场门店有2~3个月的供方存货，导致门店需要提前4~6个月预测消费者的需求。S先生自认为没有那么聪明可以做到这一点，于是他任命P先生对公司的采购体系进行改造。

P先生把库存从2个多月缩短到数日。他重点调整了仓库与配送中心，就关键商品同供应商进行长期交易，并以供应链全过程管理为抓手，解决了采购过程中存在的瓶颈问题。得益于此，A公司新产品研发速度加快，并能够快速将新产品销售到消费者手中，产品销量呈现螺旋式上升。事实证明，P先生对采购方面的改革是成功的。

A公司迈出了解决供应链问题的第一步，进而为公司的转型发展扫清了障碍。采购与供应链已经扩展到新领域，而这些领域正在使企业发生翻天覆地的变化。可以说，供应链优化有助于提升营业收入，降低成本，规避风险，提高企业的运营效率。

尽管有类似于A公司这样的例子，但许多公司高管仍然忽视采购与供应链管理。我们正在进入一个考验企业管理者的时代，顺应潮流者才能生存，停滞不前者就会被淘汰。当今，管理者需要竭尽所能地挖掘自身的竞争优势，那些单纯地从削减成本方面考虑而忽视采购和供应链环节的管理者将处于严峻的劣势。成功将属于那些把采购和供应链管理视为增长收益和降低风险的管理者。

请思考：

什么是采购与供应链管理？为什么S先生为了扭转企业发展颓势，要设立转变采购与供应链这一目标？采购与供应链管理与企业经营战略之间存在怎样的关系？

带着这些问题，我们一起开启采购与供应链管理的学习之旅吧。

任务1.1 认知采购：采购相关概念、组织与流程

微课

认知采购

【任务导入】

小E刚从某高职院校连锁经营与管理专业毕业，由于在毕业实习时已经在A公司大卖场门店基层岗位上干足了一年，且表现良好，等到正式与A公司签约时，他就被安排到了采购部门。小E和同学们聊到了他即将入职采购部门，有同学羡慕小E，说他进了一个"有油水"的部门。有同学提醒小E，采购部门日子可不好过，是个花钱的部门，担子重、责任大，要是干不好，可能就要卷铺盖走人呢。

小E虽然在门店实习了一年，但做的基本都是销售工作。真到了公司的采购部，还真担心当初在课堂上没学到本事，到了社会大课堂，还得再系统地学习采购相关理论知识才行。那么小E需要掌握哪些采购方面的基础知识，才能成为一名合格的采购员，跟着采购经理从事采购业务呢？

任务分析：

采购是当今企业构建竞争优势的重要途径，但是很多企业的管理者和员工只将采购视为单纯的买卖行为，对采购缺乏深入了解，因此遭受损失。作为零售行业的经营管理者，必须学习采购和供应链的基本理论，掌握采购与供应链的核心理念和关键要素，以便指导采购实践。

1.1.1 采购相关概念

1) 采购

<u>采购是指企业在一定条件下从供应市场获取经营资源（产品或服务），以维持企业正常生产与经营的一项经济活动。</u>具体可以从以下三方面来理解采购。

第一，采购是从供应市场获取资源的过程。

任何企业在生产和经营过程中，都需要从外部获取一定的资源，如原材料、半成品或产成品甚至是物流、技术服务等。能够提供这些资源的供应商共同构成了一个供应市场（资源市场），企业从供应市场获取相应资源的过程就是采购，这也是采购可以实现的基本功能。

第二，采购既是商流过程，也是物流过程。

采购的基本作用是将企业所需的资源从供应市场转移至企业。在这个过程中，采购既是商流过程（需要通过商品交易完成商品所有权的转移），又是一个物流过程（需要通过包装、运输、仓储、装卸等环节实现商品实物的空间转移）。

第三，采购是一项完整的经济活动。

采购并不只是买卖企业所需资源，更是一项完整的经济活动。一方面，企业需要通过采购获取资源，以保证企业的正常生产和经营；另一方面，采购本身作为一项经营活动，会产生各种费用，产生采购成本。因此，对采购的管理就不能停留在采购价格上（甚至是采购成本上），更应该关注整个采购过程。

2）采购管理

为实现企业经营目标，企业在面对采购风险和投入产出问题时，必须对采购活动过程进行必要的计划、组织与控制，这就是采购管理。采购管理是企业管理的重要职能，也是企业专业管理的重要领域。简而言之，**采购管理**是指为保障企业物资供应而对企业活动进行组织、计划、指挥、协调和控制的一系列活动的总称。企业采购是实现企业经营目标的重要环节，企业必须对采购工作进行有效的管理。

采购管理是一个系统工程，需要从采购战略出发，系统架构采购运营管理系统，实现供应链、价值链无缝对接，进而构建富有竞争力的采购与供应商之间的关系。如果采购人员缺乏足够的专业素养，就难以将采购与供应链管理上升至战略层面，仅是停留在关注采购价格的单一战术层面。而这种短视的采购决策，很可能带来质量风险和更高的运营成本。目前业内一部分企业陷入"采购负面循环"的怪圈（如图1-1所示），战略采购职能逐步弱化，最终导致企业盈利能力持续下降。

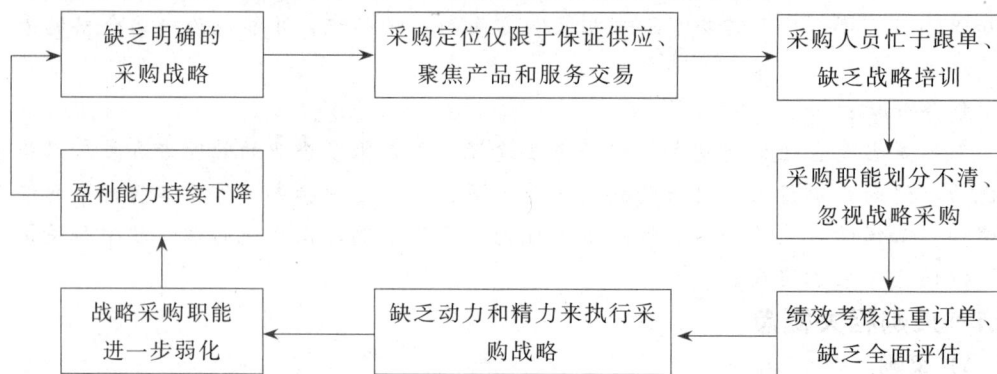

图1-1　采购负面循环

哈克特集团（The Hackett Group）推出了一个采购管理的发展模型，把采购分为五个发展阶段：确保供料、最低价、总成本、需求管理和全面增值（如图1-2所示）。

在现代企业经营管理中，采购管理变得越来越重要，成为企业经营的核心内容。采购管理是企业获得经营利润和全面增值的重要源泉，也是企业竞争优势的来源之一。随着经济全球化和信息化时代的到来，需要企业将采购管理提升至战略层面。目前国内企业与国际大企业之间的差距，主要集中体现在采购与供应链管理上。全球零售巨头大多通过全球供应链一体化建设，使得商品采购具备足够的竞争能力，出售的商品具有极致性价比。

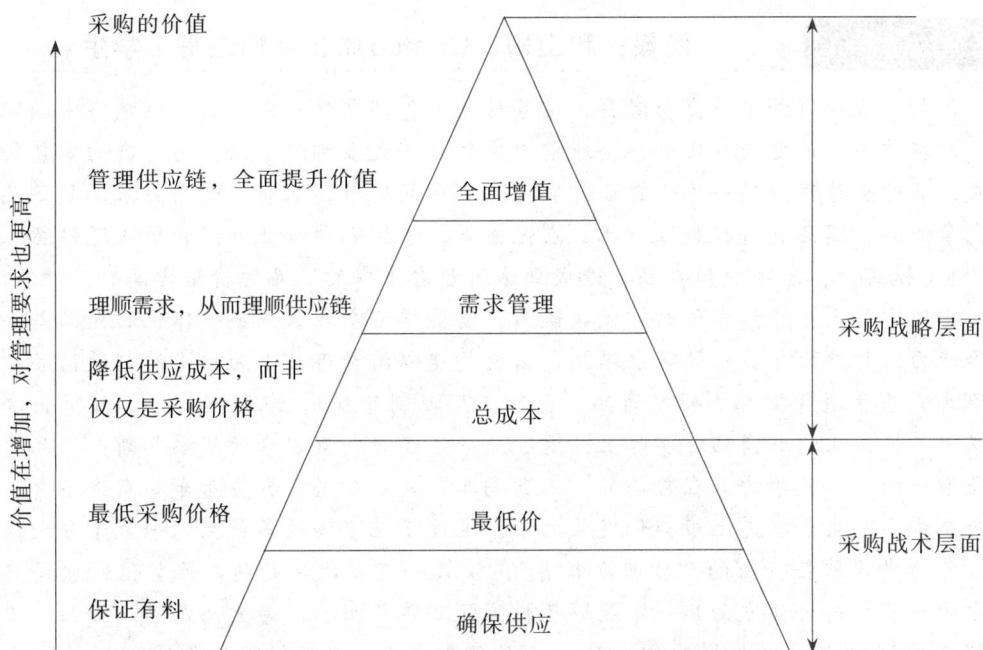

图1-2　采购管理的五个发展阶段

注：五阶段模型来自哈克特集团，"采购战略层面""采购战术层面"由编者提出。

那么，采购与采购管理是何关系呢？

采购与采购管理是两个不同的概念，如果企业采购处于一种自发状态，没有实施有效的计划、组织与控制职能，只能说企业有采购活动，没有采购管理。采购管理活动是面向整个企业的，不但面向企业全体采购人员，也面向企业其他人员。

进行有关采购活动的协调配合工作，其使命就是要保证整个企业商品或物资的正常供应与流转。相对来说，采购只是具体的采购业务活动，是作业活动，一般由采购人员承担，只涉及采购人员个人，其使命就是完成采购部门布置的具体采购任务。采购管理和采购的联系与区别见表1-1。

表1-1　　　　　　　　　　　**采购和采购管理的联系与区别**

	采购	采购管理
联系	采购属于采购管理的对象之一，采购管理可以直接涉及具体的采购业务的每个环节、每个采购人员	
区别	采购是作业活动 具体的采购业务活动 一般由采购人员承担 只能调动采购部门，合理分配有限资源	采购管理是管理活动 面向整个企业 一般由高级管理人员承担 可以调动整个企业资源

采购与采购管理既有区别又有联系，采购本身有具体的管理工作，它属于采购管理的一部分。

【延伸阅读1-1】　　　　　侯毅：和山姆、Costco比，我们还是小学生

　　侯毅一直在海外进行商业考察，在遍访欧美等国零售业巨头后，他觉得中国零售市场存在许多不足之处。比如，全球前十零售巨头大多都在采用更为先进的零售经营模式，通过全球供应链一体化建设，取消所有中间环节，从而使得商品采购具备足够的竞争能力，商品具有极致性价比。在他看来，中国零售企业的经营模式还停留在传统的KA模式上，各项费用奇高，造成到达消费者手中的商品的价格虚高。

　　中国零售企业应该学什么？侯毅认为，需要学习全球供应链一体化的商品差异化竞争能力，打造出差异化的网红爆品；需要构建以消费者需求为核心的极致商品价格竞争力，基于消费需求去研发商品（包括工厂定制开发），取消所有中间环节，真正提供极具性价比的好商品。实际上，这也延续了侯毅一直以来的战略判断：商品力是盒马唯一的核心竞争力。在盒马的"三驾马车"中：盒马X会员店布局有条不紊；主力业态盒马鲜生已经走上规模化发展之路；主攻下沉市场的奥莱生意一直十分火爆。

　　作为中国零售行业的"破旧立新者"，侯毅一直在比学赶超。他坚信，盒马在某些方面（甚至是全部方面）一定能够超越国际零售巨头。因为盒马是本土企业，更加了解中国消费者，更加懂中国。不过，他同时坦言："我们跟他们比，还是'小学生'阶段。"在以往的专访中，侯毅也曾表示，对于外资零售巨头"无惧"挑战，但是一直报以学习和"补课"的态度。比如，盒马已经开始不断变革零供关系，设立全球采购中心，在全球化供应链建设方面不断向纵深发展。

　　（此文节选自"联商网"公众号2023年7月26日联商网编辑部原创同名文章，欲了解全文，可通过"联商网"公众号查看。）

1.1.2　采购组织

1)　采购的类型

　　企业只有深入理解采购基础知识后，才能正确选择合适的采购类型，达到全面增值的目的。根据我国零售行业采购管理现状，目前常见的零售企业采购类型主要有以下四种。

　　（1）代销采购

　　代销采购是指零售企业先将供应商的商品采购到各门店销售，然后按采购合同约定的结算时间和结算方法，与供应商进行货款结算的一种采购方式。代销采购具体有两种形式。

　　①定期结算。**定期结算**即企业在约定时间期限内（一般是3个月以内），根据所采购商品的销售情况付款给供应商。企业实际销售多少，便给供应商结算多少，还没销售的商品暂不结算。

　　②批次结算。**批次结算**也称翻单结算，即企业与供应商约定，供应商送来第一批商品，企业先暂不付款，在企业要求进下批货时再将上次所欠货款全部付清。结算的利润分成由双方事先在合同中约定，没有固定模式。这种采购方法的最大优势是减少了企业的资金占用和经营风险，但大量占用了供应商的流动资金，企业的利润空间

较小，在结算不及时的情况下，还容易引起经济纠纷。

（2）买断采购

买断采购是指企业收到供货商的商品时，经检验后符合合同所规定的标准，便立即付清全部货款的采购方式。这是一种购销关系比较规范的采购方法，也是在国际零售业中比较常见的经营手段，如美国沃尔玛80%的商品都是买断经营，德国麦德龙89%的利润是通过买断经营来获取的。

买断的合作形式比代销简单。按货款结算的条件不同又可分为"即期结算"（货到付款或款到付货）和"数期结算"（货到后一定期限内结算）两种。数期结算的一般在1~3个月内结算，一般情况下，数期越短，采购商要求的进货价越低。即期结算的优点在于采购商不会对供货商拖欠货款，从而大大降低供货商流动资金被占用压力。实施买断采购，由于供货商不需对商品进行退货和串换，一旦商品滞销，造成积压，采购商便要承担全部压力，因此买断商品供货价一般要比代销商品供货价低。买断采购把商家真正地推向市场竞争的前沿，全面考验企业的综合管理能力。总体来看，这种方法增加了企业的资金占用和经营风险，但能以较低的价格采购商品，利润空间也较大。

（3）订单采购

订单采购是指企业根据市场情况和销售经验，在商品的规格品种、花色质量和数量时间等方面明确向供应商提出要求，并按单订货的方法。其结算可分两种方式进行：一是企业先付一定比例的定金，货到后再付清余款；二是等货到后一次性付清全部货款。

【延伸阅读1-2】　　　　　　　**永辉一号工程上马，下注买断式采购**

供应链建设被确定为永辉超市2021年的"一号工程"，由公司创始人张轩松牵头负责。知情人士称，永辉超市供应链新项目即将上线，加码订单式采购，方向为：源头包货、内供外销、分级分品。

我们获悉，该项目的核心诉求是，要从过去购销模式转为订单模式（买断订单），从原来相对零散的产地合作，变为深度介入产地，深度开展产地资源整合与标准化。

有市场人士称，永辉计划在每个省成立一家新的供应链公司做产地生意（先从沿海省份布局，再辐射内地），对接产地供应商，将其变成合作者，或加入永辉，主攻的方向则是本地特色商品，比如闽北花猪、富平柿饼等。

"永辉已经抽调人员去各个产地谈合作了，相关项目会陆续上线。目前，永辉福建新公司已经成立，但人员还没有完全到岗。"一些供应商表示，"感觉永辉是想做供应商的角色。源头订货、包货，等于就是买断订单，出厂后再分发给渠道销售，近期是对永辉自有门店网络销售，远景目标会针对外部市场销售"。

这看起来与盒马近期做的数字化农业有些类似，一些市场人士对此也表示，永辉借鉴了盒马，但也加入了自己的特长。"永辉相比过往要更深度地参与产地运营，走订单农业方向，到了一定阶段，永辉也可能变成一个供应商、经销商。"至于永辉未来会不会投资做产地仓，做产地加工中心，市场人士的看法分歧较大。

（此文节选自"商业观察家"公众号2021年2月2日原创同名文章，欲了解全文，可通过"商业观察家"公众号查看。）

（4）招标采购

招标采购是指企业定期向全社会公布本企业的商品采购计划和要求，各供应商自愿投标竞争，企业经过一定程序选定供应商后，再签订合同，按合同供货的方法。采用此方法能使企业在较大范围内选择最佳供应商，采购到质优价廉的商品来满足市场需求，其要求企业具有较大的规模和较高的市场信誉。国内外大型的连锁企业常采用此方法。

2）采购部门的组织形态

零售行业企业采购部门组织形态通常可分为集中采购、分散采购和混合采购三种。连锁企业一般采用集中采购模式。

（1）集中采购。采用这种组织结构，一般要在零售企业总部层面上设置中心采购部门，企业的采购专家在战略和战术层次上进行运作（如图1-3所示）。这种集中采购模式，既体现在供应商选择决策上，也体现在与供应商之间的商贸洽谈上。企业与具有资格的供应商之间所签订的合同，规定的各项条款十分详细，既规定了一般的采购条件，也规定了特殊的采购条件。这些采购活动一般由企业总部的采购部门实施（如图1-4所示）。

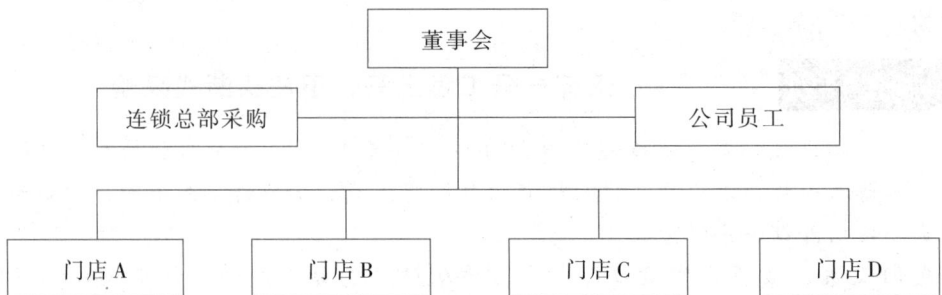

图1-3　集中采购示意图

企业采用的集中采购主要有三种形式：

①总部职能采购部门。它是指将企业采购权集中在总部，采购权一般不下放，设立专职采购部门负责完成采购任务，品项的导入和淘汰、价格的确定与调整以及促销活动的规划等均由总部决定。门店只负责商品陈列、库存管理以及商品销售等工作，对商品采购无决策权，但可以根据门店销售情况对商品采购提出建议和要求，以供总部采购时参考。

此种组织形式的主要优点有：大批量集中采购，可以降低成本，提高经济效益；门店专心致力于销售，可提高销售效率；容易形成较好的价格形象，便于企业掌握货源。其不足之处主要是弹性小，难以满足消费者多样化需求，门店与采购部门之间容易产生矛盾。

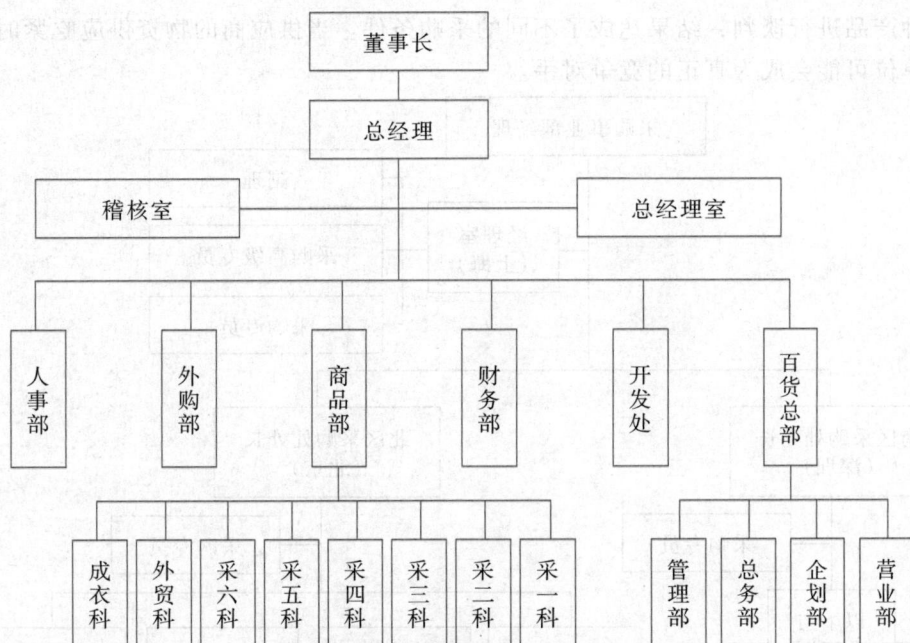

图1-4 某百货公司集中采购示意图

此种组织形式的主要优点有：大批量集中采购，可以降低成本，提高经济效益；门店专心致力于销售，可提高销售效率；容易形成较好的价格形象，便于企业掌握货源。其不足之处主要是弹性小，难以满足消费者多样化需求，门店与采购部门之间容易产生矛盾。

②采购委员会。大型或特大型零售企业往往建立采购委员会来进行商品采购决策。采购委员会成员由各单位选派的人员组成，目的是综合各单位的意见进行采购决策，以使采购决策更加科学合理。由于该委员会成员比较复杂，出现意见分歧往往难以在短时间内统一，会影响采购时机，因此这种组织形式较适用于所经营的商品品种变化不大的零售企业。

此种组织形式的主要优点有：能充分听取各单位意见，采购决策更为合理；销售方与采购方共同参与采购决策，可减少双方矛盾；有利于确保采购公正，避免不良商品导入。其主要缺点是容易发生意见分歧，采购决策时间过长。

③联合采购。它是指由各连锁企业组成采购联盟等采购组织，统一采购，分散销售，从而低成本、高质量地完成采购任务的一种组织形式。此种形式主要为自由连锁和特许连锁的连锁组织所采用，目的是通过联合实现大批量采购，以便降低成本，提高经济效益。

这种采购组织形式的主要优点有：采购量大，容易获得较优越的进货条件；专业采购，能保证商品质量；小企业也能享受较大的折扣收益。其主要缺点有：只适用于销路较好的大众化商品；组织复杂，运作协调难度较大，采购时间比较长。

（2）分散采购。分散采购的一个主要的特点就是每个经营单位的负责人对自身的财务后果负责（如图1-5所示）。因此，这个经营单位的管理者要对其所有的采购活动负完全责任。这种采购模式的缺点之一是不同的经营单位可能会与同一个供应商就同一种产品进行谈判，结果达成了不同的采购条件。当供应商的物资供应吃紧时，各经营单位可能会成为真正的竞争对手。

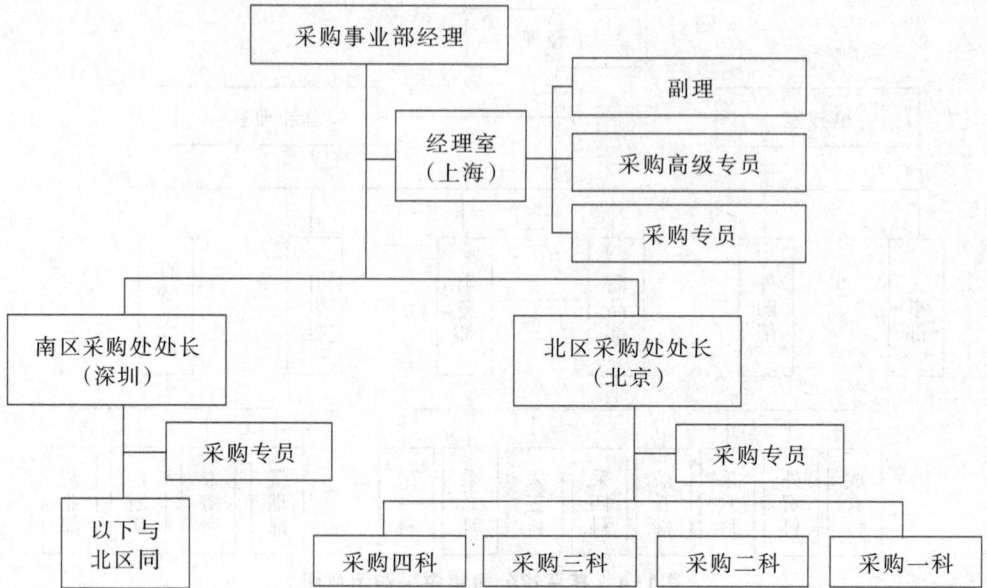

图1-5　某大型连锁超市分散采购示意图

这种组织形态常见于零售企业刚成立时，其优点主要表现为：将采购权委托各店自己负责，可精简人力；采购组织具有相当大的弹性，具有市场竞争力；价格由各分店自定，机动性强，有较大的经营主导权；较为符合消费者的需求；有利于门店与供应商直接沟通。这种采购模式的缺点是显而易见的，如：较难发挥以量换价的功能，利润很难控制，容易产生各自为政的弊端，无法塑造零售企业统一的企业形象。

（3）混合采购。一般而言，实施混合采购的企业，在企业层面上存在采购部门，同时企业内部的经营单位也进行采购活动（如图1-6所示）。

通常有如下几种情况，连锁企业会采用混合采购模式。

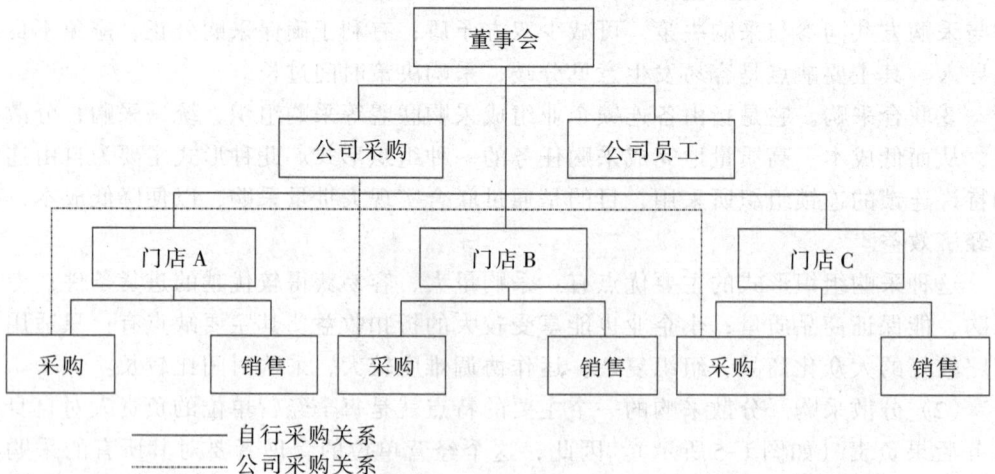

　　———— 自行采购关系
　　---- 公司采购关系

图1-6　某连锁企业混合采购模式示意图

一是配送系统尚不完整，全部商品由总部采购不经济，部分商品需要门店自行采购。

二是当地的一些尚未进入工业化生产的土特产品，可由门店根据经营需要自行采购。

三是一些鲜活商品和易腐烂的瓜、果、蔬菜等食品由门店根据自身的经营条件自行采购。

四是一些加盟店、特许店，在征得总部同意后也会根据自己原有的经营特点，对某些商品自行采购。

3）采购部门设计方式

所谓采购部门设计方式，就是将采购部门应负责的各项功能整合起来，并通过分工方式建立不同的部门来执行采购任务。按不同的分类标准，采购部门的设计可以分成以下几种形式。

（1）按职能设计。一般来讲，在规模比较大的企业，采购部门是按照其职能来设计的，如图1-7所示。

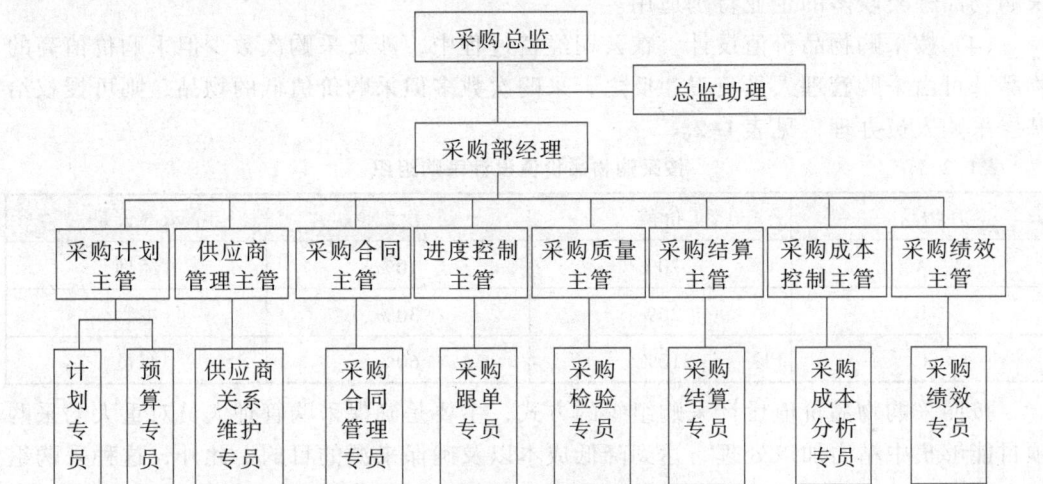

图1-7 按职能设计的采购部门示意图

（2）按采购地区设计。按照企业商品的采购来源分设不同采购部门，譬如国内采购部、国外采购部，如图1-8所示。

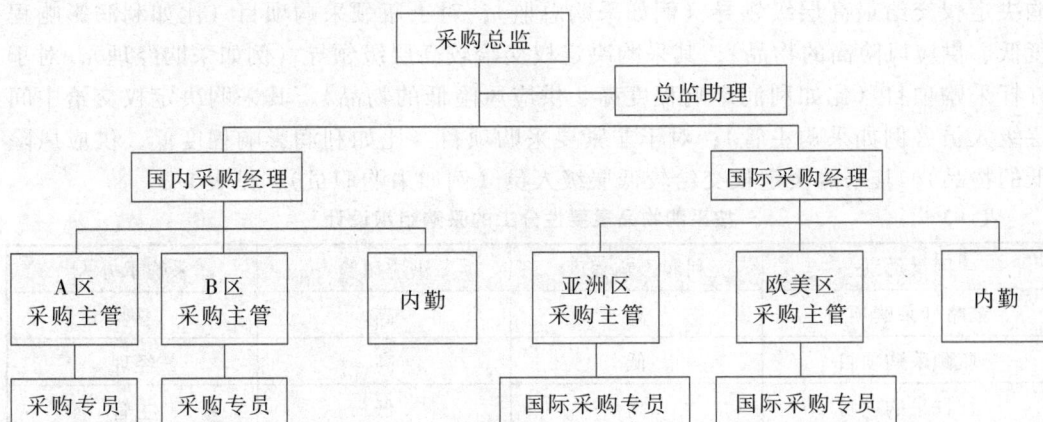

图1-8 按采购地区设计的采购部门示意图

由于采购来源不同，对采购人员的工作要求也不尽相同。通常情况下，采购主管必须对采购来源不同的商品进行比较，进而酌定采购事务应交给哪一部门承办。

（3）按采购物品类别设计。采购部门按采购物品类别分别设立部门，如图1-9所示。

```
                          采购部
    ┌──────────┬──────────┼──────────┬──────────┐
  采购一组    采购二组    采购三组    采购四组    采购五组
    │          │          │          │          │
   百货        服装        家电        食品        电子
```

图1-9 按采购物品类别设计的采购部门示意图

此种采购部门的设计，可使采购人员对其经办的项目非常精通，能够产生"熟能生巧"以及"触类旁通"的效果。这也是零售企业最常见的采购部门设计方式，对于采购物品种类较多的企业特别适用。

（4）按采购物品价值设计。在公司经营过程中，涉及采购次数少但采购价值高的物品，可由采购管理人员负责；反之，采购次数多但采购价值低的物品，则可授权给基层采购人员办理，见表1-2。

表1-2   **按采购物品价值设计采购组织**

物品	价值	次数	承办人员
A	70%	10%	经理
B	20%	30%	主管
C	10%	60%	职员

按照采购物品价值设计采购组织的方式，主要是确保采购管理人员对重大的采购项目能够集中精力加以处理，达到降低成本以及确保来源的目的。此外，这种采购组织方式能够让采购主管腾出更多的时间对采购部门的人员与工作绩效加以管理。

（5）按采购物品的重要性设计。在企业采购过程中，可按采购物品的重要性设计采购组织。对于策略性采购项目（比如利润影响程度高、供应风险高的物品），其采购决定权交给最高层级领导（例如采购总监）；对于瓶颈采购项目（比如利润影响程度低、供应风险高的物品），其采购决定权交给较高层级领导（例如采购经理）；对于杠杆采购项目（比如利润影响程度高、供应风险低的物品），其采购决定权交给中间层级人员（例如采购主管）；对于非紧要采购项目（比如利润影响程度低、供应风险低的物品），其采购决定权交给较低层级人员（例如采购职员），见表1-3。

表1-3   **按采购物品重要性分工的采购组织设计**

因素类别	利润影响程度	供应风险	采购承办人
策略性采购项目	高	高	总监
瓶颈采购项目	低	高	经理
杠杆采购项目	高	低	主管
非紧要采购项目	低	低	职员

（6）按采购过程设计。按照采购过程设计采购部门，将开发来源、询价招标、比价议价、决标签约、稽催履约交给不同人员负责，可以发挥内部牵制作用，如图1-10所示。

图1-10　按采购过程设计的采购部门示意图

这种采购部门设计方式适用于采购量（价值）巨大、过程复杂、交货期长，以及采购人员较多的企业，将采购工作分工细化，可以避免由一位采购员负责全部工作可能导致的道德风险。

（7）混合式设计。在许多稍具规模的企业或机构中，通常会兼有以采购物品、采购地区、采购物品价值等为基础来设计采购部门的内部组织，如图1-11所示。

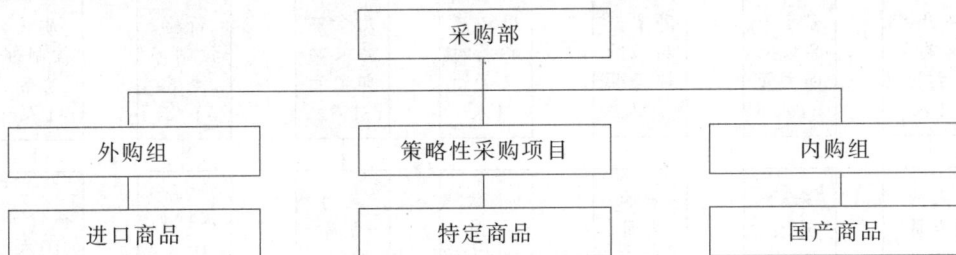

图1-11　混合式采购部门设计示意图

【延伸阅读1-3】　　　　　宜家的采购组织设计与人员安排

宜家家居是由各个职责分工明确的部门构成的，就像是一台有效运作的机器，而商品采购部正是这部机器的核心之一。在整个进、销、存供应链体系中，商品采购部的工作是"源头"，商品采购部的管理是卖场管理的基础，而做好商品采购部的组织架构和职责设计则是取得管理成效的重中之重。宜家采购部组织设计如图1-12所示。

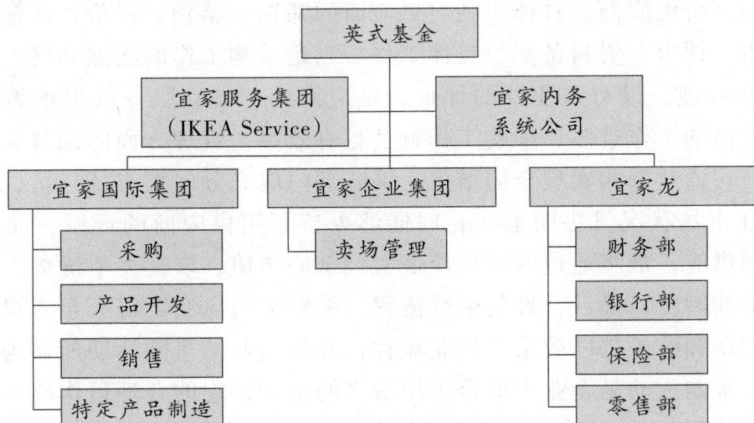

图1-12　宜家采购部组织设计架构图

宜家在全球26个国家拥有31家采购服务公司，宜家的供应商多达1 220家，共有约13 800名员工负责采购、分拨、批发等职能工作。采购部是宜家公司的一个重要部门。采购部的人员主要分为采购总监、采购部经理、采购主管、采购专员等。采购人员需要对各项零部件及物资进行采购，并通过调查分析掌握物资的市场供应情况，在保证质量的情况下尽可能地降低成本、优化物流。同时，采购人员还要对供应商进行评估，从而为下一次选择更好的合作供应商做好准备。宜家在中国的采购人员安排如图1-13所示。

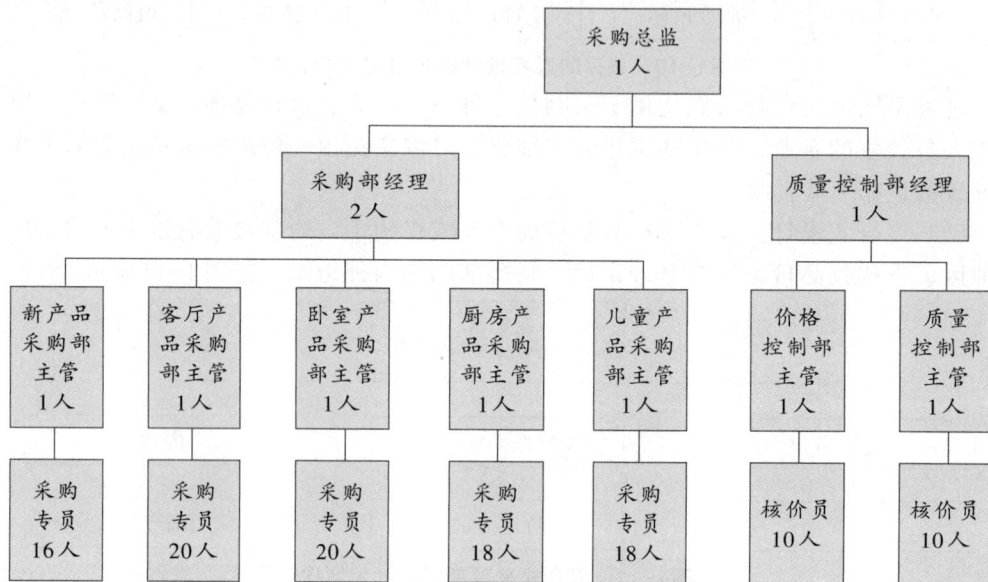

图1-13 宜家在中国的采购人员安排

（此文节选自"CPPM报考中心"公众号2022年9月7日同名文章，欲了解全文，可通过"CPPM报考中心"公众号查看。）

4）采购部门的职责

（1）部门职责。采购部门保证了企业的商品供应，成为企业联系整个资源市场的纽带。采购部门的职责主要包括以下几个方面。

①选择与评价供应商。具体包括对供应商的筛选、鉴别、评价、认证、培养，以及审核、考察、评审、资料备案等具体工作。它是采购工作的起点和终点，没有对供应商的了解和管理，没有专业性的评价，供应商的产品和服务就很难满足企业的需要。对供应商做的工作越多，采购工作就会越有效率，管理方面问题就会越少。

②保证公司通过采购实现全面增值。采购部门应充分掌握市场行情，不仅要降低供应成本，在市场状况发生明显变化时能够妥善利用供应商的资源，而且要理顺需求，从而理顺供应，最终通过管理供应链实现全面增值，取得竞争优势。

③制定采购制度，设计合理的采购流程。采购部门应制定符合企业规章制度，同时满足质量控制和财务制度的采购控制流程，确保企业的采购活动能够满足内部的各种采购要求。采购活动是企业中资金占用最多的活动，它的合理运作离不开企业中每个员工的大力支持。采购活动的整个流程反映了企业的各个方面的规定，如财务制度、人力资源管理制度、销售管理制度、仓库管理制度、配送管理制度、信息管理制

度等诸多方面。

④提高采购效率。经济全球化促使众多企业拓宽其采购渠道，在全球范围内确定能够提供质优价廉的商品和服务的潜在供应商，并且信息技术革命取代了传统采购部门的手工活动，提供了低成本、高效率和电子化的手段，采购过程的柔性化和敏捷性得到提高。采购部门应通过不懈努力，降低采购成本，提高采购效率，提高门店和供应商的满意度。

⑤控制采购风险。采购风险通常是指采购过程可能出现的一些意外情况，包括人为风险、经济风险和自然风险。具体来说，采购风险包括采购预测不准导致商品脱销、供应商群体产能下降导致供应不及时、货物不符合订单要求、滞销商品增加、采购人员工作失误、供应商存在不诚实甚至违法行为等。这些情况都会影响采购预期目标的实现。

（2）各层级采购人员的职责。企业可按照采购管理职能下设分部，每个分部专司一项采购管理职能，从管理层次上分为采购总监、采购经理、采购主管和采购专员4级。确定采购岗位后，还需明确每个岗位职责。主要采购岗位职责示例见表1-4。

表1-4 各层级采购人员的职责

序号	采购岗位	具体职责
1	采购总监	①在总经理的领导和授权下，直接负责采购部门的各项工作，并行使采购总监的职权； ②在企业总体经营策略指导下，制定符合当地市场需求的运营政策、客户政策、供应商政策、商品政策、价格政策、包装政策、促销政策、自有品牌政策等各项经营政策； ③在遵循企业总体经营策略基础上，领导采购部门达成企业的业绩及利润要求； ④给予采购人员相应的培训； ⑤保持采购部门与其他部门的密切沟通与配合
2	采购经理	①对企业分配给本部门的业绩及利润指标进行细化，并进行考核； ②负责本部门全体商品合理化、数量合理化及品项选择； ③负责本部门全体商品价格决定及商品价格形象的维护； ④制定部门商品促销的政策和每月、每季、每年的促销计划； ⑤督导新商品的引入，开发特色商品及供应商； ⑥督导滞销商品的淘汰； ⑦决定与供应商的合作方式，审核与供应商的交易条件是否有利于企业运营； ⑧负责审核每期促销商品的所有内容； ⑨参与A类供应商的采购活动，为公司争取最大利益； ⑩在采购主管需要支援时予以支援； ⑪负责本部门工作计划的制订、组织实施和督导管理； ⑫负责本部门的全面工作，保证日常工作的正常运转； ⑬负责执行采购总监下达的工作任务； ⑭负责采购人员的业务培训和管理

序号	采购岗位	具体职责
3	采购主管	①采购部门商品政策的执行监督； ②门店商品结构的设计与搭配； ③商品基本售价的决定（价格底线的决定）； ④控制商品利润； ⑤设定与监督商品品质基准； ⑥维持重点商品的价格形象； ⑦指导门店销售促进方向； ⑧督导新商品的导入； ⑨监督滞销品的淘汰； ⑩开发特色商品； ⑪决定厂商业务合作的方式； ⑫采购人员的培训与管理
4	采购专员	①把握预算实绩； ②制订销售计划及采购计划； ③进行采购作业（商品的议价、交易条件协商、新商品的引进及议价、商品的配送方式、数量决定）； ④实施商品管理（畅销品及滞销品的分析、滞销品的处理、库存状况的掌握及控制、商品的店间移动调度、商品配置表的制定与管理、坏品退货监督、订货业务的检查、商品质量的监督、商品台账的管理、卖场陈列展出指导）； ⑤商品信息收集（门店商品销售信息、顾客商品需求信息、竞争店商品销售信息、供应商商品变动信息等的收集）

1.1.3　采购流程

1）认识采购流程

采购业务是信息流、商品流、资金流的交互过程，其核心是判断在什么时间、与谁、以怎样的方式进行交互。采购流程可能会因为采购对象及来源、采购方式的不同在作业细节上存在差异，但基本流程大致相同。采购流程一般包括如图1-14所示的几个步骤。

（1）提出采购需求。任何采购都产生于企业中某个部门的确切的需求。企业各部门应该清楚地了解企业对商品的需求：需要什么、需要多少、何时需要。采购部门根据各商品的需要加以汇总，从而进行采购。需要强调的是，采购部门要对需求商品的细节加以描述，包括商品品质、包装、售后服务、运输及检验方式等，以便使商品来源选择及谈判等作业能顺利进行。

（2）制订采购计划。采购部门根据采购需求制订采购计划，确定适当的采购时间和采购数量。

（3）选择供应商。采购部门开展市场考察，选择供应商。可先在原有供应商中选择业绩良好的厂商，通知其报价，或者采用各种方式选择新的供应商。供应商的选择是企业采购活动中重要的一环，它涉及企业能否购买到所需的产品或服务。在选定供应商之前需对供应商进行综合评估。

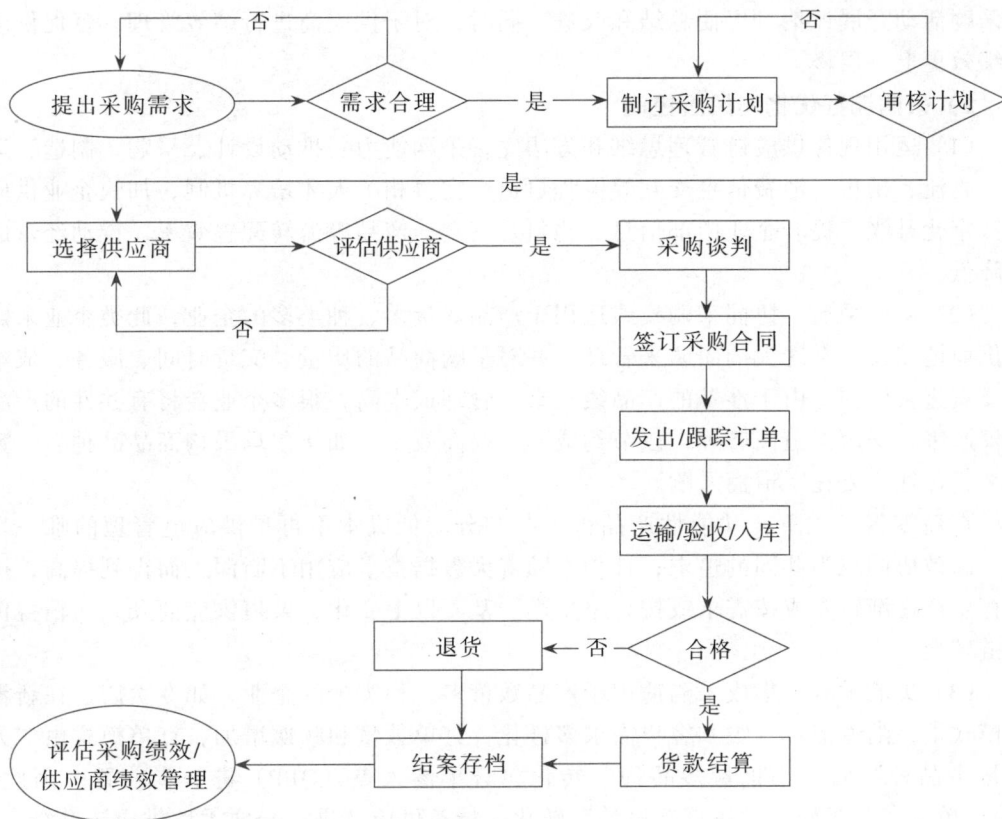

图1-14 采购流程

（4）采购谈判。选定供应商之后，企业要确定采购条件和要求等，以便与供应商进行谈判。

（5）签订采购合同。采购合同的条款和条件达成一致后，企业就可以与供应商办理订货签约手续。订货签约手续包括订单和合约两种方式：订单和合约均属于具有法律效力的书面文件，买卖双方的权利及义务必须在订单或合约中予以说明。

（6）发出/跟踪订单。企业把采购订单发给供应商之后，应对订单进行跟踪和催货。当订单发出的时候，同时会确定相应的跟踪接触日期。

（7）运输/验收/入库。商品的验收是采购活动的一个重要环节，企业一般都会集中验收送达的商品，对验收合格的商品办理入库手续，对验收不合格者，应依据合约规定办理退货手续。

（8）货款结算。供应商交货验收合格后，随即开具发票，要求付清货款。采购部门核对发票内容后申请付款。审批手续完成后，财务部门办理付款。

（9）结案存档。凡验收合格付款，或验收不合格退货，均须办理结案手续，清查各项书面资料（合同、订单、验收单、发票、申请付款单等）有无遗失、绩效好坏等，报管理层或权责部门核阅批示。凡经结案批示后的采购案件，在进行档案登记编号分类后妥善保管，以备今后选择供应商时参阅或事后发生问题时查考。

（10）评估采购绩效/供应商绩效管理。一次采购活动完成后，采购部门需要对本次采购活动开展评估，以便总结和改进。同时，对于供应商进行绩效管理，督促供应商绩效更上一层楼。

2）采购流程优化与风险控制

（1）运用现代供应链管理思维和方法完善采购能力。推动设计、采购、制造、运营、物流、销售、消费信息交互等流程再造，完善相关人才培养机制，加快企业供应链数字化升级，提升企业内部信息、物料、资金、产品等流转配置效率，推动经营成本降低。

（2）协同采购。协同采购模式适用于产品数量多、种类多的企业，此类企业采购与供应链需要一个庞大的团队来管理，并对采购商品的质量、交货时间、服务、成本等要素进行管控。由于涉及的产品线丰富，管理成本高，很多企业会将有共性的产品汇聚起来，交由渠道商管理，以节约成本、提高效率。如沃尔玛采购商品品种多、数量大，往往会委托渠道商采购。

在新零售模式下，功能性产品被不断细分。低成本不再是供应链管理的唯一目标，高效协同成为共同的追求；计划性随着大数据技术应用不断深入而得到提高，按库存生产逐渐转变成按需求或按订单生产。基于以上变化，渠道供应商开始向精益供应链转变。

（3）集成采购。集成采购适用于产品数量多、种类少的企业，如专卖店。在新零售模式下，随着消费升级和客户需求多样化，订单数量和频次增加，订单模式由"大批量少品种"向"小批量多品种"转化，订单渗入点（OPP）进一步前置。因此，"按订单生产"开始向"按订单设计"转化，精益供应链进一步向柔性供应链升级。

（4）响应采购。响应采购适用于产品数量少、种类少的企业，为了满足市场需求，企业通常采用个性化定制商业模式。市场的个性化通常需要供应链的柔性响应，高端商品定制就是这种情况。随着大数据技术应用范围扩大以及对目标顾客精准分析，需求拉动的供应链战略被广泛应用。柔性供应链在满足多样化的柔性需求基础上，通过对大数据的整合应用，探寻成本优化与利润增加的空间。同时，企业也要进一步加快响应速度，提高服务水平，在柔性供应链基础上重点向敏捷供应链转化。

（5）反应采购。反应采购适用于产品数量少、种类多的企业，就是我们常说的大规模定制、模块化生产，需要个性化与快速响应。该供应链管理方式更注重提高顾客体验和运营效率，通过库存进一步减少，交付时间更短。随着对目标客户的数量收集与分析的深入，客户画像逐渐清晰，需求可以被准确预测甚至被引导和创造，供应链响应时间缩短。此类供应链的运行效率和利润率更高，反应速度快，服务水平也会大幅提高。

（6）采购流程风险控制。首先，企业采购人员必须有敏锐的洞察力，充分掌握信息以提高决策的正确性，降低风险。其次，完善企业内部管理制度，加强对采购人员培训，增强法治观念和道德建设，增强企业内部风险防范意识。再次，加强对采购过程的管理和监督审查，加强采购合同的管理，建立稳定的供应渠道，科学决策，降低风险。

行业案例1-1

百果园"太极"采营销配协同体系，打造弹性生鲜商品供应链

百果园作为全国最大的水果连锁零售企业，在全球开创性地走出了一条水果连锁经营的道路。目前，百果园拥有近5 000家门店，覆盖80多个大中型城市，线上销售通过自营电商、小程序、第三方外卖、直播以及天猫直营电商等做到了全渠道覆盖。加上大客户、子品牌以及B端业务的开展，百果园不仅销售网络规模庞大，而且业务模式多样复杂。如何支撑起如此庞大的销售网络，百果园开创性地摸索出了一套采营销配协同体系，我们称该套体系为"太极"，寓意阴阳之终极。"太极"体系围绕生鲜供应链的采销计划协同、采购交易、协同订货、物流配送、金融赋能等核心板块开展数字化建设，并将之有机地融为一体，实现数据互通、决策互联，从而形成整条供应链的协同效应，为百果园销售网络保驾护航。

（此案例节选自中国连锁经营协会发布的《2021年度连锁超市创新案例》，欲了解全文，可扫描二维码查看。）

行业案例

百果园"太极"采营销配协同体系，打造弹性生鲜商品供应链

任务1.2　认知供应链：供应链相关概念、绩效与驱动因素

【任务导入】

小E正式入职公司采购部，不过这会儿他连采购专员都算不上。作为一名采购助理，他的主要工作就是协助采购经理M先生开展日常工作，主要是进行市场调查、供应商考核、协助采购人员与供应商谈判价格、付款方式、交货期，进行日常采购进度的跟踪等。他自认为凭这段时间的积累就足以应对基本的采购业务，却不想被采购经理M先生泼了冷水，说他先得把供应链相关知识点都搞清楚了才能正式入职采购专员岗位。此外，M先生还和小E分享了公司总裁S先生为了扭转企业发展困境，已经将转变采购与供应链确立为企业的战略目标。接受M先生点拨后的小E急切地想了解更多有关供应链的知识，想知道在供应链背景下的采购管理活动和传统的采购有哪些不同，为什么公司总裁那么重视供应链。

微课

认知供应链

任务分析：

在传统采购中，采购重点放在如何与供应商进行商品交易，重视交易过程中的供应商报价比较，选择报价最低的作为合作者。在采购中，尽管交货质量、交货时间都是重要的考虑因素，但都是通过事后把关的办法来进行控制，交易过程的重点在于价格谈判。供应链管理是一种现代的、集成的管理方法，覆盖从供应商到客户的全过程，基于战略伙伴关系的供应链采购方式，在响应需求、降低采购成本、提高资金周转和改善企业管理方面更具优势。

1.2.1　供应链相关概念

1）供应链

供应链由直接或间接地满足顾客需求的各方组成，不仅包括制造商和零售商，而且包括运输商、仓储商、零售商，甚至包括顾客本身。无论是在线下实体门店还是在线上平台，顾客都是供应链中不可分割的一部分。任何整合供应链的主要目的都是满足顾客的需求，并在满足顾客需求过程中为自己创造利润。可见，供应链的概念形象地描述了产品或者原材料从供应商到制造商到分销商再到零售商直至顾客这一链条移动的过程。供应链的活动过程包含了信息流、资金流、物流的传递过程。在实践中，制造商可以从一些供应商那里购买原材料，然后供应给分销商。因此，大部分的供应链实际上是一个网络，我们用供应网络或是供应网站来描述大多数的供应链结构或许更为准确（如图1-15所示）。

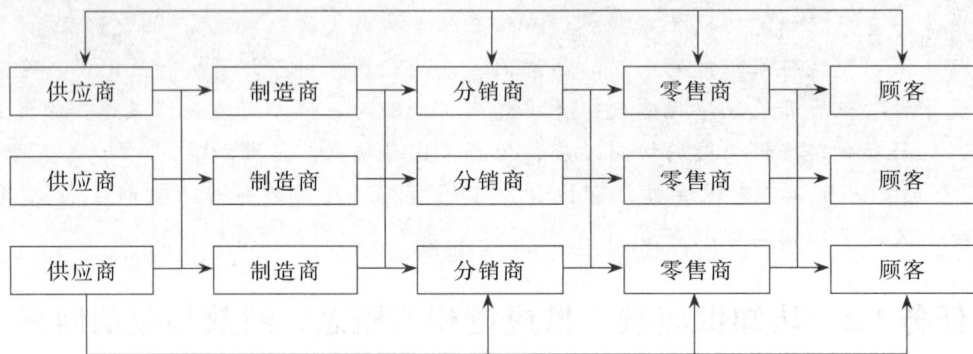

图1-15　供应链的环节

一个典型的供应链应该包括诸多环节，例如顾客、零售商、分销商、制造商以及原材料供应商。这些环节通过物流、信息流和资金流彼此相连，并且它们往往可以通过其中一个环节或者中介进行管理。一个恰当的供应链设计不仅取决于顾客的需求，而且取决于各环节所发挥的作用。

互动课堂1-1

A公司是业界知名的零售企业，旗下设有大卖场业态。某日，顾客C女士到A公司旗下的某大卖场购买乐事薯片。供应链始于C女士对于薯片的需求，下一个环节是C女士访问A公司大卖场门店。卖场内的存货摆满货架，这些存货由产成品仓库或者分销商用货车通过第三方供应。制造商（在这个例子中为百事食品）为分销供应商。百事食品从各种供应商那里采购原材料，这些供应商可能由更底层的供应商供货。其供应链结构如图1-16所示，图中箭头反映了实体产品流动方向。

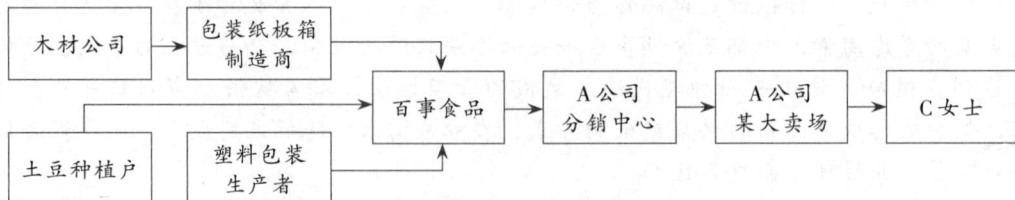

图1-16　乐事薯片供应链结构

当然C女士也可以选择网购，供应链包括顾客C女士、购物平台、仓库以及所有购物平台的供应商和供应商的供应商。购物平台为C女士提供定价、产品种类和产品可获得信息。选择产品后，顾客C女士输入订单信息并付款。之后，C女士可以查看订单履行情况。随后阶段是供应链利用顾客的订单信息满足顾客的需求。这个过程涉及供应链不同环节的信息流、物流和资金流变化。图1-17展示了C女士通过某东平台购买乐事薯片的消费场景。

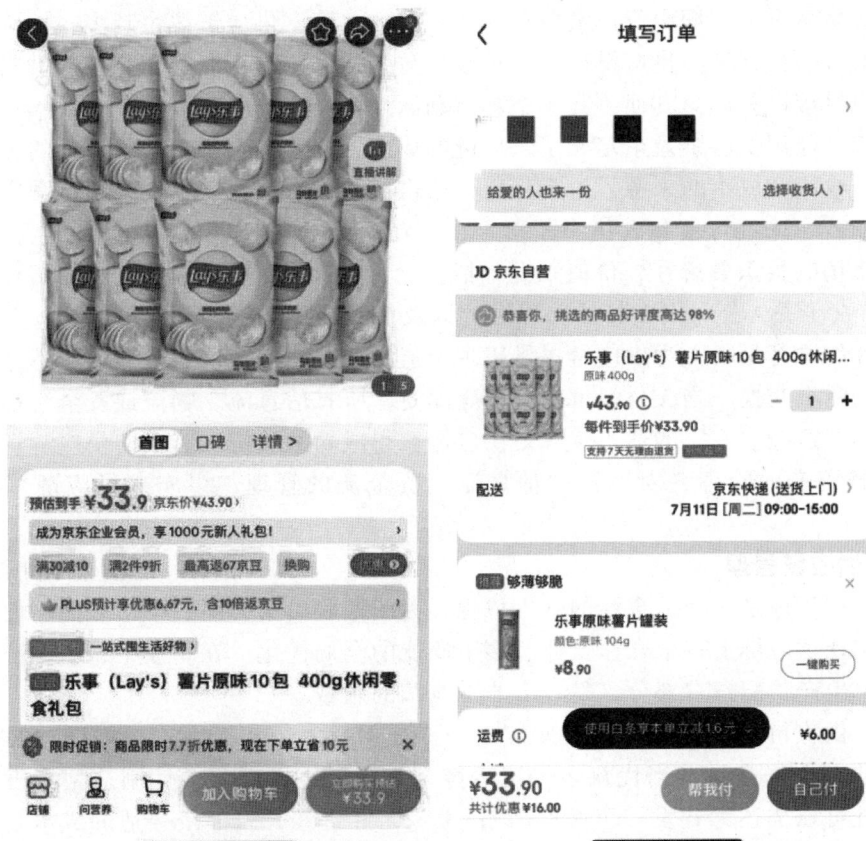

图1-17 顾客在某东平台购买乐事薯片订单界面

通过C女士在A公司旗下大卖场门店以及通过某购物平台网上购买乐事薯片的购物经历，你能从中理解供应链的概念吗？

微课

理解供应链

小贴士

欲进一步了解供应链，可扫描二维码查看微课：理解供应链。

供应链的目标在于供应链整体价值最大化。供应链所产生的价值（供应链盈余）应为最终产品对顾客价值与满足顾客需求所付出的供应链成本之间的差额，来自顾客的总收益与供应链消耗的总成本之差。

供应链盈余=顾客价值-供应链成本

鉴于不同顾客对产品的价值评价不一，可根据大部分顾客愿意支付的价格来估计价值。产品价值与顾客愿意支付价格之差则是消费者剩余。供应链盈余又称供应链盈利，即来自顾客的总收益与供应链消耗的总成本之差。例如，一个顾客花5 000元从华为专卖店购买一部智能手机，这5 000元代表了供应链获得收入。顾客认为他购买的手机价值在5 000元或者5 000元以上，供应链盈余的一部分作为消费者剩余。华为专卖店以及供应链的其他环节产生诸如信息传递、零部件生产、组件、库存、运输、资金转移等成本。顾客支付5 000元与生产并分销手机产生成本之间的差额形成供应链盈余。全部利润由供应链各环节及相关方共享。供应链盈余越多，供应链就越成功。对大多数营利性供应链而言，供应链盈余与供应链利润密切相关。供应链的成功应该由供应链总体盈利而不是单个环节利润来衡量。

我们已经用供应链盈余定义了供应链的成功，从逻辑上讲下一步该做的工作是寻找价值、收入和成本的来源。对于任何一条供应链而言，收入唯一来源是顾客。对产品价值而言，来源可能包含诸多因素。在"互动课堂1-1"中，顾客C女士去A公司旗下大卖场购买乐事薯片，价值来源包括：食用薯片时给C女士味蕾和情绪带来的满意度、C女士去A公司大卖场的路程远近以及在卖场找到该薯片的可能性。在大卖场购买薯片的顾客是唯一为供应链提供正现金流的一方，其他所有现金流只不过是供应链内部的资金交换。当A公司付款给供应商时，所有信息流、物流或资金流都产生成本。因此对这些"流"的适当管理是供应链获得成功的关键。有效的供应链管理包括对供应链资产的管理，对物流、信息流、资金流的管理，以实现供应链总盈利最大化。

2）供应链管理

供应链管理是一个综合性的管理思想，力图摆脱单个公司、单个职能层面的局部优化，实现供应链上多个合作伙伴、多个职能的全局优化。在企业中，供应链全面覆盖供应、生产、配送三部分，是一个非常广阔的领域。

（1）供应链是企业三大核心职能之一。任何一家零售企业，核心任务归纳为三点：采购一个好产品（当代众多传统零售企业拓展边界，向柔性制造型零售转型升级，此处可以描述为开发一个好产品），卖一个好价钱，以一个合适的成本和速度生产（采购）产品，配送给顾客。简而言之，提高企业经营利润和资金周转，关键在于企业这三大核心职能（如图1-18所示）。

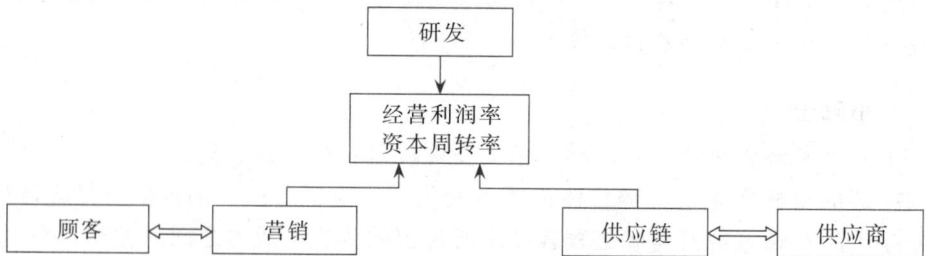

图1-18　供应链是企业三大核心职能之一

（2）供应链管理三大职能。供应链管理不是一个简单的职能概念，而是包括一系列职能。简单地讲，供应链就是采购把东西买进来，运营加工增值，物流配送给顾客。这是供应链三大执行职能。供应链以计划为引擎，以采购、生产和物流为执行职能，环环相扣，逐级相连（如图1-19所示）。

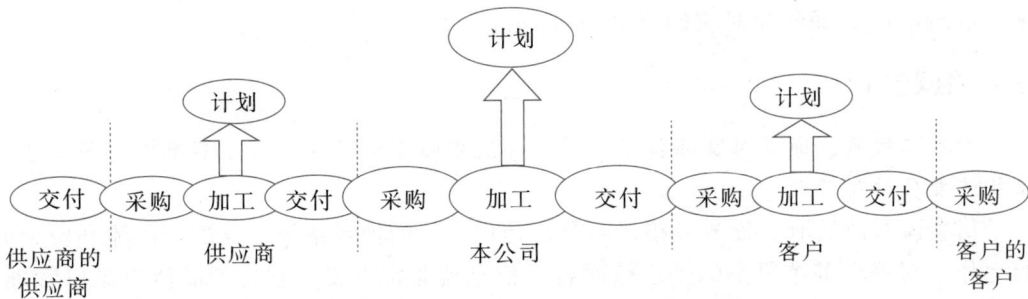

图1-19 供应链管理中的采购、运营和物流

不同行业、不同公司、不同职能对供应链管理的理解可能不同。传统意义上，它是由这三个执行功能向两头延伸发展而来。零售企业采购是供应链的重头戏，所以在采购的基础上，向前延伸到运营和物流，成为供应链职能，这就有了采购与供应链管理的提法，本书的命名由此而来。

在供应链管理的三大执行职能中，采购的担子最重。传统零售企业自己没有生产职能，生产由供应商来做，生产变成由采购来管理生产供应商。就物流仓储来说，从本质上成为采购对物流供应商的管理。我们如何理解、定位采购职能，直接决定了公司怎么对待战略职能，也决定了能否得到充分资源强化、改善供应链绩效。

（3）供应链管理是"三流"集成。供应链管理就是对从供应商的供应商到客户的客户的产品流、信息流和资金流的集成管理（如图1-20所示）。供应链管理的根本目的，就是通过集成管理"三流"，给顾客最大化价值，同时最小化供应链的成本。

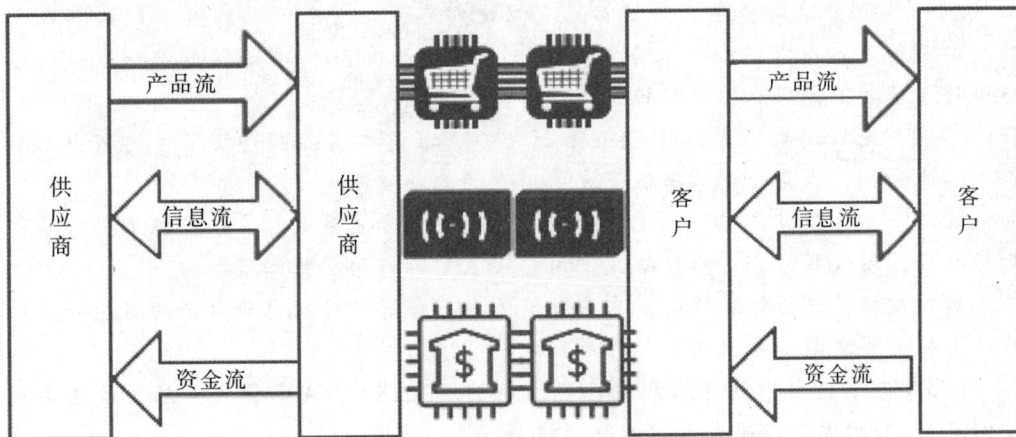

图1-20 供应链管理的"三流"集成

产品流是产品的物理移动，涉及采购、生产、仓储、运输等。其管理重点是以最经济、有效的方式采购、制造、存储和运输商品。例如，零售巨头沃尔玛公司选择哪里的供应商，在哪里设置配送中心、在哪里选址开店，都需要综合考虑生产、仓储和运输成本，力求做到总成本最低，这个就是产品流的设计。

物流是产品流的重要组成部分，但又不是产品流的全部。物流本身并不使产品增值，而产品流还包括增值的生产过程。反过来讲，产品流也不是物流的全部。物流不但包括产品的流动、存储，还包括伴随而来的信息流。在英语表达中，产品流是 material flow，而物流对应的英语是 logistics。

微课堂 1-1

扫描二维码，通过对良品铺子智慧化物流中心案例的学习，了解更多有关零售企业物流发展的新动向。

信息流与产品流、资金流相伴而行，是供应链的神经系统，支配产品流和资金流的运作。对一个多重复杂的供应链而言，信息流非常重要，它比产品流更难以管理。需求预测信息沿供应链传递时出现的失真（称为"牛鞭效应"），历来都是供应链管理中的老大难问题，任何一个企业都无法回避。信息来自数据，如何确保数据准确，从中提炼合适的信息，是管理者面临的一项重要任务。可以说，供应链再造，往往要求对 IT 系统进行再造。

"三流"的改进是相互交织的，在实践中很难将它们割裂开来。而供应链绩效的改进，也是建立在整体改善"三流"的基础上，这就是"三流"的集成管理。

▶ 行业案例 1-2

创新提效：即时零售场景智能分播解决方案

近年来，受多种不确定性因素的影响，传统生鲜超市的线上业务所占比重大幅增加，商品种类多、分拣易出错、配送时效要求高等特点对其履约能力提出了更高的要求，供应链建设逐渐成为生鲜超市业务发展中的关键一环。七鲜是京东集团线上线下一体化、以美食生鲜为核心的全渠道超市，主营果蔬、海鲜、烘焙、乳制品、杂百等产品，提供以门店为中心 3km 范围内最快 30 分钟送达的配送服务。在当前作业场景下，原有的七鲜拣货模式有两大痛点：

其一，七鲜超市单个门店 SKU 数近万个，品类丰富，在仓配交接过程中需要人工二次分拣，容易出错，降低了线上用户的购物满意度。

其二，七鲜超市采用一体化拣货模式，在现场客流量大时，很多拣货员需要前后场往返，不仅耗时长，而且给线下用户带来了不好的购物体验。

针对该场景进行升级改造，京东物流为七鲜部署了最新自研自产的智能分播墙系统，极大地提高了分拣效率和作业坪效。

（此案例节选自中国连锁经营协会发布的《2023 CCFA 零售业供应链最佳实践案例集》，可扫描二维码查看案例微课视频。）

3）供应链流程

供应链是由一系列发生在不同环节内和不同环节之间的流程和"流"组成的，流程和"流"相结合以满足顾客对产品的需求。我们可以从两个不同视角来观察供应链中的流程。

（1）循环流程

供应链的流程可以细分为一系列循环，每个循环在供应链两个相邻之间的界面上进行。上文中图 1-15 给出了供应链运作流程的五个环节，其实所有供应链流程均可以分解为如图 1-21 所示的四个流程循环。

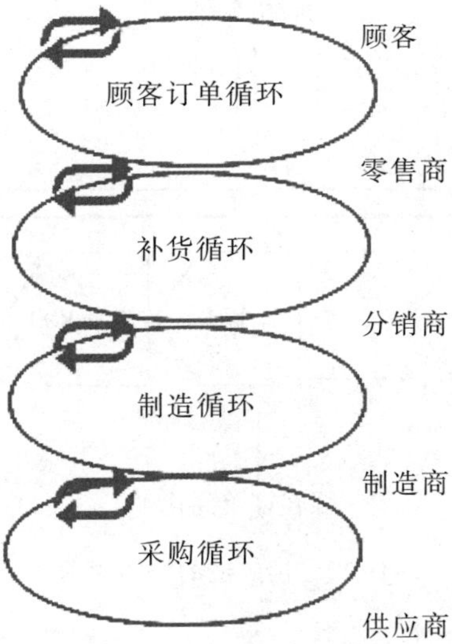

图1-21 供应链的流程循环

　　每一个循环都发生在供应链两个相邻环节之间的界面上，但并不是所有的供应链都必须有这四个清楚划分的循环。比如，一家便利店的供应链就可能只有四个分开的循环，在便利店的供应链中，零售商储备了产成品并向分销商提出补充订货请求。

　　供应链流程的循环清楚地表明了供应链所包括的流程以及每个流程的所有者。涉及运作决策时这个观点非常有意义，因为它清楚地规定了供应链每个成员的职责和任务，并且表明了每个流程的预期产出。

　　（2）推/拉流程

　　根据顾客订单类型，供应链的流程可分为拉动流程和推动流程两种。拉动流程是由顾客订单驱动的；推动流程是由预期的顾客订单驱动的。因此，在拉动流程的执行时刻，顾客需求是已知的、确定的，而在推动流程的执行时刻，顾客需求是未知的，必须进行预测。图1-22展示了一条供应链从推动流程向拉动流程运动的过程中推动和拉动的界限。因为顾客需求尚未知晓，所以推动流程是一个在不确定环境中的运作。拉动流程是在已知顾客需求的环境下的运作，但是经常受限于推动阶段的库存和生产能力决策。

　　宜家向顾客提供定制家具（如衣柜和橱柜）服务，是一家备货生产零售型企业。公司是在顾客订单到达后再处理顾客订单循环中的所有流程。顾客订单循环中的所有流程都是拉动流程。订单的履行从库存产品开始，库存产品是根据对顾客需求的预计而提前生产出来的。补货循环的目的是确保顾客订单到达时产品是可以得到的。补货循环中的全部流程都基于需求预测，因此是推动流程。制造和采购循环也是这样。事实上，像纤维、木材这种原材料在预计顾客需求之前的6~9个月就已经购买。在销售开始前的3~6个月制造过程就已经开始了。因此，宜家的供应链可以细分为拉动流程和推动流程，如图1-23所示。

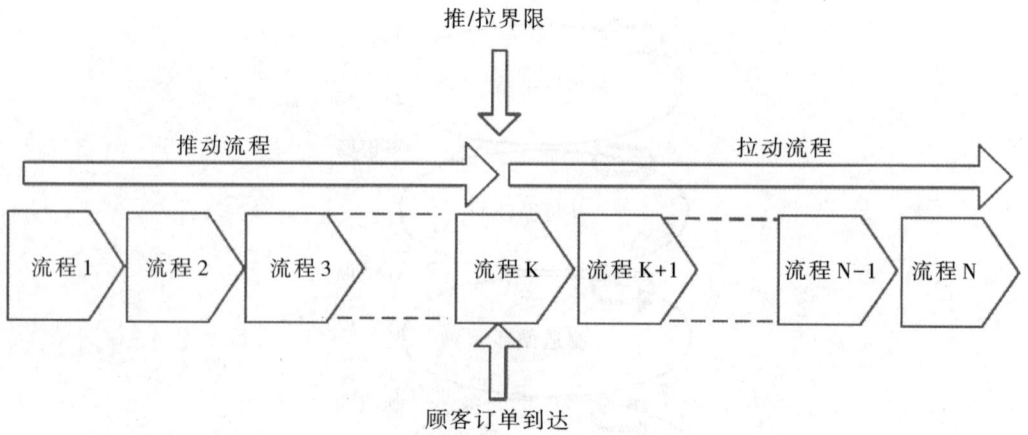

图1-22　供应链的推/拉界限

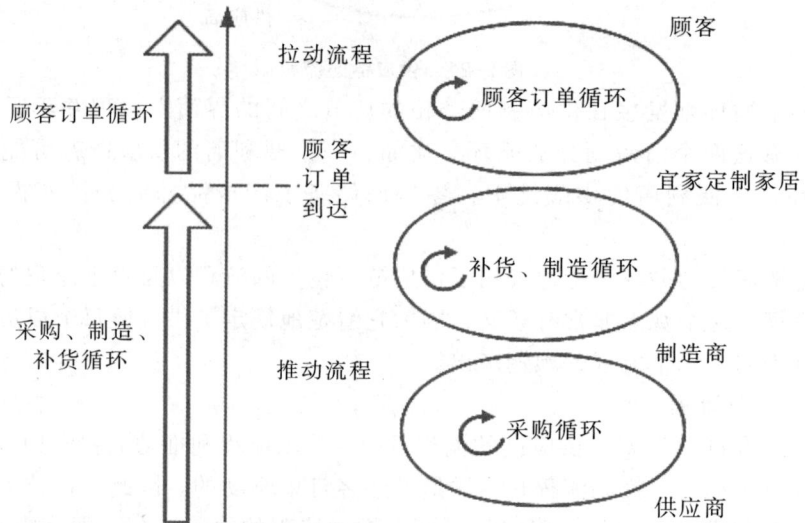

图1-23　宜家的供应链推/拉流程

供应链的推/拉流程是基于顾客订单（拉式）还是基于顾客订单预计（推式）来对流程进行分类的，这在供应链设计的战略中非常有用。

微课

供应链的
流程观点

微课堂1-2

扫描二维码学习微课，了解更多有关供应链的流程观点。

互动课堂1-2

今天的中国女孩似乎正在"抛弃"ZARA——原创和个性才好看，但这些不是ZARA擅长的，这就为国产品牌创造了机会。我们不能一棒子打死ZARA，毕竟当年的ZARA依靠强大的供应链一跃成为全球知名服装生产和零售商。下面就让我们回顾一下ZARA公司的战略及成功经验，并回答几个供应链方面的问题。

　　ZARA 是属于 Inditex 集团的时装连锁店,该集团是西班牙最大的服装生产商和零售商。消费者对于服装的需求是多变的,ZARA 公司采用快速反应战略,产品价格适中,追逐流行趋势,保持了高速发展。在时装界,"从设计到销售"的周期平均超过6个月,ZARA 公司把这个周期缩短为 4~6 个星期。这个速度使 ZARA 公司每周都可以推出新品,且其产品每 3~4 周就会更新 75%。因此,ZARA 的服装可以比竞争对手更加贴近消费者的品位。其结果就是 ZARA 可以按全价销售其产品,而竞争对手的大部分商品在减价出售。

　　ZARA 公司在其生产过程中将欧洲(主要是葡萄牙和西班牙)灵活快速的货源和亚洲低成本的采购相结合。与那些将制造基地转移到亚洲的服装制造公司不同,Inditex 集团自己保留 40% 的生产能力,其余的外包出去。在欧洲生产需求高度不确定的产品,在亚洲生产需求确定的产品。40% 以上的产成品购买和内部生产是在销售季节开始之后进行的。传统的零售只有不到 20% 的产品是在销售季节开始之后生产的。这种了解潮流趋势之后快速反应和延迟决策可以帮助 ZARA 公司降低库存和避免预测误差。ZARA 公司通过投资信息技术确保最新销售信息及时传达,促进及时补货和进行生产决策。

　　2012年,Inditex 集团通过在西班牙的 8 个分销中心将其产品发送到遍布全球的商店。集团宣称,从该分销中心收到订单算起,到欧洲零售店的平均交付时间为 24~36 小时,到亚洲和美洲零售店的交付时间最多是 48 小时。从分销中心到零售店的发运一周就有好几次。这使得零售店的存货可以与消费者的需求匹配。

　　通过上述资料,你能回答以下问题吗?

　　(1) ZARA 公司在竞争中通过快速反应供应链获得了哪些优势?

　　(2) 为什么 Inditex 集团既选择在内部生产又选择外包生产?为什么 Inditex 集团即便在亚洲生产费用便宜的情况下也要在欧洲保持一定的生产能力?

　　(3) 为什么 ZARA 公司在本地生产需求不确定的产品,在亚洲生产需求可预测的产品?

　　(4) 一周给零售店补货多次与不那么频繁地进行补货相比,ZARA 获得了什么优势?

　　(5) 你认为 ZARA 公司具有很高响应性的补货基础设施更适合在线销售还是零售店销售?

小贴士

欲理解 ZARA 的供应链设计与运作,可扫描二维码查看微课:供应链案例分析之ZARA。

微课

供应链案例
分析之ZARA

1.2.2 供应链绩效:实现战略匹配

　　熟悉供应链相关概念之后,我们将定义供应链战略,并阐述如何在供应链战略与竞争战略之间实现匹配,从而影响公司业绩。当然,供应链战略与竞争战略的匹配应该从企业内的单一运作拓展到整条供应链的各个阶段。

1) 竞争战略与供应链战略

企业的竞争战略与竞争对手息息相关,界定了需要通过企业的产品和服务满足的顾客需要。例如，沃尔玛公司的目标是以低价格提供质量适中且多种多样的商品。沃尔玛出售的大部分商品都是日常用品，这些产品随处都可以买到。沃尔玛所提供的是低价格及产品的可获性。前面提到的 ZARA 公司以响应性为核心，该公司无须依靠低价来竞争。显而易见，沃尔玛公司和 ZARA 公司的竞争战略是不同的。

竞争战略是按照顾客是优先选择产品成本、交货时间、产品多样性还是质量来制定的。ZARA 公司的顾客更看重产品的时尚性和响应性，而不是成本；相反，沃尔玛公司的顾客更看重成本。各企业的竞争战略都是基于顾客偏好来制定的。竞争战略针对一个或多个顾客群设定目标，目的在于提供能够满足顾客需求的产品和服务。要理解竞争战略与供应链的关系，就要先从理解典型组织的价值链开始，如图1-24所示。

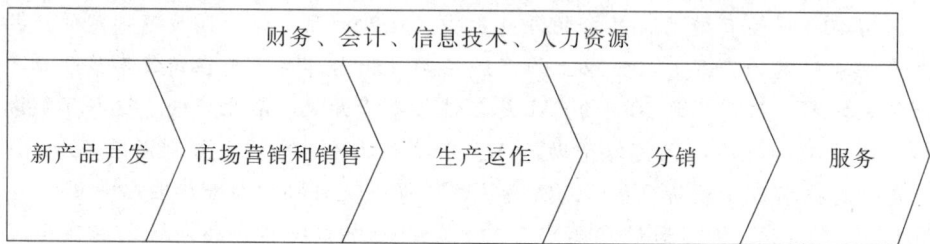

图1-24　企业的价值链

价值链始于新产品开发，进而形成各种产品的说明书。市场营销和销售通过宣传产品和提供服务，满足顾客偏好来创造需求，同时将顾客的反馈意见应用到新产品开发中。按照新产品说明书，生产运作阶段将输入转化为输出来制造产品。分销阶段或是把产品提供给顾客，或是带顾客来选购产品。服务是对顾客在销售中或者售后所提出的要求进行回应，这些都是成功销售的核心流程或者功能。财务、会计、信息技术和人力资源支持并促进价值链运行。

一家企业想要成功，所有职能战略都必须相互支持并配合竞争战略。如日本便利店7-11的成功可以解释为该公司各战略间的完美匹配。其市场营销部门强调便利，形式表现为容易找到门店、提供多种多样的产品和服务具有可获性；新产品开发部门不断增加新的产品和服务，以吸引顾客频繁光顾7-11；生产和分销部门旨在提高门店的密度，提高响应性，提供完善的信息基础设施。最终形成良性循环，其中供应链基础设施得到充分利用，进而提供新产品和服务；而新产品和服务又增加了需求，需求的增加反过来使生产部门更容易周而复始地提升门店的密度和响应性，完善信息基础设施。

2）实现战略匹配

竞争战略和供应链战略要有共同目标。共同目标是指竞争战略所要满足的顾客至上理念和供应链战略旨在建立协同能力之间的一致性。

实现战略匹配，必须满足的条件如下：

（1）竞争战略要和所有的职能战略相互匹配以形成协调统一的总体战略。任何一项职能战略必须支持其他职能战略，帮助企业实现竞争战略目标。

（2）企业不同职能部门必须恰当地构建本部门的流程以及配置资源，以便成功地执行这些战略。

（3）整体供应链战略的设计和各环节的作用必须协调一致，以便支持供应链战略。

要实现供应链战略与竞争战略的匹配,企业应该做些什么呢?企业必须保证其供应链能够支持企业满足目标顾客群的能力。

要实现这种战略匹配需要完成三个基本步骤:

第一,理解顾客和供应链的不确定性。首先,一家企业必须理解每个目标顾客群的需求,以及在满足这些需求过程中供应链所面临的不确定性。这些需求帮助企业确定需求的成本和服务要求。供应链的不确定性帮助企业识别供应链必须准备面对的需求、中断和延迟的不可预知程度。

第二,理解供应链能力。供应链有很多种形式,每一种都根据不同的工作要求设计。一家企业必须了解它的供应链在哪些方面表现卓越。

我们需要界定供应链响应性的概念。供应链响应性是指供应链完成以下各项任务的能力:应对范围变化很大的需求;经营品种繁多的产品;生产有高度创新性的产品;提供高水平服务;处理供给不确定性。供应链越具备这些能力,其响应性越强。不过提高响应性是要付出代价的。比如要对大幅变化的需求做出响应,必须提高生产能力,这将增加成本。成本增加就引出了另一个问题:供应链效率与制造并向顾客交付产品的成本成反比。成本的增加将会降低效率,每个旨在提高响应性的战略选择都会产生额外成本,降低效率。

第三,实现战略匹配。如果供应链运行方面与顾客需求仍然存在不匹配的地方,企业要么需要重新配置供应链以支持竞争战略,要么需要调整竞争战略。重要的是,通过给供应链各个环节分配不同的响应性和效率水平,就会获得整条供应链所需要的期望响应性水平。如图1-25所示,要获得高水平绩效,企业应该沿着战略匹配区域调整其竞争战略和供应链战略。

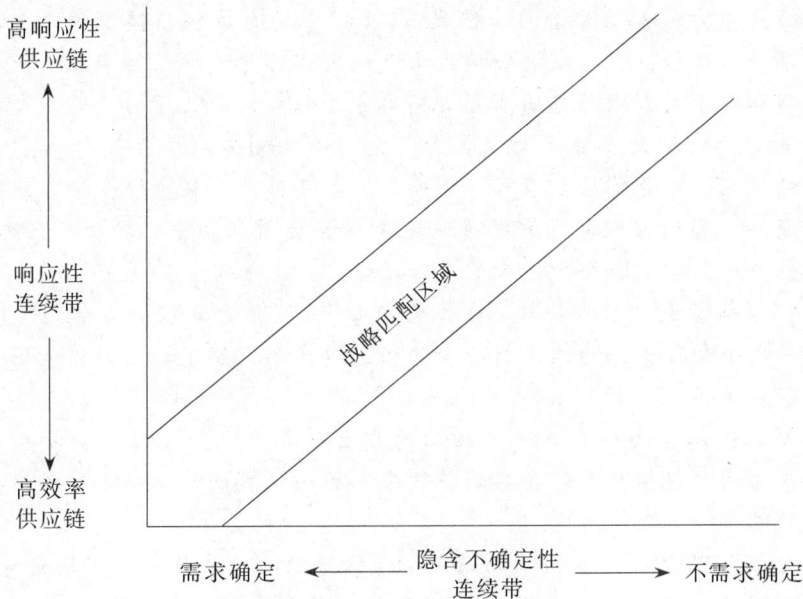

图1-25 发展战略匹配区域

举个例子,宜家公司的目标顾客群需要价位合理的时尚家居。该公司通过模块化设计对其销售的家居款式和数量加以限制。每个商场的规模都很大，但家居品种有限，从而降低了供应链面临的隐含不确定性。宜家拥有所有款式的库存，并通过库存服务顾客。因此，它是通过库存方式来吸收供应链所面临的所有不确定性。因为宜家各大商场库存的存在，向制造商发出的补货订单就更加稳定和可预知。这样做的结果是，宜家向其制造商传递的不确定性微乎其微，而这些制造商通常位于低成本国家，专注于效率。宜家在供应链中提供了响应性，商场吸收了大部分的不确定性并且响应迅速，而供应商吸收了很少的不确定性并且提高了效率。

> **行业案例1-3**

盒马X会员店引领信息消费，数字化新模式激活市场活力

企业痛点：在仓储式会员店这个赛道上，进驻中国20余年的沃尔玛山姆会员店和2019年在上海开业的Costco两家外企做得风生水起，市场上出现了中国企业无法驾驭会员制业态的质疑声。从仓储式会员店业态来看，建设的难点和痛点主要有以下四方面：一是商品差价是传统零售盈利模式的主要来源，而会员制业态的核心是把按成本价销售做到常态化，这就需要强大的商品供应能力。二是提高商品的性价比，打造商品竞争力。会员店需要把商品品质、品牌的溢价能力、定价能力这三方面做好，才能具备行业的比较优势。三是商品的差异化，会员店的运营不能采取千篇一律的选品策略，只有采取有自己特色和差异化的选品策略，才能实现会员的留存和拓新。四是消费场景的体验，不同于一般的超市业态，会员店更强调能够为会员在到店消费过程中提供丰富的场景体验以及会员权益。

战略匹配的具体措施：

①商品竞争力。盒马X会员店依托84个国家的全球供应链资源，秉承全球采购与好货不贵的理念，聚焦从消费端到生产端的国际化商品柔性定制生产模式，将产业互联网和基于大数据筛选的消费者洞察完美结合，致力于将更好的商品以精准方式和有竞争力价格提供给广大消费者。盒马X会员店的商品选择和盒马鲜生门店有一定的区别，X会员店主推冰鲜金枪鱼、帝王鲑、三文鱼、全球各地冰鲜牛排等高品质商品。通过互联网用户思维，从盒马X会员的用户体验视角来进行选品，供应链覆盖全球，比较符合中国人的生活习惯。

此外，盒马还设立了"跨境GO体验中心"，这是盒马将新零售与跨境电商跨界融合的一次全新探索，为国内消费者购买进口商品提供了新消费体验场景。

②运营竞争力。

线上创新：以盒马鲜生App为核心的线上服务平台。盒马X会员店通过App和线下门店为用户提供从生鲜食品到餐饮服务的一站式购物体验，满足用户随时随地"吃"的需求。

线下升级：以盒马X会员店与跨境GO体验中心为载体的线下场景智慧服务。盒马在线下的营运主要围绕智慧收银、零售智慧屏、供应链智慧协同、数智化物流、选品、商品试吃体验、场景服务、会员权益等方面开展线下的营运工作。

③服务竞争力。盒马新零售标杆企业打造的核心就是标准化，通过持续优化企

业标准体系，完善各类服务和管理标准，并把标准融入各项业务中。盒马通过标准成果共享，将标准化工作拓展到更大范围，让更多人感受数字化新零售领域的服务品质、品牌魅力。通过标准化试点工作，盒马把现有的服务经验输出到全国各地，让全国人民感受到数字经济带来的"鲜·美·生活"。

（此案例节选自中国连锁经营协会发布的《2021年度连锁超市创新案例》，欲了解全文，可扫描二维码查看。）

1.2.3 供应链绩效的驱动因素

战略匹配需要企业的供应链实现响应性与效率之间的平衡，以便更好地支持企业竞争战略。为此，需要深入研究影响供应链绩效的物流驱动因素（设施、库存、运输）和跨职能驱动因素（信息、采购、定价）。这些因素相互作用，决定了供应链的响应性和效率。

1）设施

设施是供应链网络的实际地理位置，即产品储存、组装或加工的场所。生产场地和仓储场地是两大主要设施。有关设施作用、选址、产能和柔性的决策，对供应链绩效有重大影响。例如这两年比较火热的生鲜电商的前置仓，就提高了供应链的响应性。

企业可以通过增加设施数量、提高设施的柔性或产能来提高响应性。任何一种做法都会产生成本。增加设施数量会提高设施成本和库存成本，但会减少运输成本和响应时间。提高设施的柔性或产能会增加设备成本，但会减少库存成本和响应时间。例如，宜家通过建立几百家大型商场（每个城市仅有一两家）提高效率进而盈利。7-11便利店通过高度密集的店铺网络（每个城市通常有上百家）提高响应性进而盈利。

2）库存

库存包括供应链上所有的原材料、在制品和产成品，改变库存策略能大大改善供应链的效率和响应性。如在前面提到的ZARA公司，通过缩短新产品开发周期和补货提前期，该公司不仅维持低水平库存，而且具有极高的响应性。当当网试图为顾客提供大范围、多种类的书籍，将畅销书储存在很多区域性的仓库里，距离顾客很近，具有较高的响应性，将较为滞销的书籍储存在少数几个仓库中以便降低库存成本，这是以牺牲响应性为代价。可见，当当网按图书的销量情况改变库存的形式、地理位置及数量，以维持响应性和效率的适当平衡。

供应链中存在库存是因为供给与需求不匹配。对于商品零售商来讲，保持库存是为了应对未来需求或者节假日、旺季销售暴涨做准备。保持库存可以降低成本，提高产品可获性。高水平的库存会降低产量和运输成本，却增加了库存持有成本，低水平的库存会提高库存周转率，但如果顾客没有找到他们想买的产品也会引起失售。

3）运输

运输使库存在供应链上实现点到点的移动。运输可以采取节点和线路的多种组合方式，每种方式的绩效都有其特点。如何选择运输对供应链的响应性和效率产生极大的影响。如顺丰速运通过卡车运输为大多数顾客提供次日交付的服务，以较低的成本提供高水平的响应性。

采用恰当的运输方式能够调整设施选址和库存，以达到响应性和效率之间的平衡。销售高价值产品的公司，可能会选用快速的运输工具获得响应性，同时使设施和库存集中化，以降低成本。销售低价值且需求量大的产品的公司，可能会把适量库存放在距离顾客近的地方，然后运用低成本的运输方式，从成本低的乡村工厂去补给库存。Blue Nile公司是一家网上钻石零售商，使用联邦快递（响应快）把钻石运送给美国、加拿大、欧洲和亚洲国家的客户。由于钻石价值高，公司为隔夜交付的产品提供免费运送服务。具有响应性的运输使得公司钻石库存集中化，节省了昂贵的店面费用。虽然公司的运输成本高，但与传统的实体零售商相比，该公司的总成本较低（设施及库存费用低），故产品有价格优势。

4）信息

信息包括整个供应链上设备、库存、运输、成本、价格、顾客的数据和分析材料。信息可能是影响供应链绩效的最重要的驱动因素，因为它会直接影响其他因素。信息使得供应链更具有响应性，更有效率。例如，7-11便利店运用信息更好地实现供应和需求匹配，实现了生产和分销的经济性，在实现高水平响应性的同时，其生产和补货成本也降低了。

信息有助于提升供应链资产的利用率以及供应链系统的协同性。随着供应链信息被更广泛地分享，必要的基础设施和后续分析的复杂性呈指数级增长。然而，信息共享的边际价值将随着越来越多的信息被利用而逐渐减少。DHL公司在全球220多个国家和地区设立超过140 000个目的地，由于面临不同的语言、文化和风俗，因此有着多样化的工作环境。为此，DHL努力从一个包括50个子系统的分散式信息系统转变成为一个集中综合系统，在改善对顾客服务的同时降低了风险和成本。最终，DHL在全球化的运营中降低了40%的基础设施成本，并实现了更为可靠的通信。

5）采购

采购是选择由谁来从事特定的供应链活动，如生产、仓储、运输或信息管理。在战略层面，采购决策确定了哪些职能由公司自己履行，哪些职能寻求外包。采购决策会影响供应链的响应性和效率。例如，现在许多生鲜超市都建设了自己的生鲜基地，通过直采的方式从田间到餐桌，实现了高效供应。

采购是购买产品和服务所必需的一整套业务流程。管理者首先必须决定每项任务是由响应性高的供应商完成还是由效率高的供应商完成，然后决定供应商是公司自己还是第三方。采购决策的目的是增加供应链共享的总利润的规模。采购决策的目标应该是以最低的成本来提供较高水平的响应性。例如，ZARA公司的采购策略会根据产品类型的变化而变化。由于对白色T恤这样的基本款产品的需求是可预测的，公司目标是提高效率，这类产品从低成本的供应商处采购。但是，对于流行款产品的需求是不可预测的，公司就从自己的欧洲工厂采购，尽管这些工厂的供货成本并不低，但是其在面对时尚市场快速变化需求时更具灵活性和响应性。

6）定价

定价决定着企业对通过供应链提供的商品和服务如何收费。定价影响产品和服务的买方行为，从而影响需求和供应链绩效。定价影响选择此产品的顾客群和顾客期望，直接影响到供应链的响应性水平及供应链努力满足的需求情况。定价决策的目的是增加企业利润，这就要求了解完成某供应链活动的成本结构以及该活动能够为供应链带来的价值。例如，亚马逊定价清单可以为其招徕需要不同水平响应性的顾客，要求一天送达的顾客增加了亚马逊的不确定性，但选择免费送货的顾客又使亚马逊仓库的工作负荷趋于平衡。亚马逊可以利用定价为那些注重响应性的顾客提供快速响应，而为那些想要低价的顾客提供高效率。

图1-26展示了一个直观的供应链决策框架。大部分企业先制定竞争战略，再确定供应链战略。供应链战略决定了供应链在绩效和响应性方面如何运作。最终，通过三个物流驱动因素（设施、库存、运输）和三个跨职能驱动因素（信息、采购、定价）达到供应链战略预期的绩效水平并使得供应链利润最大化。

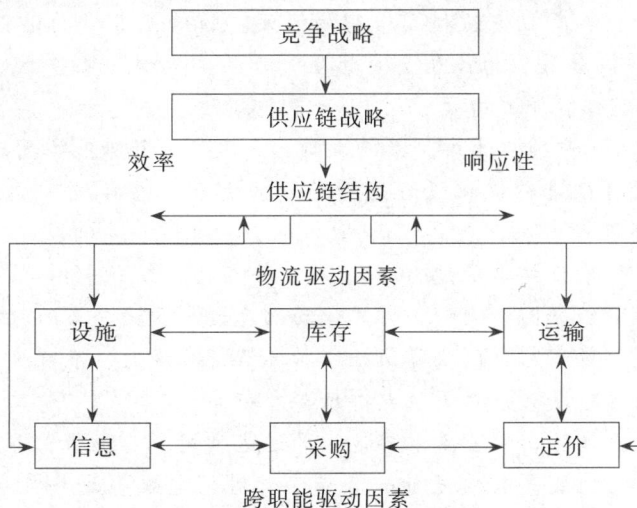

图1-26　供应链决策框架

我们以沃尔玛公司为例来分析这一模型。沃尔玛的竞争战略是要成为一个可靠的、低成本的、经营多品种大规模消费品的零售商。这一战略决定了理想的供应链不仅要强调效率，而且在产品可获性方面要维持足够水平的响应性。沃尔玛公司有效地利用三个物流驱动因素和三个跨职能驱动因素实现了这种理想的供应链。就库存而言，沃尔玛公司通过保持低水平库存来保证供应效率。比如，首创越库（cross-docking）体系，这是一种不将货物存放在仓库，而是由制造商直接运往商店的系统。这些货物仅在分销中心（DC）作短暂停留，即被转移到卡车上，再转运到指定门店，这样就大大减少了产品库存。对于库存因素，沃尔玛公司重视效率超过响应性。在运输方面，沃尔玛公司拥有自己的车队，保持了快速的响应性。这固然增加了运输成本，但减少了库存，提高了产品可获性，这些好处又说明这一成本是合理的。至于设施因素，沃尔玛公司利用位于门店网络中的分销中心来减少设施数量和提高效率。沃尔玛公司在信息技术方面的投资大大超过竞争对手，因此在供应链中它可以向那些只按需求生产的供应商提供需求信息，在使用信息因素改善响应性、降低库存投资方面居于领先地位。对于采购因素，沃尔玛公司确定了它所销售的每种产品的有效供应商。沃尔玛大量订货，使得这些供应商能够利用规模经济而更有效率。对于定价因素，沃尔玛公司的产品实行"天天低价"，确保顾客需求稳定，不会随价格变化而发生波动。沃尔玛公司利用所有供应链的驱动因素来达到响应性与效率之间的恰当平衡，从而使竞争战略与供应链战略保持和谐。

微课堂 1-3

　　请扫描二维码学习微课，了解更多有关供应链的驱动因素。

> **行业案例 1-4**

沃尔玛山姆会员店"宅配"路径优化算法

　　配送成本对于电商业务的利润率影响极大。随着业务量的迅猛增长，沃尔玛 Omaga8 与逗号科技合作，为山姆会员店生鲜产品"宅配"业务打造全新的动态路径优化算法，实现智能降本增效。

　　山姆会员店为客户提供生鲜产品"次日达"服务。随着业务的迅猛发展，使用智能算法对配送路径进行优化设计成为迫切的需求。与传统"店配"业务相比，"宅配"具有以下典型特征和挑战：

● 订单量大，单日订单量过千；

● 受季节、促销等因素影响，订单波动幅度大、区域分布随机性强；

● 每天出现大量新客户，收货地址维护和解析难度大、准确度低；

● 居民区配送难度大，对司机熟练度要求极高；

● 为提升客户体验，需要更准确地预计送达时间。

　　基于以上典型挑战，需要设计一套专门针对"宅配"业务特点的路径规划算法。实际收到效果如下：

● 平均单个订单的配送成本下降 8% 以上（注：基于真实历史订单数据，对比人工配载与算法仿真结果得出，实际优化比例受人工干预程度影响）；

● 客户预计送达时间偏差缩短至 30 分钟；

● 调度耗时下降至 10 分钟以内。

　　（此案例节选自中国连锁经营协会发布的《2021 年度零售业供应链优秀案例集》，可扫描二维码查看案例微课视频。）

项目测试

一、判断题

　　1. 分散型采购组织中不同的经营单位可能会与同一个供应商就同一种产品进行谈判，结果达成了不同的采购条件。　　　　　　　　　　　　　　　　　　　（　　）

　　2. 一般来讲，企业规模越小，分支机构分布越邻近，采用分权制采购的可能

性就越大。 （　　）

3.供应链管理是对贯穿其中的产品流、信息流和资金流的集成管理，以最大化客户的价值，最小化供应链的成本。 （　　）

4.供应链贯穿企业从0到1和从1到N的全部增值过程。 （　　）

5.本土企业和全球企业真正的差距在于对供应链的管控，特别是在全球寻源、全球配送的环境下，整合全球资源，在全球舞台上竞争。 （　　）

6.在供应链管理三大执行职能中，运营的担子最重。 （　　）

7.供应链的根本目的，就是通过集成管理"三流"，给客户最大化价值，同时最小化供应链的成本。 （　　）

8.供应链是动态的，包括不同环节间的信息、产品、资金的持续流动。 （　　）

9.任何一个供应链，主要目的都是满足顾客的需求，并在满足顾客需求的过程中为自己创造利润。 （　　）

10.供应链的成功可以由单个环节的利润而不是供应链总体盈利来衡量。 （　　）

二、单项选择题

1.下列选项中的（　　）是连锁企业采购的特征。

A.实行门店分散采购　　　　　　　　B.采购批量小

C.采购计划性强　　　　　　　　　　D.采购与销售无关

2.下列选项中的（　　）不是集中型采购常用的组织形式。

A.总部职能部门采购　　　　　　　　B.采购委员会

C.事业部采购　　　　　　　　　　　D.联合采购

3.连锁企业通常采用（　　）采购制度。

A.混合　　　　B.分散　　　　C.集中　　　　D.以上都不是

4.定期结算是企业常见的采购类型，它属于（　　）。

A.代销采购　　　B.买断采购　　　C.订单采购　　　D.招标采购

5.作为一家企业，其核心任务不包括（　　）。

A.开发个好产品

B.卖个好价钱

C.以适合的成本和速度生产出来，配送给客户

D.经济利益最大化

6.从职能层面阐述供应链管理，沿着纵向切分供应链，不包括（　　）。

A.采购　　　　B.运营　　　　C.物流　　　　D.财务

7.物流对应的英文应该是（　　）。

A.material flow　　　　　　　　　　B.product flow

C.logistics　　　　　　　　　　　　D.radio frequency identification

8.（　　）是企业和供应链的血液，也是企业倒闭的主要原因。

A.资金流　　　B.信息流　　　C.物流　　　D.商业流

9.供应链的目标应该是（　　）。

A.供应链整体价值最大化　　　　　　B.顾客价值最大化

C.供应链成本最小化   D.供应链单个环节利润最大化

10.（   ）流程，订单执行依据顾客订单。

A.拉动   B.推动   C.循环   D.推/拉

三、多项选择题

1.下列（   ）属于采购的特征。

A.采购是一种交易行为

B.采购的过程是一个选择的过程

C.采购的目的是满足自身的需求

D.采购过程是商流、物流、信息流的有机统一

E.采购是从资源市场获取资源的过程

2.下列（   ）是集中采购的优势。

A.有利于商品的标准化   B.可以获得谈判优势

C.更少需要内部协调   D.较少的官僚采购程序

E.有更强的顾客导向

3.下列（   ）是零售行业企业采购组织设计的方法。

A.按采购地区设计   B.按物品类别设计

C.按采购商品价值设计   D.按采购商品的重要性设计

E.按采购过程设计

4.采购的价值包括（   ）。

A.确保供料

B.最低采购价

C.降低供应成本

D.理顺需求，理顺供应

E.管理供应链，实现全面增值

5.企业的三大核心职能为（   ）。

A.研发   B.营销   C.供应链   D.财务

6.供应链管理包括（   ）领域。

A.采购管理   B.运营管理   C.物流管理   D.财务管理

7.供应链管理是对（   ）"三流"的集成。

A.产品流   B.信息流   C.资金流   D.商业流

8.从研究供应链管理角度，可以发现日本企业通常具有（   ）特点。

A.以长期关系为主，关系稳定，企业黏合度高，交易成本低，全局优化可能性大

B.日本企业一般跟数量有限的供应商合作，单点寻源，规模效益明显

C.以小批量、高频次为特点，以速度为核心，周转周期短，更加有效应对定制化
    需求

D.多点寻源为主，主要依赖市场竞争，采购额分散，规模效益低下

9.供应链流程可以分解为（   ）循环流程。

A.顾客订单循环   B.补货循环   C.制造循环   D.采购循环

项目实训

【实训资料】

7-11便利店由日本零售业经营者伊藤洋华堂于1974年引入日本。2005年9月1日，7-11便利店、伊藤洋华堂、丹妮三家公司合并的senen&i控股公司成立。1985—2013年，日本7-11便利店实现巨大增长，数量从2 299家增加到16 000家。截至2014年6月，全球共拥有53 000多家7-11便利店，7-11成为世界上拥有门店最多的零售品牌。

1.持续增长源于7-11周密的计划以及在信息系统和分销系统上的核心竞争优势

7-11门店网络包括公司自有商店和第三方所有的特许经营店。为保证效率，7-11将其运行网络建立在市场主导战略的基础上。进入任何一个新市场，建立由分销中心支持的密集分布的50~60家店铺。这种密集式店铺开发，展示了7-11高密度市场形象，也高效利用分销中心。市场主导战略可以提升品牌知名度、服务效率和广告影响力，阻止竞争对手进入其主导领域。特许经营需要大量资金，其中一半用于准备开店和培训，其余用来购买最初的货物。

7-11的责任：开发供应商和商品；提供订货系统；承担系统运营费用；提供会计服务；提供广告服务；安装并更新设施；承担90%的公共设施成本。

特许经营店主的责任：运营和管理商店；雇用员工并发放工资；向供应商订货；维护店铺形象；向顾客提供服务。

2.7-11商店信息和内容

2014年1月，7-11在日本拥有16 000家店铺。2004年，便利店标准占地面积从125平方米增加到150平方米。2013年，店铺日销售额平均达到668 000日元（约合6 528美元），是美国店铺平均收入的2倍。7-11为其商店提供5 000种单品选择范围，平均每家店铺持有3 000种单品。7-11便利店加强地区采购来准确迎合本地消费者的偏好需求。2004年，公司销售超过10亿个饭团，平均每个日本人每年大约吃8个7-11便利店的饭团。快餐中销量最好的是中餐饭盒、饭团、面包和比萨。2013年，7-11拥有171套日常生产设备和158个分销中心，遍布日本各地。7-11专注于增加只有他们的店中才销售的特有商品，占销量的52%。2007年，7-11引入senen Premium自有品牌出售，到2010年2月，senen Premium提供1 035库存单位的产品，它是扩大不同零售方式间协同效应的重要组成部分。

3.门店服务

1987年10月，第一项服务——店内缴纳电费，然后扩展到燃气费、保险费、电话费。2000年，成立食品快递服务公司，专门服务老年人。2013年，几乎所有门店都安装自动取款机，平均每天每台完成交易111笔。2000年2月，成立网上商业公司，更好地利用现有的分销系统。7-11便利店为网上订货日本顾客提供收货和发货服务。2007年3月，7-11便利店开发网上购物，能让顾客买到零售店买不到的产品，且不用支付运输费用（顾客在店内付款并提货），同时推出电子货币作为奖励系统。基于日本老龄化人口和外出工作女性人口数量增加，7-11通过"附近的便利店"更好地为顾客服务。为了更好地服务顾客，公司把日常消费频率高的产品从500种增加到900种，并开发了送餐到家的Seven-Meal服务网。

4.整合的门店信息系统

7-11的成功大部分归功于全面信息系统，这个系统安装在每家门店，与总部、供应商和7-11分销中心联网。1982年，7-11成为日本第一家引进POS系统的企业，该系统由POS收银机和终端控制设备组成。1985年，7-11与NEC合作开发使用彩色图像的个人电脑，在每家门店安装并与POS收银机相连。1991年，公司安装综合业务数字网（ISDN），链接5 000多家门店，成为世界上规模最大的ISDN系统之一。每家门店晚上11点前收集并处理销售数据，以供第二天早上分析使用。2012年，7-11门店的信息系统包括：

图表订货终端机：与特定商品有关的POS数据详细分析结论，包括商品种类、销量和过期单品分析，耗费分析，未来10周和未来10天的销售趋势分析，新产品销售趋势分析，每日每时销售分析，滞销商品清单，过期销售和顾客分析，商品布局对店铺形象贡献，产品种类销售增长分析。

扫描终端机：扫描条形码并记录存货，用来接收分销中心产品。

店铺计算机：与7-11网络、POS收银机、图表订货终端和扫描终端机联网。

POS收银机：能够更好地平衡供给与需求，店员可以根据一天中的销售情况调整货架上的商品组合。

5.7-11便利店分销系统

7-11便利店分销系统与所有种类产品的供应商联网，约定了早餐、午餐和晚餐产品的订单截止时间。门店下单后，相关信息立刻传递给供应商和分销中心。供应商汇总订单后，立即开工生产，然后利用卡车将订单产品送到分销中心。

联合运输系统：

在分销中心，来自不同供应商的相似商品被装到同一辆温控卡车上。熟食和冷藏食品每天配送三次，常温加工食品每天配送一次，所有商品非高峰时段送达，利用扫描终端收货。从1974年每天每店铺70辆车，到2006年仅需9辆送货车，分销系统的运行大大降低交付成本，实现了多宗鲜食快速送达。

美国7-11分销系统：

美国7-11补货由制造商直接发货到店铺（DSD），余下产品由批发商供货到店铺。以引进新鲜产品为目标，美国7-11便利店于2000年引入联合分销系统（CDC）。2003年，7-11在北美有23个联合分销中心，支持80%商品的配送，其目标是在同类产品中，更直接与星巴克而不是传统加油站中的食品超市竞争。

【实训目标】

通过实训，使学生掌握采购与供应链的基本概念，能正确描述企业如何实现供应链战略与竞争战略之间的战略匹配。

【实训任务】

请认真阅读上述资料，并查询7-11相关资料，完成以下任务：

1.7-11便利店在日本的供应链战略被描述为试图通过快速补货来平衡供给与需求。与这一选择相关的风险是什么？

2.在日本，为了开发支持供应链战略的能力，7-11便利店在决策设施地点、库存管理、运输和信息基础设施上都做了什么？

3.7-11在日本不允许直接到店运输，所有商品通过其分销中心运输。7-11从中得到什么好处？什么情况下直接到店运输更加合适？

4.从供应链角度看，日本7-11和美国7-11哪个更成功？为什么？

5.7-11试图复制在日本和美国成功的供应链结构，并引入CDC（联合分销中心），这种方法的优势和劣势是什么？

【实训指导】

1.复习相关知识，精心组织，合理确定小组成员。

2.指导学生收集整理背景材料。

3.指导学生根据案例信息进行分析。

4.指导学生根据所学知识分析7-11便利店的供应链战略。

5.学生以小组为单位汇报交流，指导教师进行点评。

学习评价

根据本项目内容学习和实训完成情况，填写表1-5。

表1-5 学习评价表

专业能力	评价指标	自测结果	备注
能正确认识采购	理解采购的含义	□优秀□合格□不合格	
	掌握采购的分类	□优秀□合格□不合格	
	了解采购部门的组织与设计	□优秀□合格□不合格	
	能描述采购流程	□优秀□合格□不合格	
能正确认识供应链	理解供应链的含义	□优秀□合格□不合格	
	掌握竞争战略与供应链战略的匹配	□优秀□合格□不合格	
	会分析供应链决策中供应链绩效驱动因素	□优秀□合格□不合格	
项目测试完成质量		□优秀□合格□不合格	
项目实训完成质量		□优秀□合格□不合格	
综合成绩		□优秀□合格□不合格	

项目 2
需求预测与库存计划

▮ 学习目标

【知识目标】
✓了解需求预测在采购与供应链管理中的作用
✓了解需求预测的特点
✓掌握预测组成及预测方法
✓熟悉可预测的需求波动
✓了解信息技术在预测中的作用
✓了解库存计划在采购与供应链管理中的作用
✓掌握与库存计划相关的成本估算
✓熟悉经济订货批量的计算方法
✓了解数量折扣以及商业促销对订货批量和周转库存的影响
✓了解信息技术在库存管理中的作用

【能力目标】
✓能用需求预测的方法进行后期的需求预测
✓面对可预测的需求波动，能利用销售和运作计划实现供应链利润最大化
✓能对周转库存相关的成本进行估算
✓能对安全库存进行估算和管理实践

【素养目标】
✓培养学生具备敏锐的洞察力和分析问题能力
✓培养学生具备信息工具整合能力和开拓创新能力
✓引导学生将视野从单个企业扩展到整条供应链，塑造全局观视角

■ 学习导图

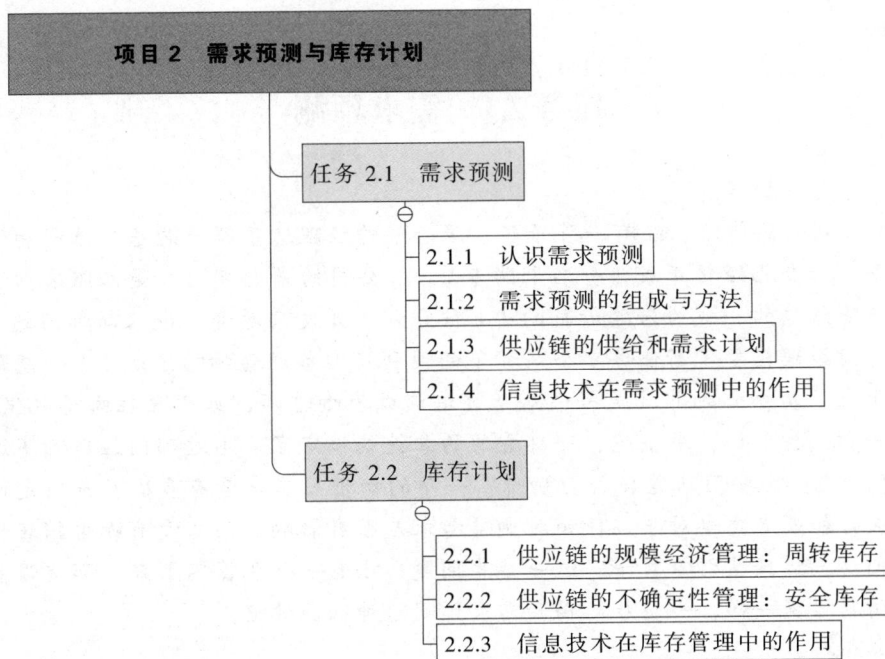

项目 2   需求预测与库存计划

任务 2.1   需求预测

- 2.1.1   认识需求预测
- 2.1.2   需求预测的组成与方法
- 2.1.3   供应链的供给和需求计划
- 2.1.4   信息技术在需求预测中的作用

任务 2.2   库存计划

- 2.2.1   供应链的规模经济管理：周转库存
- 2.2.2   供应链的不确定性管理：安全库存
- 2.2.3   信息技术在库存管理中的作用

■ 引例

A公司的总裁S先生一直非常认同以下观点：对一个企业来说，有三件事是非常重要的。第一是选择一个好产品，第二是卖一个好价钱，第三是以合适的成本和速度把产品生产出来、配送出去。因此，企业的研发部门（采购部门）、营销部门以及供应链管理部门对企业而言至关重要。

近年来，S先生越发认同采购与供应链在公司中的重要地位。他深知，从采购把东西买进来，再通过生产运营实现增值，最后通过物流配送实现顾客价值，在这样的供应链管理中，计划是采购与供应链的引擎。如果计划不足，将导致成本居高不下、交付拖拖拉拉、库存周转缓慢。因此，只有改善计划才能改善执行，最终提高供应链绩效。

那么应该如何做好计划，以及实现计划与执行的联动呢？S先生提到了两个关键词语：需求预测、库存计划。所有的预测都是错误的，但错多错少是不一样的，如何提高需求预测的准确性至关重要。当然，所有预测只是预测，我们还需要设立安全库存来应对公司供应链响应性能力的局限性。

P先生是公司的供应链管理总监，他接到了S先生交办的供应链管理的优化任务——做好需求预测和库存计划，只有这样才能提高供应链执行效率，解决公司产销不匹配、库存周转率低、运营成本高等问题。

请思考：

什么是需求预测与库存计划？为什么说需求预测无法回避？我们应该怎么做需求

预测才能尽可能地接近准确？如果需求预测不足，那又该怎么设置安全库存来应对呢？带着这些问题，我们一起开启需求预测与库存计划的学习之旅吧。

任务2.1　需求预测

【任务导入】

小E来到采购部门已经有一阵子了，跟着采购经理从了解采购基本流程和供应链管理入手，如今已经转正成为一名采购专员。A公司的采购部门，是依照采购流程设置部门组织结构的，成为采购专员的小E被分到了开发来源部。进入新部门的小E最近跟着部门经理接受了新任务。公司旗下的便利店准备增售咖啡了。小E心想那就撸起袖子干吧，卖咖啡无非就是将门店店员培训成为咖啡师，咖啡豆往咖啡机里一扔、一磨、一煮，打个奶，拉个花，一杯香醇的拿铁就搞定了。不过部门经理可不这样认为，他问小E：哪些门店适合售卖咖啡？一年的咖啡豆需求量有多少？如何定价？我们门店搞折扣或者竞争对手搞促销对咖啡需求是否有影响？门店没有咖啡销售历史数据，我们要怎样预估订货数量？这一连串问题，小E一个也答不上来。那就跟着部门经理如同剥洋葱一样，一层层地揭开需求预测的神秘面纱吧。

任务分析：

我们在上一个项目中接触了"推/拉流程"的概念，需求驱动即推式供应链。在产品更新换代、需求差异变化较大的今天，推式供应链具有规模效应，在库存风险可控时，能够把握商机创造利润。进行需求预测的根本原因是企业的响应性能力有限。但预测肯定不准确，要怎么做才能接近准确？数据从何而来？预测的方法又有哪些？信息技术在预测中起到怎样的作用？今天的采购经理人，必须从学会需求预测起步。

2.1.1　认识需求预测

1）需求预测的作用

在实践中，每条供应链都是推拉结合。如图2-1所示，先根据需求预测推进到一定阶段，以获得规模效益，降低成本，提高响应速度，再根据顾客订单拉动，以满足差异化的需求，并降低库存风险。从本质上讲，供应链成本和速度的根本决定因素就是推拉结合。

根据推拉结合的位置，供应链可细分为按库存生产、按订单组装、按订单生产、按订单设计四类。按库存生产，推拉结合点在成品层面，即按照预测来生产成品，顾客需求一来就能立即满足。按订单组装，推拉结合点在半成品层面，按照预测在零部件、模块等半成品层面建立库存，顾客订单一到，就按照顾客需求组装。按订单生产、按订单设计，推拉结合点更加后移，设在零部件、原材料层面，先按照预测准备原材料、零部件，再按照顾客订单生产、设计。每个推拉结合点都有库存，都离不开需求预测，因此，无论哪种供应链方式，需求预测都无法回避，需求预测是供应链的第一推动力。

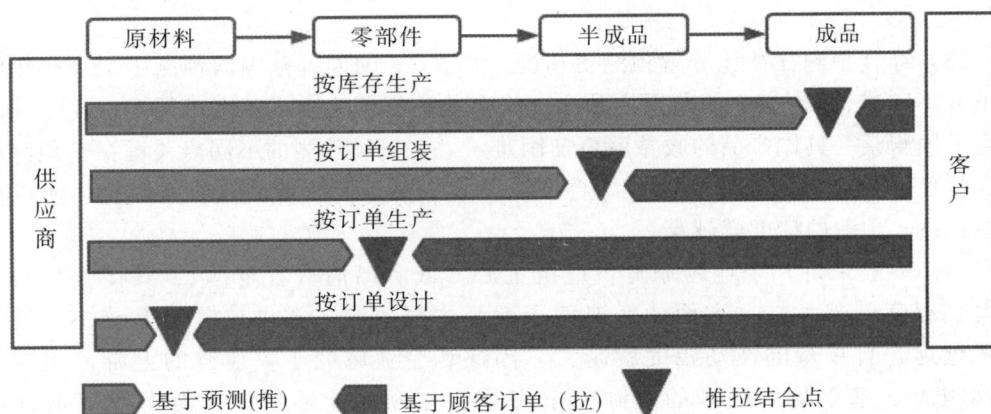

图2-1　推拉结合的供应链示意图

　　一家手工染布成衣店通过对顾客订单的预测来采购布料和染料，然后根据顾客实际需求进行布料最后的染色和成衣制作。成衣店正是通过对未来需求的预测决定布料和染料的库存（这是一个推动过程）。追溯到供应链的上游，染料的供应商也需要进行需求预测。当供应链中的每个环节都独立进行预测时，这些预测值之间往往存在很大差异，从而导致需求与供给不匹配。而当供应链的各环节进行协作预测时，预测结果将会准确得多。精准的预测可以使供应链更好地响应并有效地服务于顾客。从制造商到零售商，很多供应链的领导者都是通过协作预测来提高供给与需求匹配的能力。

　　类似牛奶、纸巾这样拥有稳定需求的成熟产品容易进行需求预测，而时尚商品和电子科技产品属于难以预测的产品。对任何产品，在供应链设计和计划如何响应时，对预测误差进行估计都非常关键。我们在学习供应链需求预测的组成和预测方法之前，先要了解需求预测的特点，这是管理者有效设计和管理采购与供应链必须掌握的内容。

2）需求预测的特点

　　（1）需求预测总是不精准的，因此预测应该包括两方面的内容：一是预测的期望值，二是需求预测误差的测量。如两家便利店同样销售某款饮料，其中一家预计销售量为 100~1 900 瓶，而另一家便利店预计销售量为 900~1 100 瓶。虽然两家便利店预测饮料销售的平均销量都是 1 000 瓶，但是由于预测精度不同，两家便利店在采购政策上必然有很大不同。因此对于大多数的采购与供应链决策来说，预测误差（或需求不确定性）都是一个关键变量。但遗憾的是，绝大多数企业并没有对预测误差进行任何估计。

　　（2）长期预测的精度往往比短期预测低。日本 7-11 便利店正是利用需求预测的这种性质来改善其绩效，其实时补货流程能在数小时内对订单进行响应。店长在上午 10 点前下订单，当天晚上 7 点所需货物可以得到交付。因此店长对第二天晚上的销售进行预测时，预测时点比实际销售时点仅需提前不到 12 小时。短期预测使得店长能够精准地掌握诸如天气之类的影响产品销售的当前信息，这就比提前一周预测需求准确得多。

（3）综合预测往往比分解预测更精准。如在2%的误差范围内预测中国下一年的GDP并不困难，但在2%的范围内预测一家企业的年营业收入就困难得多，在相同的精度下预测某一具体产品的收益就更加困难了。这三种预测的不同点关键在于预测的综合程度。GDP是所有企业收入综合，企业收入又是所有产品线收入综合。所以综合性越高，预测的精度就越高。

（4）一般来讲，企业越靠近供应链上游（或者离消费者越远），其接收到的信息失真程度就越大。这方面的经典例子就是牛鞭效应。在供应链的上游，离最终顾客越远，订单量的波动幅度就越大。因此，企业越处于供应链的上游，预测误差就越大。基于最终顾客的实际需求进行协作预测能够帮助上游企业降低预测误差。

【延伸阅读2-1】　　　　最好的预测是不需要预测的"自来水模式"

越是管理粗放、需求预测做得差的企业，做需求预测的人就越多。其实，大多情况都跟水电、煤气、市政设施一样，不需要人人做预测。如自来水厂，它要做的是预测全城的需求，确保水厂有足够的水，各家各户用水时，打开水龙头接水就是了。我们就姑且将其称为"自来水模式"。

在有些企业，需求计划部门负责编制公司层面的需求预测，一线销售等支持部门并不做预测。最好的预测是不需要预测，最好的协同是不需要协同。"自来水模式"的好处就是消除了各个分支机构预测，因而也消除了协同的必要。

"自来水模式"有一定的前提，比如产品的定制化程度低、需求相对分散等。这种模式在消费品、零售、电商等行业比较普遍。对于总库、地区库、子库等形成的多阶段库存模式都适用。比如全球备件网络就是典型的例子：备件在总库做好预测，让工厂和供应商生产出足够的库存（周期一般是几周到几个月），然后各地区库、子库有需求的话，下订单向总库调货即可（调货周期是几天到一两周，主要是运输时间）。

ZARA公司就有"自来水模式"的痕迹。它在供应链上设置了两个推拉结合点。第一个推拉结合点位于供应端，针对标准化的半成品，比如白胚样——不同颜色的服装有同样的白胚样，用自动化程度高的生产线大批量生产，然后根据市场需求对颜色、配件的偏好进一步定制。第二个推拉结合点针对成品，在分销渠道端。ZARA公司在总的配送中心层面预测需求，然后看各地门店要多少货，就下单补多少货，几天内到货——门店不做预测。通过建在两级推拉点的两个"自来水塔"，ZARA公司避免了在预测准确度低的层次做预测，从而避免了随之而来的库存问题（如图2-2所示）。

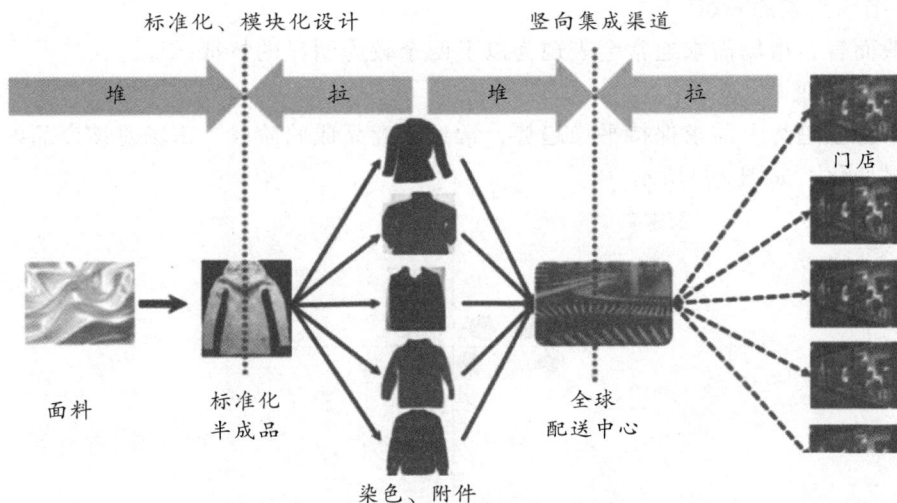

图2-2 ZARA的两级推拉和"自来水模式"

（此文节选自"供应链管理专栏"公众号2020年12月22日同名文章。欲了解全文，可通过该公众号查看。）

2.1.2 需求预测的组成与方法

1) 需求预测的组成

企业对顾客过去购买行为的把握有助于对顾客未来购买行为的预测。需求不是凭空产生的，顾客的需求受多种因素的影响。如果企业能够确定这些因素是如何影响未来需求的，那么在一定程度上就可以对顾客需求进行预测。

预测是无法回避的，但也是不准确的。企业在预测的过程中必须平衡客观与主观两方面因素，既要科学运用定量预测方法，也要辅以专家意见。例如，7-11便利店设计开发了一套先进的决策支持系统，可以为门店店长提供建议，但最终做出决策和下订单的是门店店长，店长需根据门店实时信息进行决策以提高预测的准确性。若门店店长知道第二天会下雨，他可能会减少对上游冰激凌供应商的订货量，即便前几日天气炎热时冰激凌需求量很大。因此，通过主观判断改善需求预测有助于提高供应链绩效。

企业必须了解以下和需求预测相关的各种因素：

（1）过去的需求。

（2）产品补货提前周期。

（3）广告或其他营销活动的力度。

（4）促销计划。

（5）经济状况。

（6）竞争对手采取的行动。

企业在选择合适的预测方法之前必须了解以上这些因素。例如，通过顾客历史需求数据，了解一家经营面食的餐厅的需求淡季为7月，需求旺季为12月和1月。如果该餐厅决定在7月对售卖的面点进行打折促销，那么情况可能会发生变化，一些未来的需求可能会转移到7月。因此该餐馆在进行需求预测时必须考虑价格促销因素。

2）市场需求的特征

一般而言，市场需求通常会表现为以下四个较为明显的特征。

（1）趋势性

①平稳型趋势。需求保持平稳趋势，常见于商品成熟阶段，市场对该商品的需求没有明显变化，如图2-3所示。

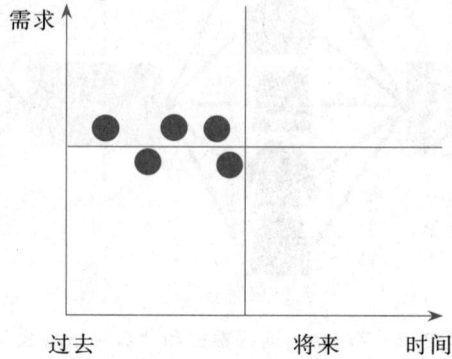

图2-3　平稳型趋势

②上升型趋势。需求保持上升趋势，常见于商品的成长期，市场对该商品的需求不断上升，如图2-4所示。

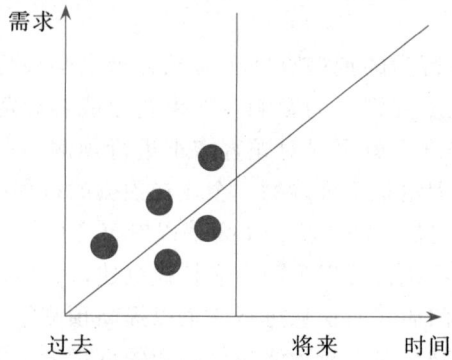

图2-4　上升型趋势

③下降型趋势。需求保持下降趋势，常见于商品的衰退期，市场对该商品的需求不断下降，如图2-5所示。

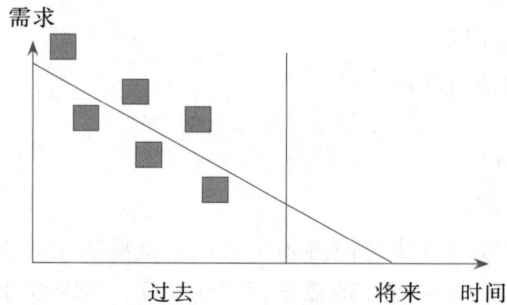

图2-5　下降型趋势

（2）周期性

从长期来看，市场需求大多处于周期性波动状态，如图2-6所示。从基本供需关系上看，产品最初赢得市场认可时，市场需求大于供给；随着市场参与者增多，供给将逐渐满足需求，进而超过市场需求；随着市场需求减少，产能下降，使得需求又相对增加。可见，市场需求同样受到整体经济周期性波动的影响。

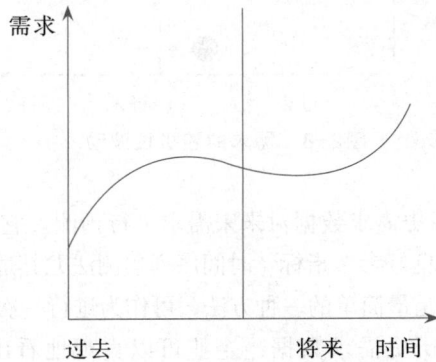

图2-6 需求的周期性波动

（3）季节性

季节性是周期性的独特表现，其变化趋势与自然季节变化吻合。很多产品都具有明显的季节性特征，如冷饮、羽绒服等，所以需求呈现典型的季节性趋势，如图2-7所示。

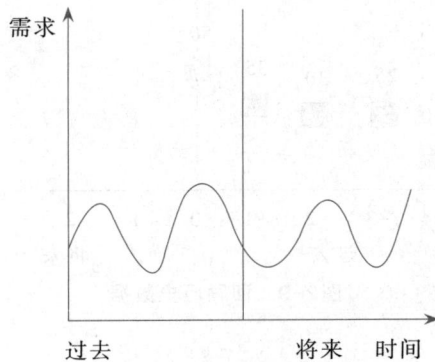

图2-7 需求的季节性波动

（4）随机性

除了上述三种明显的需求特征，某些产品的需求呈现极大的随机性，这是因为该产品市场需求受到多种因素的综合影响，对未来变化无法精准预测，如图2-8所示。

3）需求预测的方法

（1）定性预测法

定性预测法主要依赖人的主观判断。当可供参考的历史数据很少或者专家拥有影响预测的关键市场信息时，采用定性预测法最合适。定性预测法同样适用于对一个新产业未来几年的需求进行预测。

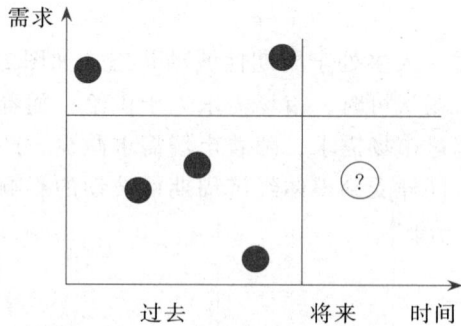

图2-8　需求的随机性波动

（2）时间序列预测法

时间序列预测法运用历史需求数据对未来需求进行预测。它依赖一个假设——过去的需求数据是预测未来需求的良好参考指标。时间序列预测法尤其适用于每年基本需求变化不大的情况。时间序列预测法是最简单的一种方法，可作为进行一次需求预测的良好起点。

①直观法。通过回顾历史需求数据，企业可以直观地看出需求变化趋势，并对需求进行简单的预测分析。例如，回顾当前以及前4期需求（如图2-9所示），我们可以直观地看出一条平稳上升的趋势线，如图2-10所示。

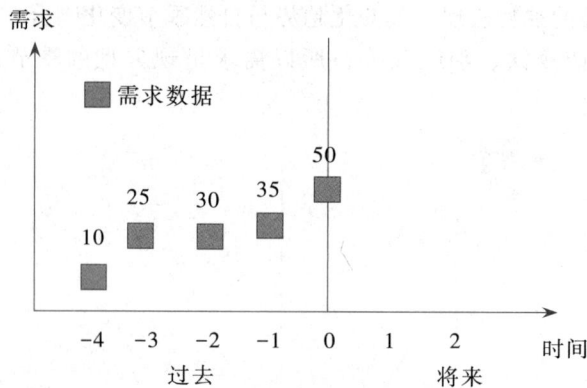

图2-9　回顾历史数据

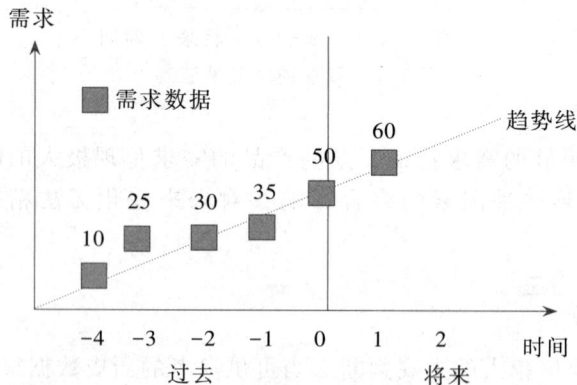

图2-10　直观法下的需求变化趋势

②移动平均法。移动平均法是将一段时间内的数据取平均值，并以此作为最新时

间的预测值。考虑时间因素的影响，选取的数据应该都是最近的数据。以图2-10为例，根据该组数据，移动平均值就是10、25、30、35、50这五组需求数据的平均值，即30，可以作为预测值。

③移动加权平均法。一般来说，时间距离越接近的滞后特征对于预测准确性的贡献越大。因此，企业可以根据时间远近赋予相应的权重，再进行移动加权平均计算，得出相应的预测值。仍以图2-10为例，其移动平均法与移动加权平均法的计算结果见表2-1。

表2-1   移动平均法与移动加权平均法的计算结果

时期	需求数量	权重系数	加权数量
-4	10	0.05	0.5
-3	25	0.1	2.5
-2	30	0.175	5.25
-1	35	0.275	9.625
0	50	0.4	20
平均值	30		37.875

由表2-1可知，根据移动加权平均法计算的结果，下一期的预测值为37.875，略高于30，明显低于直观法预测值，如图2-11所示。

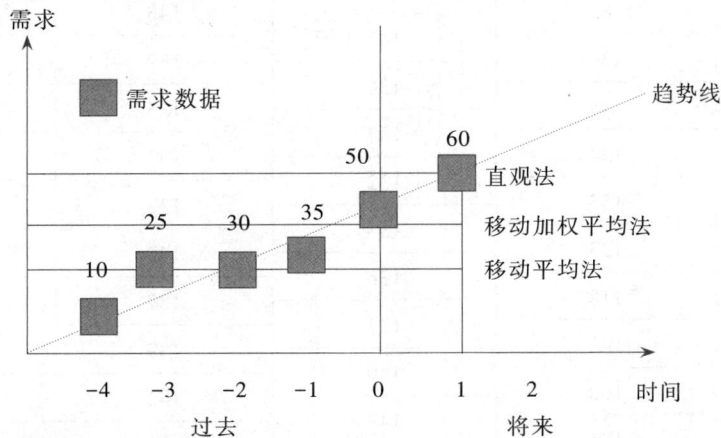

图2-11 直观法与移动平均法、移动加权平均法的预测结果比较

④指数平滑法。移动加权平均法一般为近期数据赋予更高权重，但近期数据却可能因为随机干扰或异常波动，削弱需求预测的准确性。指数平滑法通过引入上期预测误差的计算来减少预测错误。

指数平滑法的计算公式如下：

下期预测值=上期预测值+α×上期预测误差

=上期预测值+α×（上期实际需求−上期预测值）

其中，α的取值一般在0.1~0.4。

例如，某企业上期预测值为50，但实际需求为60，则上期预测误差为10，若α=0.2，则下期预测值=50+0.2×（60−50）=52。

⑤趋势与季节性调整预测法。从长期来看，需求数值不仅会呈现季节性的周期变化，还会随着时间的推进而呈现上升或是下降的变化趋势。企业此时就需要借助趋势与季节性调整预测法，结合长期需求数值对需求进行更加准确的预测。

例如，某企业A项目5年的需求预测见表2-2。

表2-2　　　　　　　　　　　　　A项目5年的需求数据

第一年	需求	第二年	需求	第三年	需求	第四年	需求	第五年	需求
Y1/Q1	127	Y2/Q1	115	Y3/Q1	118	Y4/Q1	131	Y5/Q1	147
Y1/Q2	155	Y2/Q2	134	Y3/Q2	147	Y4/Q2	159	Y5/Q2	
Y1/Q3	165	Y2/Q3	155	Y3/Q3	160	Y4/Q3	172	Y5/Q3	
Y1/Q4	130	Y2/Q4	123	Y3/Q4	135	Y4/Q4	146	Y5/Q4	

第一步，比较趋势数据与实际需求。根据表2-2中的需求数据，企业可以计算中心移动平均数、趋势值以及季节变化，见表2-3。

表2-3　　　　　　　　　　　　　预测A项目的需求

年/季度	需求值	中心移动平均数	趋势值	季节性变化
Y1/Q1	127			
Y1/Q2	155			
Y1/Q3	165	144	143	+22
Y1/Q4	130	141	139	-9
Y2/Q1	115	136	135	-20
Y2/Q2	134	134	133	+1
Y2/Q3	155	132	133	+22
Y2/Q4	123	133	135	-12
Y3/Q1	118	136	137	-19
Y3/Q2	147	137	139	+8
Y3/Q3	160	140	142	+18
Y3/Q4	135	143	145	-10
Y4/Q1	131	146	148	-17
Y4/Q2	159	149	151	+8
Y4/Q3	172	152	154	+18
Y4/Q4	146	156		
Y5/Q1	147			
Y5/Q2				
Y5/Q3				
Y5/Q4				

第二步，计算基本季节性变化。基于趋势数据与实际需求的比较，企业就可以计算出基本季节性变化，见表2-4。

表2-4 基本季节性变化

年度	Q1	Q2	Q3	Q4	总计
Y1			+22	−9	
Y2	−20	+1	+22	−12	
Y3	−19	+8	+18	−10	
Y4	−17	+8	+18		
总计	−56	+17	+80	−31	
平均值	−19	+6	+20	−10	−3
季节性变化值	−18	+6	+21	−9	0

第三步，预测下一季度需求。基于前两步的计算，我们可以对下一季度的需求进行精准预测，见表2-5。

表2-5 预测下一季度需求

年/季度	需求值	中心移动平均数	趋势值	季节性变化
Y4/Q2	159		151	+8
		152		
Y4/Q3	172		154	+18
		156		
Y4/Q4	146		157	
Y5/Q1	147		160	
Y5/Q2	169		163	+6

互动课堂2-1

A女士继任某餐饮连锁企业的采购经理，发现近年来门店对用透明塑料容器做成的打包盒需求量较大，先前因为没有做好需求预测，采购大量打包盒造成浪费。根据前5年的使用数据（见表2-6）发现了需求的季节性规律，需求高峰期在夏季（如图2-12所示）。请根据趋势与季节性调整预测法，帮助A女士预测第6年第一季度的透明塑料容器需求。

表2-6 透明塑料容器的历史季度需求数据

年	季度	透明塑料容器
1	1	3 200
	2	7 658
	3	4 420
	4	2 384

年	季度	透明塑料容器
2	1	3 654
	2	8 680
	3	5 695
	4	1 953
3	1	4 742
	2	13 673
	3	6 640
	4	2 737
4	1	3 486
	2	13 186
	3	5 448
	4	3 485
5	1	7 728
	2	16 591
	3	8 236
	4	3 316

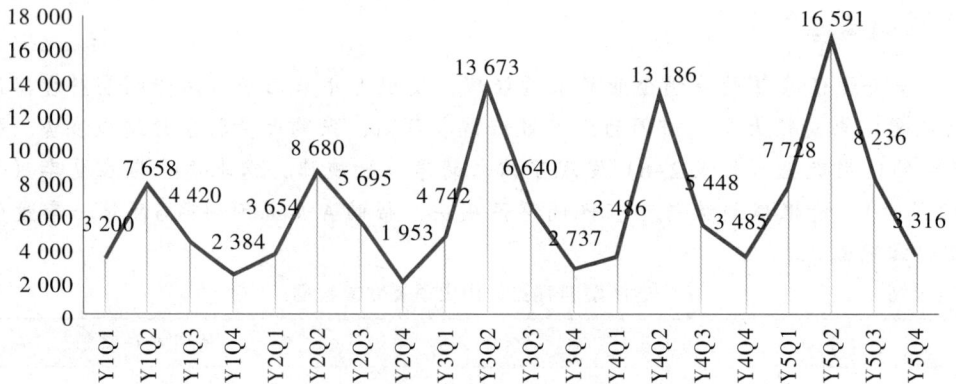

图2-12 透明塑料容器的需求

（3）因果关系预测法

假定需求预测与某些环境因素（经济状况、利率等）高度相关，因果关系预测法可以找到这些环境因素与需求之间的关联性，通过预测这些环境因素的变化来预测未来需求。例如，产品定价与市场需求高度相关的，企业可以利用因果关系预测法确定价格促销对需求造成的影响。

① 简单线性回归法。简单线性回归法是通过构造一元回归预测模型，利用最小二乘法寻找唯一自变量与因变量之间的经验公式，对需求进行预测。简单线性回归法的关键是确定唯一自变量，也就是找出影响需求预测的关键因素，再通过最小二乘法求出相应的回归方程系数，并借助显著自变量与因变量的密切程度进行检验。

② 多元回归法。在实践中，影响需求预测的通常不只一个自变量，可能涉及多个自变量。这时就需要引入多元回归法，建立多元回归预测模型，引用多个自变量对需求变化趋势进行解释。

从基本原理来看，多元回归法与简单线性回归法并无区别，但在计算上明显更为复杂。因此，企业在采用多元回归法进行需求预测时，还需研究自相关、偏相关、多变量相关等问题。

（4）仿真预测法

仿真预测法通过模拟消费者的选择来预测需求。通过仿真分析，企业可以综合运用时间序列法和因果预测法来回答以下问题：价格促销将会带来什么影响？竞争对手在附近开设一家新店又会带来什么影响？当低价票全部售完，航空公司会使用仿真预测法模拟顾客的购买行为来预测高价票的销售情况。

＞ 行业案例 2-1

基于 AI 销量预测的自动补货驱动供应链提质增效

在数字化浪潮下，供应链数字化升级成为传统零售企业势在必行的选择。补货作为零售供应链的核心环节，效率和质量至关重要，过去采取传统人工补货存在诸多弊端：一是畅销品缺货、滞销品高库存问题并存。损失潜在销售机会，严重影响库存和资金周转，导致线下坪效降低，线上营销资源浪费。二是补货不准确、人效低。不同门店在规模、客群和销售策略上存在差异，补货影响因素多、业务链条长，高度依赖补货员个人经验，在人员经验参差不齐的情况下，容易造成决策质量差、效率低。三是组织管理难度大。权限下放到门店自采时容易出现管理盲区，亟须改变"人治"的乱象。

针对上述痛点，多点通过信息化技术与数字能力，为商超提供自动补货解决方案，重塑补货业务环节，显著增强了供应链竞争力。多点的合作伙伴——物美，在全国拥有超过 1 800 家门店，覆盖大卖场、标超、便利店等多业态，年收入超千亿元，经营品类数千万级。

多点自动补货系统的成功应用，给物美带来了多方面收益。

一是经济效益大幅增长。通过精准高效的预测与补货，全面降低门店缺货率，加快了周转。试点门店缺货率由最高时 7% 降至 2% 以内、库存周转天数由最高时 35 天降低到普遍 21 天以内。通过零供协同，供应商能够提前掌握预测数据从而按需安排生产，大幅度提高了物美供应链的经济效益。

二是人效明显提高。通过将补货工作自动化，补货人效大幅提升，30 人覆盖管理近千家门店，节约门店人力成本约 5 000 万元/年。自动补货系统降低了补货员的能力门槛，降低了新店扩张的人员配置难度。

三是组织管理更加规范。清晰高效的补货流程降低了内部组织管理成本，总部和门店分工明确、高效协作，总部的商品策略能够得到有效保障，而门店则把精力放在销售和服务上，提升了客户满意度。

四是业务可拓展性显著增强，为全链条数字化创造条件。自动补货系统的持续迭代升级，增强了与选品、陈列、物流等其他系统打通形成智能业务闭环的可拓展性，为未来探索供应链全链条的智能化变革奠定了坚实基础，从而驱动供应链提质增效，实现全面数字化转型，提升了零售商的核心竞争力。

（此案例节选自中国连锁经营协会发布的《2021 年度零售业供应链优秀案例集》，可扫描二维码查看案例微课视频。）

2.1.3　供应链的供给和需求计划

1）应对供应链中可预测的波动

可预测的需求波动是指可以预测到的需求变化。产品的需求变化会给供应链带来很多问题。如需求旺季大量缺货、需求淡季库存过多，这一系列问题增加了供应链成本，并降低了供应链的市场响应性。对于可预测需求波动的商品，通过销售和运作计划对供给和需求进行管理能够大大提高经营绩效。

应对可预测的需求波动，企业的目标是平衡供给和需求以实现利润最大化。销售和运作计划的目的就是妥善组合运用以下两种方案，以应对可预测的需求波动。

（1）通过调整产能、转包、建立库存和延期交货来实现供给管理。

（2）通过使用短期价格折扣和促销来实现需求管理。

在企业中，供给与需求管理工作隶属于不同职能部门，销售部门管理需求，运营部门管理供给。在供应链中，零售商独立管理需求，制造商管理供给。分别制定供给和需求管理决策，会使供应链缺乏协调性，影响供应链收益。所以供应链上各环节必须跨职能、跨企业合作，相互配合进行销售和运作计划决策，才能实现利润最大化。

2）供应链全员协作销售和运作计划

促销决策通常由零售商做出，而零售商在做出促销决策时通常不会考虑该决策是否会对供应链其他环节造成影响。下面，我们通过具体案例来说明供应链各环节如何合作进行定价和综合计划决策，才能实现供应链利润最大化。

A 公司是一家大型零售企业，它与从事园艺产品研发和生产的 G 公司签署了一份买断采购合同，销售其所有产品。G 公司的销售旺季集中在每年春季 3 月份和 4 月份，此时消费者开始着手准备家庭种植。按照计划，这两家公司的目标应该是使供应链利润最大化，这样才能分享更多的收益。为了达到利润最大化，A 公司和 G 公司需要展开协作，并且确定供应链利润分配的方法。可见，合理确定利润在不同供应链环节的分配方式是成功合作的关键。

☑ 互动课堂2-2

A公司和G公司正在探究促销时机对盈利能力的影响。应该在旺季进行价格促销，还是在淡季进行价格促销？A公司的S先生支持在旺季促销，认为旺季促销可使得收入最大化。但是G公司的运营负责人反对在旺季促销，认为旺季促销会增加生产成本，他支持在淡季促销，认为淡季促销可以平衡需求、降低生产成本。那么，你认为应该在旺季促销还是在淡季促销，才能实现供应链盈余最大化？

（1）基础方案

我们先来看一下企业的基础数据。A公司销售G公司的产品零售价为40元。G公司把包装好的产品运送到A公司分销中心，在那里建立库存。A公司在1月的初始库存为1 000单位。1月初G公司在工厂产品生产线上配置了80名工人。每月20个工作日，每名工人的工资是每小时4元，每天工作时间为8小时，其余为加班时间，且每月最多允许加班10小时。G公司生产过程主要靠工人手工装配，因此产能取决于工人总工时。成本项目见表2-7。

表2-7　　　　　　　　　　A公司和G公司的各项成本

成本项目	单位成本
原材料成本	10元/单位
库存成本	2元/单位·月
缺货的边际成本	5元/单位·月
雇用或培训员工的成本	300元/人
解雇员工的成本	500元/人
需要劳动的时间	4小时/单位
正常工作的成本	4元/小时
加班的成本	6元/小时
转包的成本	30元/单位

公司设定的目标是制订最优综合计划，并使6月底有至少500单位库存。需求预测数据如图2-13所示（本节中所有数据和分析都来自excel电子数据表）。

	A	B	C	D	E	F	G	H	I	J	K
1	综合计划决策变量										
2		H	L	W	O	I	S	C	P	需求	价格
3	时期	雇佣数量	解雇数量	员工数量	加班时间	库存水平	缺货量	转包数量	生产数量		
4	0	0	0	80	0	1000	0	0			
5	1	0	16	64	0	1960	0	0	2560	1600	40
6	2	0	0	64	0	1520	0	0	2560	3000	40
7	3	0	0	64	0	880	0	0	2560	3200	40
8	4	0	0	64	0	0	220	140	2560	3800	40
9	5	0	0	64	0	140	0	0	2560	2200	40
10	6	0	0	64	0	500	0	0	2560	2200	40
11						5000	220	140	15360	16000	
12									总收入	640000	
13	总成本	员工成本	库存成本	缺货成本	转包成本	原材料成本			利润	217340	
14	422660	253760	10000	1100	4200	153600					

图2-13　A公司和G公司的综合计划基础方案

对于这个综合计划基础方案，供应链的总收入、总成本和利润如下：

计划内总成本=422 660（元）

计划内总收入=640 000（元）

计划内利润=217 340（元）

（2）何时促销：旺季还是淡季？

A公司预测，在任何一个时期，如果G公司的产品零售价从40元降低到39元，产品销量会因为增加的消费或是替代的消费提高10%，接下来的两个月的需求会有20%提前至该期。A公司运营部门负责人想了解是在1月（淡季）促销还是在4月（旺季）促销更有效。我们通过衡量促销对需求的影响并拟订相应的最后综合计划来对比这两种选择。

① 在1月（淡季）进行促销的影响。通过促销，1月的销售量提高10%，并且2月和3月都有20%的需求提前到1月。因此1月新的需求预测值为 1 600×1.1+0.2×（3 000+3 200）=3 000。2月新的需求预测值为 3 000×0.8=2 400，3月新的需求预测值为 3 200×0.8=2 560，如图2-14所示。

	A	B	C	D	E	F	G	H	I	J	K	L
1	综合计划决策变量											
2		H	L	W	O	I	S	C	P			
3	时期	雇佣数量	解雇数量	员工数量	加班时间	库存水平	缺货量	转包数量	生产数量	需求	价格	
4	0	0	0	80	0	1000	0	0				
5	1	0	15	65	0	600	0	0	2600	3000	39	117000
6	2	0	0	65	0	800	0	0	2600	2400	40	96000
7	3	0	0	65	0	840	0	0	2600	2560	40	102400
8	4	0	0	65	0	0	300	60	2600	3800	40	152000
9	5	0	0	65	0	100	0	0	2600	2200	40	88000
10	6	0	0	65	0	500	0	0	2600	2200	40	88000
11						2840	300	60	15600			643400
12	总成本	员工成本	库存成本	缺货成本	转包成本	原材料成本				总收入		643400
13	422080	257100	5680	1800		156000				利润		221320

图2-14 1月（淡季）降至39元促销价时的最优综合计划

这时，供应链的总收入、总成本和总利润如下：

计划内总成本=422 080（元）

计划内总收入=643 400（元）

计划内利润=221 320（元）

与基础方案相比，在1月（淡季）促销可以使季节性库存降低，总成本略有降低，利润有所提高。

② 在4月（旺季）进行促销的影响。如果A公司在4月（旺季）进行促销，新的需求预测如图2-15所示。与1月促销相比，在4月促销需要拥有更多的劳动力，季节性库存更多。由于4月突然增加的需求，导致多次发生缺货。

	A	B	C	D	E	F	G	H	I	J	K	L
1	综合计划决策变量											
2		H	L	W	O	I	S	C	P			
3	时期	雇佣数量	解雇数量	员工数量	加班时间	库存水平	缺货量	转包数量	生产数量	需求	价格	
4	0	0	0	80	0	1000	0	0				
5	1	0	14	66	0	2040	0	0	2640	1600	40	64000
6	2	0	0	66	0	1680	0	0	2640	3000	40	120000
7	3	0	0	66	0	1120	0	0	2640	3200	40	128000
8	4	0	0	66	0	0	1260	40	2640	5060	39	197340
9	5	0	0	66	0	0	380	0	2640	1760	40	70400
10	6	0	0	66	0	500	0	0	2640	1760	40	70400
11						5340	1640	40	15840			650140
12	总成本	员工成本	库存成本	缺货成本	转包成本	原材料成本				总收入		650140
13	438920	260440	10680	8200	1200	158400				利润		211220

图2-15 4月（旺季）降至39元促销价时的最优综合计划

在4月促销，供应链的总收入、总成本和利润如下：

计划内总成本=438 920（元）

计划内总收入=650 140（元）

计划内利润=211 220（元）

通过以上分析，我们可以观察到与不进行促销的基础方案相比，在1月（淡季）进行促销能带来更高的利润，而在4月（旺季）进行促销利润反而更低。因此，通过销售和运作计划，A公司和G公司决定在需求低谷的1月进行促销。需要注意的是，类似分析只有在制造商和零售商拥有一直能够促使双方在计划环节相互合作的销售和运作计划过程才可实施。因此，在供应链中，预测、定价和综合计划相互协调至关重要。

如果需求增长的大部分来自市场增长或者抢占市场份额而不是提前购买，最优策略可能会有很大改变。下面我们将举例说明促销引起需求大幅增长的情况。

（3）促销引起需求大幅增长时应该何时促销：淡季还是旺季？

如果从40元降价到39元的促销会导致需求实现100%的增长，且接下来两个月的需求将会有20%提前至该月，那么应该在1月还是4月促销呢？

①在1月（淡季）进行促销的影响。根据需求预测，如果促销将导致需求增长100%，且接下来两个月需求将会有20%提前至该月，那么如果在1月（淡季）促销，那么1月新的需求预测值为 1 600×2+0.2×（3 000+3 200）=4 400。新的最优综合计划如图2-16所示。

	A	B	C	D	E	F	G	H	I	J	K	L
1	综合计划决策变量											
2		H	L	W	O	I	S	C	P			
3	时期	雇佣数量	解雇数量	员工数量	加班时间	库存水平	缺货量	转包数量	生产数量	需求	价格	
4	0	0	0	80	0	1000	0					
5	1	0	0	80	0	0	140	100	3200	4440	39	173160
6	2	0	11	69	0	220	0	0	2760	2400	40	96000
7	3	0	0	69	0	420	0	0	2760	2560	40	102400
8	4	0	0	69	0	0	620	0	2760	3800	40	152000
9	5	0	0	69	0	0	60	0	2760	2200	40	88000
10	6	0	0	69	0	500	0	0	2760	2200	40	88000
11						1140	820	100	17000		总收入	699560
12	总成本	员工成本	库存成本	缺货成本	转包成本	原材料成本					总利润	242680
13	456880	277500	2280	4100	3000	170000						

图2-16 1月（淡季）降至39元促销价且伴随需求大幅增长时的最优综合计划

这时，供应链的总收入、总成本和利润如下：

计划内总成本=456 880（元）

计划内总收入=699 560（元）

计划内利润=242 680（元）

通过观察我们可以发现，比起基础方案，在1月（淡季）促销并伴随需求大幅增长时，利润有所提高。

②在4月（旺季）进行促销的影响。如果在4月（旺季）促销，那么4月新的需求值为 3 800×2+0.2×（2 200+2 200）=8 480，如图2-17所示。

这时供应链的总收入、总成本和利润如下：

计划内总成本=536 200（元）

计划内总收入=783 520（元）

计划内利润=247 320（元）

	A	B	C	D	E	F	G	H	I	J	K	L
1	综合计划决策变量											
2		H	L	W	O	I	S	C	P			
3	时期	雇佣数量	解雇数量	员工数量	加班时间	库存水平	缺货量	转包数量	生产数量	需求	价格	
4	0	0	0	80	0	1000	0	0				
5	1	0	0	80	0	2600	0	0	3200	1600	40	64000
6	2	0	0	80	0	2800	0	0	3200	3000	40	120000
7	3	0	0	80	0	2800	0	0	3200	3200	40	128000
8	4	0	0	80	0	0	2380	100	3200	8480	39	330720
9	5	0	0	80	0	0	940	0	3200	1760	40	70400
10	6	0	0	80	0	500	0	0	3200	1760	40	70400
11						8700	3320	100	19200			783520
12	总成本	员工成本	库存成本	缺货成本	转包成本	原材料成本					总收入	783520
13	536200	307200	17400	16600	3000	192000					总利润	247320

图2-17　4月（旺季）降至39元促销价且伴随需求大幅增长时的最优综合计划

通过比对1月和4月促销，我们可以观察到在4月（旺季）进行促销，不会有工人被解雇。但在4月进行促销要持有更高水平的季节性库存，且和1月（淡季）促销相比，缺货量和转包数量更大。很明显，在4月促销的成本将会大幅增加。但有趣的是，与1月促销相比，由于促销引起的消费量更大幅度地提升，销售收入增加更多，使得4月促销总的利润比1月促销的总利润要高。因此，当促销引起需求增长很多，且提前购买量仅占需求增加量的一小部分时，供应链在需求高峰4月提供价格促销折扣更好，尽管促销会导致供应链成本大大增加。

我们同样可以确定当销售单价为31元、促销价格为30元的最优综合计划和盈利水平。表2-8中对多种情况结果进行了总结。

表2-8　　　　　　　　　　不同情况下的供应链绩效

正常价格（元）	促销价格（元）	促销月	需求增长率	提前购买比例	利润（元）	平均库存
40	40	—	—	—	217 340	875
40	39	1	10%	20%	221 320	515
40	39	4	10%	20%	211 220	932
40	39	1	100%	20%	242 680	232
40	39	4	100%	20%	247 320	1 492
31	31	—	—	—	73 340	875
31	30	1	100%	20%	84 280	232
31	30	4	100%	20%	69 120	1 492

由此，我们得到以下几种关于促销影响的结论：

第一，如果在需求旺季进行促销，平均库存将增加；如果在需求淡季进行促销，平均库存会减少。

第二，如果消费小幅增加且需求的增长主要来自提前购买，在需求高峰月份进行促销会导致整体盈利减少。

第三，促销带来需求增长，但提前购买仅占需求增量的一小部分时，在需求高峰月份进促销会更有利。

第四，当产品利润减少时，在旺季进行促销盈利较少。

我们从以上 A 公司和 G 公司供应链的例子中得到的重要启示是，当企业面对季节性需求时，可以组合运用管理需求（定价）与管理供给（生产、库存）来提高盈利能力，且要根据不同情况准确使用不同的策略。供应链中的企业通过销售和运作计划过程进行协作预测和计划变得非常重要，只有这样才能实现利润最大化。

3）销售和运作的实践

（1）供应链各企业协作计划

想要成功地管理可预测的需求波动，整条供应链就必须为实现一个共同的目标而工作，那就是供应链整体利润最大化。供应链中每个成员可能原则上都赞成这个目标，但事实上，在如何实现供应链利润最大化这个问题上达成一致很困难。由于机制不同，即便在一个企业内部，也很难使得各部门合作制订计划：销售部门以业绩创造为激励因子，运营部门以成本控制为激励因子。在供应链中，不同企业以各自的利益而非整条供应链的利益为判断基准。我们非常清楚，如果企业不协作，供应链只会获得次优的利润，而协作则可以通过联合小组来实现，这要求供应链成员的激励必须一致。当然，组织内部的支持非常必要，因为这种协作通常要求团队采取非传统运作程序进行工作。尽管实现协作很困难，但是其带来的收益是巨大的。

（2）制定战略决策考虑可预测的需求波动

可预测的需求波动对企业的运作影响巨大，所以在制定战略决策时，企业必须考虑可预测的需求波动的影响。然而在现实中，企业在做诸如提供什么样的产品、是否需要新建仓库、采用怎样的定价方式等决策时，通常都没有考虑可预测的需求波动。事实上，盈利水平在很大程度上取决于可预测的需求波动。因此，战略决策的成败也取决于可预测的需求波动。

（3）确保高层管理者负责领导销售和运作计划过程

销售和运作计划过程的领导者需要将供应链中不同职能和组织协调在一起。因此，只有高层管理者才具有足够的权威促成合作的达成。

（4）确保在销售和运作计划中不断修正计划以适应变化

在销售和运作计划中导入早期预警机制非常重要。需求或供给环节的变化可能导致现实和计划偏差较大。在这种情况下，对计划者来说，需要提醒供应链成员注意原有计划已过时，并提供已经把众多变化因素考虑在内的新计划。即便没有短期预警，当预测和销售计划出现调整时，销售和运作计划过程的输出结果也应当有所改变。

【延伸阅读2-2】　《打造以消费者为中心的精准需求预测》专项报告

2019 年下半年以来，线上消费的爆炸式增长和疫情导致的供应链中断给传统零售商带来了严峻的挑战。与此同时，需求迅速变化的消费市场给零售企业带来了庞大的滞销 SKU 数量和呆滞库存。过剩的库存不仅造成了资金占用，持续产生的仓储物流成本和销毁处置费用还成为零售企业的痛点。近年来，供应链领域已经涌现出了不少提升预测准确度的科技手段。例如：通过人工智能和机器学习，帮助零售商应对不断出现的供应链需求波动及其带来的复杂局面；通过深度学习和分析实时数字信号，实现自主式供应链。对这些信号或数据源（包括特殊事件、天气、社会趋势和局部需求）的认知分析，使企业计划人员能够根据其可持续发展目标做出明智的决策。通过这些技术手段辅助人工市场研判，对未来销售进行更具前瞻性的精准把控，避免企业盲目生产造成库存积压。鉴于此，中国连锁经营协会（CCFA）携手 IBM 国际商用机器（中国）有限公司及国际知名供应链解决方案提供商 Blue Yonder 科技集团，联手调研走访多家行业头部企业，开展了中国零售消费品行业供应链专项研究，并撰写报告，力求满足品牌商和零售商的共同愿景——打造以消费者为中心的精准需求预测。

延伸阅读

打造以消费者
为中心的精准
需求预测

欲了解该专项报告全文，可扫描二维码查看。

2.1.4　信息技术在需求预测中的作用

鉴于需求预测中涉及大量数据、预测的频繁性和获取高质量的预测结果的重要性，信息技术自然在预测中发挥着重要的作用。好的预测软件包可以为各种各样的产品提供预测，并结合最新的需求信息对预测值进行更新。这有助于企业快速响应市场的变化，避免延迟反应带来的成本。好的需求计划模板不仅与顾客订单相关，通常也直接与顾客销售息息相关，因此能够将最新的数据考虑进需求预测中。投资企业资源计划系统可以带来的积极成果之一就是提高供应链的透明度和数据集成，从而实现更好的预测效果。尽管这种科技进步有助于更好地实施预测，但企业必须通过一定的组织创新才能跟上这种技术的发展。

一个好的需求计划模块，除了提供丰富的预测方法，还应该能够针对给定的需求模式选择合适的预测模型。随着可用的预测方法不断增加，这一点也变得尤为重要。

好的预测软件包能让需求预测愈发准确，需求计划模块的工具可以执行"如果……那么……"的模拟分析，以预测价格的可能变化对需求的影响。这些工具有助于分析促销对需求的影响，可以用来判定促销的程度和时机。

当前一个重要的进展是，可以利用与需求相关联的一些数据（如价格、天气、其他购买行为、社会数据等），来提高预测精准度甚至是刺激需求。必须强调，没有一种工具是完美的，先进的信息技术工具应该有助于跟踪历史预测误差，从而在未来的决策中考虑这些因素。当然，一次组织良好的预测以及误差权衡能够极大地改善决策质量。

另外，我们在运用预测值和先手预测创造价值的同时，要明确这些分析工具无法对未来需求中一些更为定性的方面进行评估，它只能靠预测者个人的经验和能力进行判断。

【延伸阅读2-3】　　为什么需求预测是"从数据开始，由判断结束"？

需求预测怎么做？需求预测是从数据开始，由判断结束：先根据需求历史做个基准预测（数据），然后搜集销售、市场、产品管理、高层管理等方面的意见（判断），修正预测。所有的预测都是错的，但整合了历史数据和专业判断的预测错得最少。这样就提高了首发命中的概率，也就是说，增加了供应链第一道防线的胜算。

为什么要从需求历史数据开始？这里的基本假设是业务的重复性。数据加判断，整合了跨职能智慧，就得到准确度最高的错误的预测。你要知道，这样的预测注定还是错的，但错得最少。

虽说需求预测是"从数据开始，由判断结束"，但并不是说两者的比例一样。总体而言，可重复性越高，数据的成分就越多；可重复性越低，判断的成分就越多。越是在产品生命周期的两头，判断的成分就越多；越是在成熟稳定时期，数据的成分就越多。人们总是习惯性地高估营销的重要性，其实在需求预测整个生命周期里，计划在大部分时间处于主导地位。另外，客户或地域越集中，判断的成分越多；客户或地域越分散，数据在决策中的角色就越重要。

（此文节选自"供应链管理专栏"公众号2023年4月5日同名文章。欲了解全文，可通过该公众号查看。）

行业案例2-2

宝洁×华润万家零供大数据合作助力到家生意增长

宝洁与华润万家积极开展零供大数据合作，通过万家数科（华润万家旗下的信息科技公司）的数据协同平台，应用API标准接口，实现了数据的高效互联互通，达到了零供高效协同的目的（如图2-18所示）。同时，利用了当前的智能大数据算法分析，基于历史的销售数据表现及到家平台的销量，框定宝洁和华润万家的到家新策略。通过对每个商品推荐智慧定价及高效的促销机制，实现了华润万家到家平台的精选品、打爆款及差异化，实现了提单产、提客单、促转化的全方位到家增长。

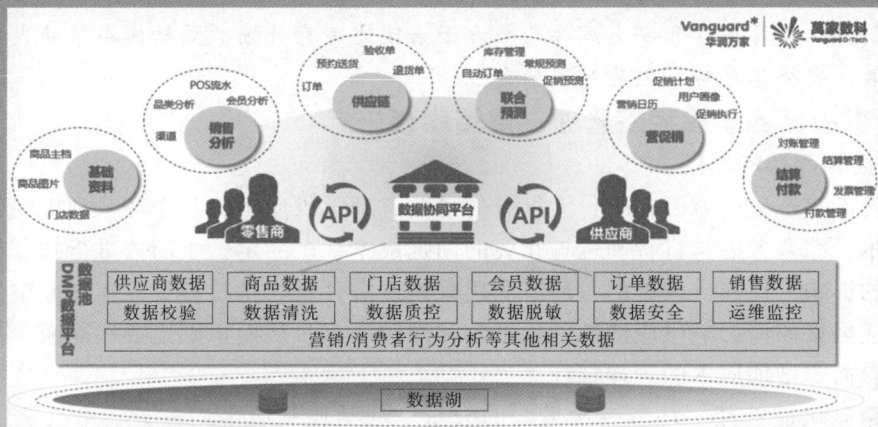

图2-18 宝洁与华润万家供应链数据协同规划

项目创造的经济效益：

● 通过API平台的搭建及数据共享，数据准确性、及时性提升了40%；

● 通过精选 TOP26 爆品，主打的爆款实现月均单产销量突破，同比增长2.6%；

● 通过选品优化，日化客单提升 3%，日化转化率提升 4%，整体日化生意提升 6%，整体到家生意预计将实现上亿级年销量目标及 2 倍生意增长。

（此案例节选自中国连锁经营协会发布的《2021中国零售数字化转型最佳实践案例集》，欲了解全文，可扫描二维码查看。）

微课堂 2-1

企业中信息技术在需求预测中的应用实践案例不胜枚举，请扫描二维码学习微课：基于AI技术的供应链需求预测实践。

任务 2.2 库存计划

【任务导入】

在前面的任务中，小 E 通过咖啡采购这个任务，从部门经理这里知道了"需求预测"这个概念，并了解到采购部门需求预测的任务就是进行"准确度最高的错误的预测"。那么问题来了，既然预测都是错误的，怎么弥补这个错误呢？接下来，部门经理又抛出了另一个概念"库存计划"。小 E 不喜欢库存，认为库存是无法有效管控库存风险的表现，按照他读书时接触到的 JIT 模式，"高级"的采购就应该做到"零库存"。部门经理听了小 E 的想法后，告诉他，其实库存就如同银行存款，是个好东西。它是供应链各环节的黏合剂，除了应对不确定性、有效对接需求和供给外，还是实现规模效益、降低运营成本的关键。现在，我们就和小 E 一起，跟着部门经理继续学习和实践，来揭开库存计划的真相吧。

任务分析：

我们将从周转库存和安全库存两个方面来阐述库存计划。周转库存帮助我们实现规模效益，安全库存帮我们应对不确定性。

2.2.1 供应链的规模经济管理：周转库存

1）周转库存的作用

周转库存产生的原因在于，大批量的采购有利于供应链的某个环节利用规模效益降低成本。综合考虑与订货和运输相关的固定成本、产品定价中的数量折扣、促销折扣带来的影响，促使供应链的各环节利用规模经济开展大批量订货。本任务中我们将研究上述因素如何影响供应链的订货批量和周转库存，从而识别出哪些能减少供应链周转库存而不增加成本的管理杠杆。

批量是供应链某一环节一次采购的数量。如某便利店平均一天卖出某款饮料40瓶，而门店每次从供应商处订购240瓶（10包装箱），这种情况下批量就是240瓶。假设每天销售40瓶，那么销售完整个批量的产品再进行补货，平均需要6天。由于饮料的采购批量大于日销量，因此门店持有一定的饮料库存。**周转库存**是供应链中因为某一环节生产或采购的批量大于顾客需求而产生的平均库存。

本任务中我们将使用以下两个符号：

Q=批量

D=单位时间的需求

☑ 互动课堂2-3

A公司旗下有一家M服装连锁店（以下简称M店），其牛仔裤的需求相对稳定，为D=100条/天，M店的订货批量为Q=1 000条，请绘制M店库存水平随时间变化的走势图。

由于M店的订货批量Q=1 000条，日均需求D=100条，因此M店销售完整批货需要10天。在这10天中，M店中牛仔裤的库存从1 000平稳地下降到0，以10天为周期循环往复。当需求稳定时，周转库存与批量的关系为：

周转库存=批量/2=Q/2

批量和周转库存还影响着供应链中物料的流动时间：

平均流程时间=平均库存/平均流转速度

对于任何一条供应链来说，平均流转速度等于需求。因此：

由周转库存导致的平均流程时间=周转库存/需求=Q/2D

对M店而言，牛仔裤批量为1 000条，日需求为100条，因此：

由周转库存导致的平均流程时间=$\frac{Q}{2D}=\frac{1\ 000}{2\times 100}=5$（天）

💡 小贴士

以上M店的牛仔裤的库存水平随时间变化的情况如图2-19所示。

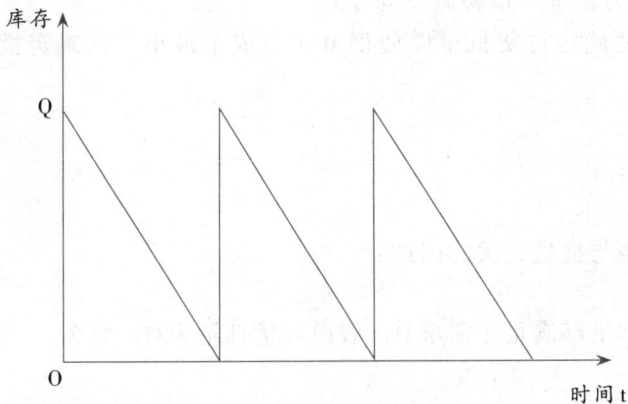

图2-19 M店牛仔裤的库存状况图

要理解在采购中持有周转库存是为了利用规模经济降低成本，必须首先确定受批量影响的采购成本。单位采购量的平均价格是确定批量的关键成本因素。若增加批量能降低订购产品的价格，采购者将加大订货力量。本任务中，我们用字母C代表材料成本。实际经营中，材料成本表现出规模经济，增加订货批量会降低材料成本。固定订货成本则是不随着订货批量大小而发生变化，在每次下订单时都要发生的所有成本。我们用字母 S 表示固定订货成本。订货成本同样表现出规模经济，增大批量可以降低采购每单位产品的固定订货成本。**库存持有成本**是指一定时期（通常为一年）内持有一个单位产品的库存所发生的成本，它包括资金成本、时机仓储成本和产品陈旧带来的成本。库存持有成本用字母 H 来表示，也可以用占产品单位成本的百分比 h 来表示。假设产品的单位成本为 C，则库存持有成本 H 为：

H=hC

总之，在任何批量决策中都必须考虑以下成本：

• 每单位采购量的平均成本，以 C 元/单位计；

• 每批货物的固定订货成本，以 S 元/批计；

• 每单位产品每年的库存持有成本，以 H 元/单位·年计，H=hC。

2）经济订货批量

A 公司旗下 M 服装连锁店，当销售完现有牛仔裤库存后，采购经理发出一个批量为 Q 的补货订单。包括运输成本在内，M 店每次订货花费的固定成本为 S 元，采购经理必须决定每次从工厂订购牛仔裤的数量。为了进行上述决策，假定已知以下数据：

D=产品的年需求

S=每次订货的固定成本

C=产品的单位成本

h=单位产品的年库存持有成本费率

假设工厂不提供价格折扣，且无论订单数额多大，每条牛仔裤售价都是 C 元。那么，库存持有成本 H=hC。首先给定的基本假设条件是：

• 需求是稳定的，单位时间需求为 D；

• 不允许缺货，即库存可以满足所有需求；

• 补货提前期为常量（最初假设为零）。

采购经理需要确定订货批量以使得 M 店总成本最小。在确定批量时，必须考虑以下三种成本：

• 年材料成本；

• 年订货成本；

• 年库存持有成本。

由于采购价格与批量无关，因此：

年采购成本=CD

订货次数必须足够满足年需求 D，假设订货批量为 Q，那么：

$$年订货次数=\frac{D}{Q}$$

由于每次发出订单都会发生订货成本 S，可推出：

$$年订货成本=\left(\frac{D}{Q}\right)S$$

假设订货批量为 Q，那么平均库存为 Q/2。因此库存持有成本为持有 Q/2 单位库存一年的成本，其表达式为：

年库存持有成本 $= \left(\dfrac{Q}{2}\right)H = \left(\dfrac{Q}{2}\right)hC$

年总成本 TC 为上述三项成本之和：

$$TC = CD + \left(\dfrac{D}{Q}\right)S + \left(\dfrac{Q}{2}\right)hC$$

在 M 店的店长看来，最优订货批量为能够使 M 店的总成本最低的批量，即将年总成本函数对 Q 求一阶导数，并令一阶导数为 0 时的最优订货批量，又称经济订货批量（EOQ），用 Q^* 表示，计算公式如下：

$$Q^* = \sqrt{\dfrac{2DS}{hC}}$$

最优订货次数用 n^* 表示：

$$n^* = \sqrt{\dfrac{DhC}{2S}}$$

互动课堂 2-4

M 店对牛仔裤的月需求为 1 000 条。每次订货成本、运输和收货成本为 4 000 元，每条牛仔裤成本为 500 元，M 店的库存持有成本费率为 20%。计算 M 店采购经理每次补货应当订购牛仔裤的条数。

小贴士

本例题中门店采购经理已知数据如下：D=1 000×12=12 000 条，S=4 000 元，h=0.2。

运用经济订货批量公式求得最优订货批量为：

$$Q^* = \sqrt{\dfrac{2 \times 12\,000 \times 4\,000}{0.2 \times 500}} = 980 \text{（条）}$$

为了使得 M 店总成本最低，采购经理每次发出补货订单的订货批量为 980 条。周转库存为对应的平均库存，即：

$$\text{周转库存} = \dfrac{Q^*}{2} = \dfrac{980}{2} = 490 \text{（条）}$$

$$\text{年订货次数} = \dfrac{D}{Q^*} = \dfrac{12\,000}{980} = 12.24$$

$$\text{年订货和库存持有成本} = \dfrac{D}{Q^*}S + \left(\dfrac{Q^*}{2}\right)hC = 97\,960 \text{（元）}$$

$$\text{平均流程时间} = \dfrac{Q^*}{2D} = \dfrac{490}{12\,000} = 0.04 \text{（月）}$$

因此，当订货批量为 980 条时，每条牛仔裤售出前在 M 店仓库中平均停留 0.04 个月。

3）利用数量折扣实现规模经济

下面我们来看鼓励买方大量购买的定价方案。在 B2B 交易中，定价方案很多呈现出规模经济，价格随着订货批量的增加而下降。如果定价时视一次订货多少提供折扣，那么这种以订货批量为基础的折扣就成为基于批量的数量折扣。我们就需要回答以下问题：假设定价方案中规定有数量折扣，那么追求利润最大化的买方的最优采购决策是什么？该决策将如何影响订货批量、周转库存和流程时间？

零售商的目标在于确定最优订货批量以获得最大利润，即确定能使材料成本、订货成本与库存持有成本总和最小化的订货批量。

步骤1：计算每一个价格 C_i（$0 \leqslant i \leqslant r$）下的经济订货批量，计算公式如下：

$$Q_i = \sqrt{\frac{2DS}{hC_i}}$$

步骤2：选择每一价格 C_i 下的订货批量 Q_i^*。如果 $q_i \leqslant Q_i < q_{i+1}$，那么 $Q_i^* = Q_i$。如果 $Q_i < q_i$，那么以 Q_i 为批量不能获得折扣。在这种情况下，取 $Q_i^* = q_i$，以获得单位折扣价格 C_i。

步骤3：对每个 i，订购 Q_i^* 单位产品时的年总成本（包括订货成本、库存持有成本和材料成本）计算如下：

$$TC_i = \left(\frac{D}{Q_i^*}\right)S = \frac{Q_i^*}{2}hC_i + DC_i$$

步骤4：选择具有最低总成本的批量 Q_i^* 作为订货批量。

互动课堂2-5

D店是一家连锁药房。维生素C片在其销售中占有相当高的比重。维生素C片的月需求是10 000瓶。D店每次向药厂订购维生素C片的固定订货成本、运输成本和收货成本为100元。D店的库存持有成本费率为20%。药厂使用表2-9所示订货批量价格折扣方案。请计算D店采购经理每次应该订购多少瓶维生素C片？

表2-9 订货批量与单位价格

订货批量（瓶）	单位价格（元）
0~4 999	3.00
5 000~9 999	2.96
10 000及以上	2.92

小贴士

本案例中，采购经理已知以下数据：$q_0=0$，$q_1=5\,000$瓶，$q_2=10\,000$瓶；$C_0=3$元，$C_1=2.96$元，$C_2=2.92$元；$D=120\,000$瓶/年；$S=100$元/批；$h=0.2$。

步骤1：计算经济订货批量

$$Q_0 = \sqrt{\frac{2DS}{hC_0}} = 6\,325（瓶）$$

$$Q_1 = \sqrt{\frac{2DS}{hC_1}} = 6\,367（瓶）$$

$$Q_2 = \sqrt{\frac{2DS}{hC_2}} = 6\,411（瓶）$$

步骤2：选择订货批量

忽略 i=0，因为 Q_0（6 325）$> q_1$（5 000），对于 i=1，2，可求得：

$Q_1^* = Q_1 = 6\ 367$ （瓶）

$Q_2^* = q_2 = 10\ 000$ （瓶）

步骤 3：计算总成本

$$TC_1 = \left(\frac{D}{Q_1^*}\right)S = \frac{Q_1^*}{2}hC_1 + DC_1 = 358\ 969\ （元）$$

$TC_2 = 354\ 520$ （元）

我们发现，当 $i=2$ 时总成本最低。因此对于 D 店来说，每次最优订货批量为 $Q_2^* = 10\ 000$ 瓶时，每瓶的折扣价为 2.92 元。

> **行业案例 2-3**

智能补货系统助力名创优品布局"千店千面"

名创优品作为全球规模最大的自有品牌综合零售商，打造智能补货管理系统是其从一个新秀品牌转型为实体零售巨头道路上的重要一环。自 2020 年 1 月至 2020 年 12 月，名创优品开始研发智能补货系统，通过"补货决策=门店标准的陈列＋商品销售预测－库存"的补货逻辑，门店实现了产品的高效周转以及"千店千面"的战略布局，提高了补货的效率及准确度，自动化比例由 40% 提升至 70%，下单时长由 25 分钟下降至 13 分钟。同时，系统也降低了畅销品缺货率与库存周转率，TOP300 缺货率降低 4%，35 天不动销库存金额占比降低 7%，90 天超库龄降低 29%。可见，智能补货管理系统推动了名创优品高效运营。

（此案例节选自中国连锁经营协会发布的《2021 中国零售数字化转型最佳实践案例集》，欲了解全文，可扫描二维码查看。）

行业案例

智能补货系统助力名创优品布局"千店千面"

2.2.2 供应链的不确定性管理：安全库存

1）安全库存的作用

安全库存是指为了应对实际需求超出预期需求的情况而额外持有的库存。持有安全库存的根本原因是需求的不确定性。如果实际需求超过需求预测值，就会导致产品短缺。例如，国内某一线城市万象城综合体内古驰（Gucci）专柜采购经理考虑到从意大利进货运输成本很高，因此每次订货批量为 600 个手提包。万象城古驰专柜平均每周手提包的需求为 100 个。古驰公司需要 3 周的时间交付订单。如果市场需求确定，万象城古驰专柜每周正好销售 100 个手提包，那么采购经理在店内手提包还剩300 个时，就可以发出采购订单。在市场需求确定情况下，这种订货策略可以确保新一批订货恰好是在上一批手提包售完时到达。

但是，如果需求是波动的并且存在预测误差，那么 3 周的实际需求可能大于或者小于 300 个的预测值。如果万象城古驰专柜实际的需求高于 300，那么一部分顾客就无法买到手提包，导致专柜潜在利润损失。于是采购经理决定在店内还剩 400 个手提包时就向古驰公司订货。该策略能够改善产品的可获性，因为只有当手提包 3 周需求超过 400 个时，才会出现缺货。假如手提包每周的平均需求为 100 个，那么当补充订货到达时，仓库中仍平均有 100 个手提包库存。此时，安全库存就是当补充订货到达时剩余的平均库存。因此，万象城古驰专柜手提包的安全库存为 100 个。

假设手提包的订货批量 Q=600个，周转库存 Q/2=300个，那么在考虑安全库存的情况下，万象城古驰专柜的库存状态如图2-20所示。可以看出，古驰专柜的平均库存是其安全库存和周转库存之和。

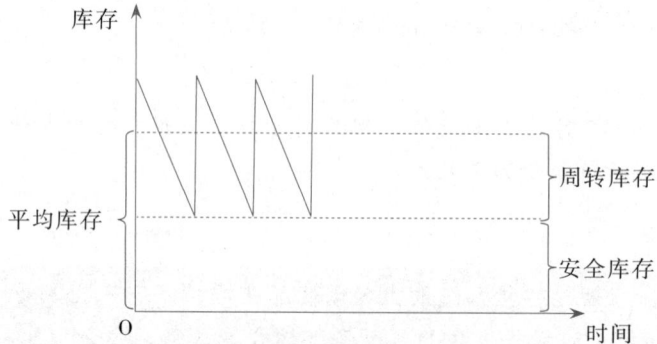

图2-20　设置有安全库存时的库存状态图

在此案例中，采购经理在设置安全库存时必须进行权衡。一方面，增加安全库存能提高产品可获性，使得古驰专柜能从顾客购买中获利；另一方面，提高安全库存无疑会增加库存持有成本。这类问题在产品生命周期很短且产品需求极不稳定的行业内尤为突出。较多的库存有助于企业应对需求波动，但如果新产品上市，库存的旧产品市场就会萎缩，公司利益就会受损。

在当今商业环境下，顾客从各种渠道（包括商店内）寻找可供商品变得越来越容易。当顾客在网上购买某快消品，如果京东平台脱销，他可以很容易在天猫平台查看是否有该款商品。顾客搜索产品变得越来越容易，意味着企业在提高可获性方面面临巨大压力。与此同时，消费者个性日趋增强，产品种类日益增多，结果导致市场日趋多样化，个性化产品的市场需求变得更加不稳定和难以预测。产品种类增多以及对企业产品可获性要求提高，促使企业持有更多的安全库存。在大多数高科技产品的供应链中，由于产品多样性和市场不确定性，安全库存占总库存的比例比较高。

另外，随着产品多样性增加，产品生命周期也在不断缩短，使得库存过多的企业成本大增。因此，供应链成功的关键是，在不损害产品可获性的前提下，找到降低安全库存水平的有效途径。对于任何一条供应链来说，设置安全库存时，都需要考虑以下三个重要问题：

• 合理的产品可获性水平应该为多少？
• 要达到希望的产品可获性水平，需要设置多少安全库存？
• 采取什么措施，既可以减少安全库存，又可以提高产品可获性？

2）影响安全库存水平的因素

（1）两个影响安全库存水平的直接因素

合理的安全库存水平往往由需求与供给的不确定性和期望的产品可获性水平两个因素决定。

随着需求与供给的不确定性增加，企业需要的安全库存也相应增加。一家超市的牛奶的需求很容易预测，因此超市可以持有相对实际需求来说比较低的安全库存。但同一家超市中辣酱的需求比较难以预测，因此相对实际需求来说超市需要拥有更高的辣酱安全库存。超市中大部分牛奶库存都是周转库存，而大部分辣酱库存是用于应对需求不确定性的安全库存。

随着企业期望的产品可获性水平提高，需要的安全库存也相应增加。如果超市希望某种辣酱具有更高的产品可获性，就必须对这种辣酱持有更多的安全库存。

（2）补货策略

补货策略包括何时提出补货以及每次订货多少的决策。这些决策决定产品满足率、周期服务水平以及周转库存和安全库存。补货策略包括以下两种类型：

①连续盘点。这种方法是随时检查库存，当库存下降至再订货点（ROP）时，就发出批量为 ROQ 的订单（如图 2-21 所示）。如某品牌手机销售门店的店长连续观测某款智能手机库存，当库存低于再订货点 400 部时，他就订购 600 部智能手机。这种情况下，每次订货量不变。然而在需求变动情况下，相邻两次补货订货时间间隔会有变化。

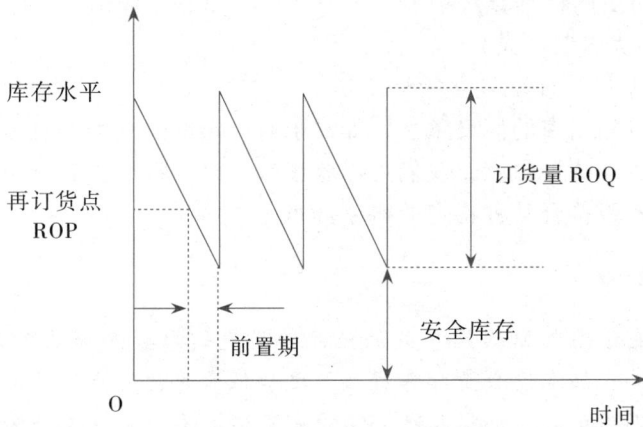

图 2-21 再订货点示意图

②周期盘点。这种方法是按照预先规定的时间间隔定期对库存进行盘点，并随时提出订货请求，将库存水平补充到预定目标库存水平。以某品牌手机销售门店内的数据线销售为例，不需要每天检查数据线的库存，店员每周四对数据线进行库存检查，然后店长会订购足够的数据线，使得现有库存和补充订货批量之和达到 1 000 条。这种情况下的订货时间间隔是固定的。不过，在需求不断变动的情况下，每次订货批量会出现波动。

3）确定安全库存的合理水平

在我们量化了需求的不确定、供给的不确定性以及产品可获性水平系数后，即可计算安全库存：

安全库存 $SS = Z\sigma$

其中：$\sigma = \sqrt{(\dfrac{L}{FP} \times \sigma F^2) + (F^2 \times \sigma L^2)}$

式中：

Z——产品可获性水平系数

σ——综合标准差（需求 + 供给）

L——平均补货周期（天）

FP——需求预测的时间单位（天）

σ_F——需求预测标准差

σ_L——补货周期标准差

F——平均需求预测

在实际应用中，安全库存计算公式往往被简化，比如假定供应周期恒定（供应商根据需求预测和库存水平自动补货，采购商不再直接管理订单，因此无法统计真实的供应周期）。这时安全库存就简化为：

安全库存 $SS = Z\sigma$

其中：$\sigma = \sqrt{\dfrac{L}{FP}}\,\sigma F$

式中：

σ_F——需求历史的标准差

L——平均补货周期（天）

FP——需求预测的时间单位（天）

以上公式具有相当多的假设条件，如需求有一定的连续性，且需求和补货周期符合正态分布。从数理统计角度，我们可以验证数据是否符合正态分布，一些软件也可以帮助我们判断是否符合某种特定的概率分布。

☑️ 互动课堂 2-6

A公司旗下连锁品牌M店销售某款产品的历史需求数据如图2-22所示，假定随时监控库存水平，一旦在途数量和库存数量之和低于再订货点，就启动订货机制。假定供应商补货周期为4周，如果达到95%的有货率，再订货点要设为多少？其中安全库存为多少？补货周期内平均需求为多少？

星期	需求	
1	24	
2	3	
3	1	
4	16	
5	32	
6	20	
7	24	
8	3	
9	20	
10	20	
11	17	
12	17	
13	28	
平均每周的需求=		17
周需求量的标准差=		10

有货率与Z值对应图

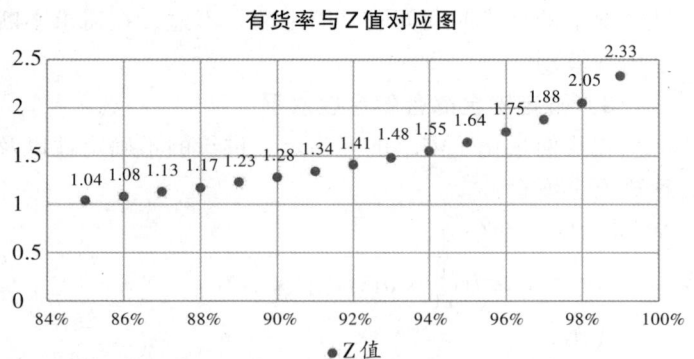

图2-22 再订货点计算示例

（注：可以参考Excel函数Normisinv（）计算每个有货率对应的Z值。）

小贴士

根据公式：安全库存SS=Zσ，其中补货周期为4周，补货4周内的需求标准差为：

σ=√4×10=20

安全库存 SS=1.64×20=32.8≈33（个）

补货4周内的平均需求=17×4=68（个）

再订货点=68+32.8=100.8≈101（个）

2.2.3　信息技术在库存管理中的作用

除了能使数以千计的库存单位的补货程序正式化，信息技术的最大贡献在于提高库存的可视性和协调供应链作用。

在接下来的行业案例 2-4 中，我们会看到国内零售企业通过提高供应链的可视性获利的情形。如今顾客通过访问企业的库存，可以选择线上配送或是线下实体店铺供货。通过信息系统的可视性库存，企业在不增加库存的情况下能够提高产品的可获性。

库存可视性对于门店库存查找和定位起到了重要的作用。例如，店铺或是仓库中的库存商品因为放错位置而无法找到，结果导致尽管持有库存但没能达到所需产品的可获性水平。通过射频识别系统就可以解决这一问题。

另外，信息技术还有利于供应链各环节更好地集成。我们将在行业案例 2-5 中看到天猫与宝洁公司建立的持续补货计划。这种协调机制使得两家企业在降低库存的同时，提高了服务水平。

必须说明的是，以上所谈到的每个案例，信息系统的价值都和库存信息紧密地联系在一起。不精确的库存信息会导致错误的决策，最糟糕的是，可能使得原本尝试着协调决策和行动的供应链伙伴之间产生不信任。如果没有正确的库存记录，信息技术带来的价值将非常有限。

微课堂 2-2

供应链有三道防线，第一道防线是需求预测，第二道防线是安全库存，第三道防线是供应链运营。如何利用本项目中的知识点理解这三道防线？请扫描二维码学习微课：供应链的三道防线。

微课

供应链的
三道防线

行业案例 2-4

从 AI 需求预测到基于多级库存控制理论的补货策略

联合利华将多级库存控制理论应用于供应链实际运作，设计了工厂—CDC—RDC 三层控制体系。SP（工厂-CDC 生产计划）与 DRP（CDC-RDC 发运计划）均需要关注最底层 RDC 所面对的来自全国的终端需求，基于此可以尽量避免因每层之间的补货依赖造成的牛鞭效应。为了进一步优化供应链业务指标，应对多变的市场，联合利华携手观远数据与易钧，通过 AI 需求预测与多级库存补货策略相结合，探究更加智能与科学的供应战略体系。

（此案例节选自中国连锁经营协会发布的《2023 CCFA 零售业供应链最佳实践案例集》，可扫描二维码查看案例微课视频。）

微课

从 AI 需求预测到基于多级库存控制理论的补货策略

> **行业案例 2-5**

天猫旗舰店多级动态仓网协同解决方案实践

应用数智化协同预测，着力基于算法模型的销售预测、基于营销机制的订单结构模拟、基于品类连带的仓网布局定制，进行 To B 和 To C 仓网融合，宝洁天猫旗舰店实现多级动态仓网铺展和前置创新，打通 To B 与 To C 链路，得到了供应链效率、成本和消费者体验的最优解。

通过基于算法模型的货品销售预测和仓网整体布局设计，宝洁天猫旗舰店实现了多级动态可伸缩仓网的实践：一级仓网全区域覆盖，实现大数据指导分仓；二级仓网打通 To B 与 To C 仓网前置协同；三级仓网实现订单维度无限前置下沉，极致贴近消费者。为了实现 48 小时发货时效和千万订单按时发货目标，结合单个区域单量预估、单仓发货瓶颈、多品类之间的产品连带关系、店铺属性、原箱直发产品的比例和特点，日常的 7 仓布局动态升级，演化为 7 大区域 22 仓的仓网结构。22 仓同时可以分为三级，不同层级仓网实现和承担不同分级任务，结合该层仓网能力协同起效，实现联动效应。

该方案助力宝洁天猫旗舰店在 2020 年"双 11"期间实现生意超 20% 增长，完成 1 900 万个消费者订单，超过 2 500 万个包裹顺利履约。该方案通过去节点使全链路效率大幅提升，消费者订单履约时效得到大幅降低，消费者物流体验得到突破性提升。全链路时效 3.5 天，比 2019 年"双 11"期间降低 30%，主要助力来自二级和三级仓网的搭建，其中二级下沉仓当/次日达比例达到 41%，三级预售下沉当/次日达比例达到 90%。各级仓网整体库容峰值预测准确度 100%，对比去年提升 6%；跨区订单占比 5.8%，优于快消大盘 2% 的水平。

（此案例节选自中国连锁经营协会发布的《2021 年度零售业供应链优秀案例集》，可扫描二维码查看案例微课：天猫旗舰店多级动态仓网协同解决方案实践。）

> **行业案例 2-6**

来伊份零售体系数字化转型实践

上海来伊份股份有限公司作为一家主要以线下连锁经营销售为主的食品零售企业，20 年来已逐步建立起一套成熟的供应链运营模式，其区域仓与城市逐级库存补货以及相应物流配送网络的模式已覆盖全国，商品计划与供应链计划的协同能力也得到不断提升。如果库存控制不当，不仅影响销售和客户体验，对企业的成本和盈利水平也会起到负面影响。

近几年，来伊份大力改革其过去线下销售为主的经营模式，努力形成线上与线下一体化，即 To B 与 To C 兼顾的经营模式。2019 年，来伊份下定决心对供应链管理体系进行重塑和创新改革，构建一个面向未来经营发展并充分利用先进技术的新供应链管理体系（如图 2-23 所示）。

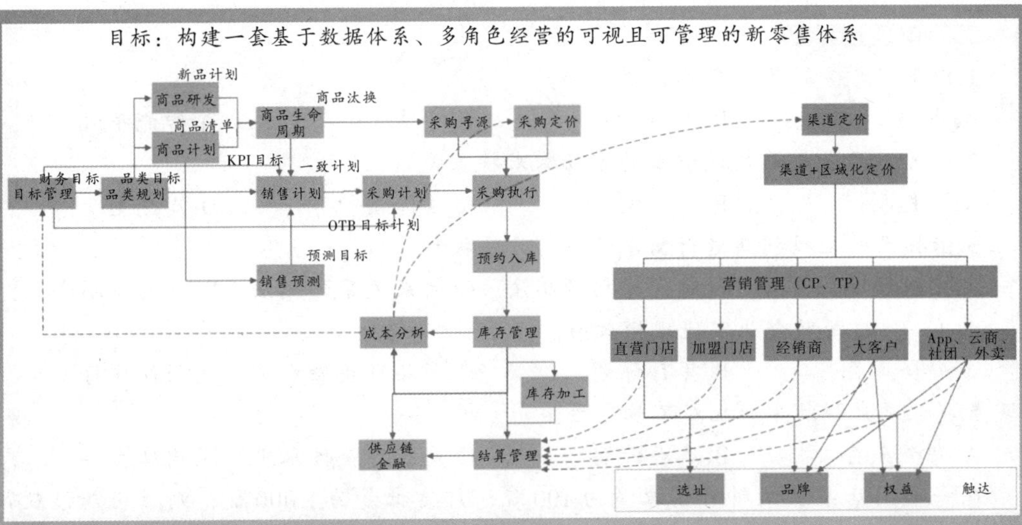

图2-23 供应链管理体系重塑

智能库存管控：通过数学建模与系统仿真相结合的解决方案，提高服务水平，整体预测准确率提升12%，试点品类库存周转天数降低20%，现货率提高5%，节约库存资金数亿元。同时，长尾品自动补货已成功开启，10%长尾SKU通过智能补货系统提供的科学建议补货，全覆盖后预期节约人效20万人时/年；实现所有RDC仓自动调拨，年均调拨量百万余单，年均补货量数亿件。

（此案例节选自中国连锁经营协会发布的《2021中国零售数字化转型最佳实践案例集》，可扫描二维码查看案例微课视频。）

微课
来伊份零售
体系数字化
转型实践

微课堂2-3

信息技术在企业库存管理中的实践应用案例不胜枚举，请扫描二维码学习微课：零售数字化创新案例。

微课
零售数字化
创新案例

项目测试

一、判断题

1. 供应链成本和速度的根本决定因素是推拉结合。（　　）

2. 预测无法避免，但只要采用科学预测方法，就可以做到准确预测。（　　）

3. 通过定性判断改善需求预测有助于提高供应链绩效。（　　）

4. 应对可预测的需求波动，企业的目标是平衡供给与需求以实现供应链各环节成本最低。（　　）

5. 在实践中，供应链各环节的企业为了追求利润最大化，非常乐意达成充分合作。（　　）

6. 在实践中，企业深知可预测的需求波动对企业运作的巨大影响，因此都会考虑可预测的需求波动。（　　）

二、单项选择题

1.以下（   ）难以预测需求。

A.牛奶   B.纸巾   C.牙膏   D.智能手机

2.通常产品成长期表现出来的市场需求特点是（   ）。

A.平稳型   B.上升型   C.下降型   D.周期型

3.依赖人的主观判断进行需求预测的方法被称为（   ）。

A.定性预测法   B.时间序列预测法   C.因果关系预测法   D.仿真预测法

4.（   ）帮助企业实现规模效益。

A.安全库存   B.库存计划   C.产品可获性水平   D.周转库存

5.（   ）帮助企业应对不确定性。

A.安全库存   B.库存计划   C.产品可获性水平   D.周转库存

6.一家门店某款饮料日需求量为100瓶，订货批量为1 000瓶，则该门店该款饮料的周转库存为（   ）瓶。

A.100   B.1 000   C.500   D.10

三、多项选择题

1.根据推拉结合的位置，供应链可细分为（   ）。

A.按库存生产   B.按订单组装   C.按订单生产   D.按订单设计

2.以下对需求预测描述正确的有（   ）。

A.需求预测总是预测精准

B.长期预测的精度往往比短期预测高

C.分解预测比综合预测更精准

D.企业越靠近供应链上游，数据失真就越明显

3.以下（   ）因素被企业了解可以有助于需求预测。

A.过去的需求   B.产品补货提前周期

C.价格促销计划   D.竞争企业行动

4.以下对促销影响的结论描述正确的有（   ）。

A.在需求旺季进行促销，平均库存将增加

B.在需求淡季进行促销，平均库存会减少

C.当消费小幅增加且需求增长来自提前购买时，则在需求高峰促销会更有利

D.当产品利润减少时，在旺季促销盈利较少

5.采购主管需确定订货批量使得门店总成本最低，在确定批量时，需要考虑（   ）。

A.年材料成本   B.年订货成本

C.年库存持有成本   D.采购人员工时费

6.影响安全库存水平的因素包括（   ）。

A.需求的不确定性   B.供给的不确定性

C.期望产品可获性水平   D.库存周转

项目实训

【实训资料】

罗森便利店预测某款茶饮的年求量是 160 000 瓶，单位商品的采购价格为 4 元，每次订货成本为 200 元，单位商品的年保管费用为 4 元。求：商品的经济订货批量、每年总库存成本、每年的订货次数及平均订货间隔周期。

若一次性购买增加采购量，供应商会给出数量折扣，折扣点及相应的一次性采购价格见表 2-10，单位年保管成本等于单位采购单价。请计算并告知罗森是否需要采用数量折扣进行采购？最优采购数量及采购价格是多少？

表 2-10　　　　　　　　　　采购折扣区间及价格

折扣区间	0	1	2
折扣点（瓶）	0	4 000 以上	6 000 以上
折扣价格（元/瓶）	4.00	3.60	2.50

【实训任务】

根据以上门店数据，确定门店经济订货批量，分析数量折扣对经济订货批量的影响。

【实训指导】

1.根据教材中"经济订货批量""利用数据折扣获取规模经济"等相关知识点完成实训任务。

2.学生可根据教材中互动课堂相关案例指导分析实训任务。

3.学生汇报交流，指导教师进行点评。

学习评价

根据本项目内容学习和实训完成情况，填写表 2-11。

表 2-11　　　　　　　　　　学习评价表

专业能力	评价指标	自测结果	备注
能正确认识需求预测	理解需求预测的作用域特点	□优秀□合格□不合格	
	掌握需求预测的组成与方法	□优秀□合格□不合格	
	了解供应链供给与需求计划	□优秀□合格□不合格	
	能分析信息技术在需求预测中的作用	□优秀□合格□不合格	
能正确认识库存计划	理解周转库存的作用	□优秀□合格□不合格	
	掌握经济订货批量及数量折扣对经济订货批量的影响	□优秀□合格□不合格	
	理解安全库存的作用	□优秀□合格□不合格	
	掌握影响安全库存水平的因素	□优秀□合格□不合格	
	了解确定安全库存的合理水平	□优秀□合格□不合格	
	能分析信息技术在库存计划中的作用	□优秀□合格□不合格	
	项目测试完成质量	□优秀□合格□不合格	
	项目实训完成质量	□优秀□合格□不合格	
	综合成绩	□优秀□合格□不合格	

项目3
采购计划与预算管理

■ **学习目标**

【知识目标】

✓ 了解制订采购计划的作用

✓ 掌握制订采购计划的内容

✓ 熟悉制订采购计划的程序

✓ 了解编制采购预算的作用

✓ 了解影响采购预算的因素

✓ 掌握编制采购预算的方法

【能力目标】

✓ 能根据企业战略做好采购计划与预算管理工作

✓ 能根据企业战略定位做好采购商品目录，确定采购品类、数量、价格决策

✓ 能汇总企业采购需求的月度、季度及年度申购计划，组织编制月度、季度和年度采购计划

✓ 能组织编制采购预算，交财务部门审核后监督其执行情况

✓ 能实时掌握企业商品库存情况，对采购商品从订购到收货入库全程跟踪

✓ 能深入了解市场竞争状况，多方收集供应商信息，不断拓展供货渠道

✓ 监控库存变化，及时补充库存，维持库存合理结构和数量

【素养目标】

✓ 具备严谨的作风和制订计划的能力

✓ 具备实事求是的作风和库存管理的能力

✓ 具备协同的作风和协调沟通的能力

学习导图

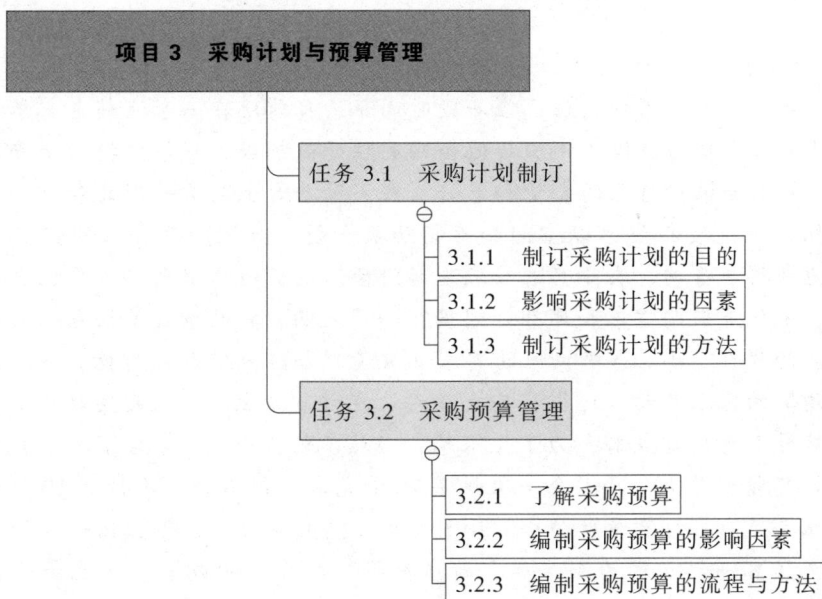

```
┌─────────────────────────────────┐
│  项目3　采购计划与预算管理         │
└─────────────────────────────────┘
        │
        ├── ┌─────────────────────┐
        │   │ 任务3.1　采购计划制订 │
        │   └─────────────────────┘
        │        │
        │        ├── 3.1.1　制订采购计划的目的
        │        ├── 3.1.2　影响采购计划的因素
        │        └── 3.1.3　制订采购计划的方法
        │
        └── ┌─────────────────────┐
            │ 任务3.2　采购预算管理 │
            └─────────────────────┘
                 │
                 ├── 3.2.1　了解采购预算
                 ├── 3.2.2　编制采购预算的影响因素
                 └── 3.2.3　编制采购预算的流程与方法
```

引例

A公司的总裁S先生深知，在市场环境瞬息万变、企业需求无法确定的当下，很多零售企业都会忽视采购计划，但作为零售行业的龙头企业，成功的关键之一就在于制订采购计划。没有计划的采购，只会被市场"牵着鼻子走"；有计划的采购，能让企业井然有序地运行。

A公司作为国内零售行业巨头，旗下有不同业态，大到仓储式会员店，小到便利店都会涉及。不同的业态布局，与企业战略布局相契合，要选择哪些供应商、供应什么品类的商品、具体的订货策略如何、运输如何布局以及具体如何实施，什么时候订货、订购什么、订购多少、向谁订购、怎么订购、怎么运输和验收入库、怎么支付……这些都体现在整个采购计划上。在制订采购计划前，需要通过专门的采购管理组织对企业的需求和资源市场进行调研分析。

请思考：

如何弄清楚企业在什么时候需要什么品种和数量的商品和物料？如何分析资源市场内的供应商情况和品种情况，为制订采购计划做准备？采购预算如何规划协调企业采购活动，而不仅仅是财务部门的专有工具？

带着这些问题，我们一起开启采购计划与预算管理的旅程吧！

任务3.1　制订采购计划

【任务导入】

小E离开校园进入工作岗位已经一段时间了，目前他在一家连锁企业总部担任采购专员。小E从小就会做饭，下班后他会回到住处做顿饭，用美食犒劳辛苦一天的自己。通常，小E会根据自己的食量和喜好，在买菜平台上购买一周的食材。当然，冰箱容量有限，他也要根据冰箱空间和存货购买食材。如果和他合租的室友偶尔来蹭饭，那么他还得多备些。在小E进入采购部门后，他突然意识到，这再也平常不过的日常生活，不就是采购需求和库存计划吗？一周采购食材的量就是批量，放进冰箱的食材就是他的库存。小E得根据他的需求（饭量）合理地安排采购量。当然，面对室友突然来蹭饭的需求波动，还得有安全库存。在订货量上，小E天生就是个专家。首先，他当然会考虑订货成本，为了几根葱，当然不值得小E去平台下单。其次，需求量越大，订货量就越大。小E会一次性买10千克米，但不会一次性买10千克盐。另外，库存成本越高，订货量就越小。小E会买一周的苹果，但不会囤一周的青菜，因为青菜放久了容易坏。因为刚入职，薪水有限，对于采购成本，他也会综合考虑在内。一个偌大的连锁企业在实施采购前当然需要制订一个详尽可实施的采购计划，既要考虑到速度（顾客响应性），又要考虑到成本（供应链各环节成本）。那么应该如何根据企业的采购需求推进一份采购计划的制订工作呢？下面我们就随着小E一同进入职场，学习如何有效地制订采购计划吧。

任务分析：

在上一个项目中，我们学习了什么是最经济的采购批量以及合适的采购时点。我们也学习了需求预测，了解任何一条成功的供应链都是推拉结合，而需求预测恰恰是推拉结合的产物。在企业经营过程中，采购部门需要分析采购需求、提出采购申请、制订采购计划，才能开启整个采购实施之旅。

3.1.1　制订采购计划的目的

1）采购活动离不开计划

成本是采购人员心中永远的痛，对管理者更是如此。但采购成本的有效控制、采购活动效率的提升，不能只依靠采购人员，如果企业缺乏行之有效的采购计划，就很难突破困局。只有依托妥善的采购计划，企业才能有效确定采购数量、时间和方式，让采购战略落地生根，确保采购需求得到满足。总之，采购计划是零售企业根据市场情况、企业特征和销售商品需求等要素，对商品采购活动做出的安排和部署。

对零售类企业而言，制订采购计划的目的如下：

（1）预估销售需求的数量和时间，防止缺货，影响门店销售。

（2）避免采购过量，导致库存积压、资金占用。

（3）配合企业销售计划和资金使用计划。

（4）指导采购部门确定采购战略，在合适的时机采购商品。

（5）进行需求预测，确定库存水平，增强采购成本管理能力。

2）采购计划缺失的后果

（1）采购管理失控

缺少采购计划的支撑，采购往往会失控，在采购时间、采购方式等各环节都无法实现有效控制。

①采购时间难以确定。由于采购时间紧，企业缺乏足够的时间进行多渠道询价，议价能力也被削弱，企业难以确保采购价格的合理性。

②采购程序难以控制。采购计划若是变更会导致采购无法按照正常程序进行，即便有合理的采购时段都无法实施。

③采购手段难以掌握。面对市场变化、企业竞争等带来的影响，如果缺乏行之有效的应对机制，企业难以掌握合适的采购手段，就无法获取最合理的采购价格。

④难以及时、准确验收。由于采购时间紧、缺乏专业人员等，企业难以对采购商品进行有效验收，商品品质无法得到保证。

⑤付款方式难以保证。资金周转压力使得采购资金无法保障，企业因此缺乏有效的议价手段，无法与供应商讨价还价。

（2）供应商管理失控

缺乏采购计划，采购管理中的重中之重——供应商管理将简化为货源管理，导致企业与供应商的合作无法深入。

①无节制压低采购价格。由于缺乏计划，供应商管理变成货源管理，企业采购的原则会变成单纯地比价格，导致供应商或以次充好或因无利可图而停止供货。企业货源中断，销售陷入危机。

②只做审核监管。如果缺乏采购计划，企业对待供应商就只是审核监督，甚至为了品控采取各种重罚手段。这将加剧零供之间的不信任，零供无法协作，进而整条供应链的利益无法协同。

③拖欠货款成常态。缺失了采购计划，来自资金周转的压力会导致采购部门拖欠货款，甚至以品质不良、交货延迟等借口向供应商要求延迟支付或索要折扣、补贴。短期来看这样的确可以帮助企业减少被占用的流动资金，但长期下去会导致企业信誉受损，与供应商的关系变差。

④频繁更换供应商。当供应商管理变成了货源管理，企业不在意由谁提供可供销售的商品，而只在意单次采购的价格、品质和服务。企业无法与供应商建立稳定的关系，对供应链绩效的整体提升也毫无益处，不利于企业整体实力提升，不利于企业可持续发展，阻碍企业在市场竞争中获得优势。

3.1.2 影响采购计划的因素

企业制订采购计划是为了行之有效地应对市场变化。零售企业根据自身战略和销售需求做出采购相关安排和部署。要让采购计划真正发挥作用，在制订采购计划时需要考虑采购的五大要素。

1）价格

价格是采购活动的焦点，也是制订采购计划时需要考虑的核心要素。采购人员会将大部分精力放在"砍价"上。为了有效制订采购计划，采购人员需要根据资源市场调研情况，制定计划价格，并据此与供应商进行谈判。值得注意的是，计划价格并不是定下就不可调整的，企业应当允许实际采购价格与计划价格有出入，因此可设置价格波动的合理范围。

2）品质

品质对企业的影响很大，如果采购的商品品质不良，就会导致销量波动，影响企业信誉和竞争力。因此在制订采购计划时，必须对采购商品的品质提出具体要求。除了良品率等常规品质指标外，与供应商初次合作时，采购计划可以引入工程样件（OTS）和生产件批准程序（PPAP），确保供应商提供的产品品质符合采购计划要求。OTS和PPAP是与供应商正式签署采购协议前，考核供应商能力的工具。OTS，即通过对样品品质的分析，确认品质是否达到要求。PPAP，即样品确认后供应商进行少量生产，进一步确认品质并预测供应商的生产效率。这是新市场开发的重要步骤，尤其是在企业决定推出新产品时，采购部门必须对OTS/PPAP进行严格监督，否则一旦在开展与供应商合作时出现问题，就会造成严重的损失。

3）交期

交期，即采购商品的交货时间。很多采购人员认为采购商品只要能够在商品销售完前入库即可。实际上，交期的合理性是在制订采购计划时重点关注的内容。如果交期过早，商品作为库存需要储存很长时间，意味着仓储成本的支出以及商品的自然损耗。当然，交期过晚，同样影响企业的正常销售。因此企业应根据门店需求和供给情况，以及产品的可获性水平，合理地确定采购计划中的交期。

4）服务

相较于采购商品的价格、品质、交期等要素，供应商的服务水平对采购活动的影响并不能直接量化。但服务能体现出供应商的能力与态度，直接反映了供应商是否能合作。为此，企业在采购计划中应该明确对供应商的服务水平要求，以免后续合作中出现纠纷。

5）配合度

采购活动有序推进，是零售企业销售产品和提供服务的重要保障，而供应商的绩效，则是企业竞争力的有效延伸。因此，供应商必须与零售企业协作，才能推进供应链整体竞争力的提升。为此，采购计划需要关注供应商的配合度，确保采购双方有效沟通，在研发、生产、采购、流通等各环节相互配合，这样才能实现零供协同发展，共同成长。

3.1.3　制订采购计划的方法

1）了解采购计划的内容

制订采购计划就是明确企业从外部采购哪些产品和服务能够更好地满足自身经营需要的过程，涉及是否采购、怎样采购、采购什么、采购多少以及何时采购。好的采购计划能够使得企业有条不紊地实施采购管理，不仅包括采购的相关内容，还包括采购环节的分析，与企业战略相符。

采购计划的主要内容见表3-1。

表3-1　　　　　　　　　　　　　　　采购计划的主要内容

构成部分	目的
计划概要	扼要综述，以便管理机构快速浏览
目前采购状况	提供有关企业、市场、竞争以及宏观环节的背景资料
SWOT分析	确定主要的机会、威胁、优势、劣势和采购面临的问题
计划目标	明确计划在采购成本、市场份额以及利润等方面的目标
采购战略	实现计划目标的主要手段
决策方案	确定谁去做、采购目录、数量和价格决策等
控制	指明监管控制计划

2）需求分析，确定商品采购范围

需求分析，就是要弄清楚企业需要采购一些什么品种、需要采购多少、什么时候需要等问题。作为全企业的物资采购供应部门，应当掌握全企业的物资需求情况，制订物料需求计划，从而为制订出科学合理的采购订货计划做准备。采购什么样的商品是采购需求分析的关键，企业在确定商品采购范围时需要考虑以下几方面。

（1）企业的经营规模和特点

确定商品采购范围，必须首先考虑企业的业态类型、经营规模及经营特点。不同业态的零售企业，其商品经营有着不同分工，专业性商店以经营本行业某一大类或几大类商品为界限，其专业分工越细，经营范围越狭窄；综合性商场除了经营某几类主要商品外，还兼营其他有关行业的商品。企业经营规模越大，经营范围越宽；反之，则越窄。此外，企业经营的对象是以附近的居民为主，还是面向更广阔的市场空间；企业是以高质量商品、高水平服务为经营特色，还是以价格低廉为经营特色，这些都将对采购商品范围产生重大影响。

（2）企业的目标市场

门店的地址和商圈范围确定以后，其顾客来源的基本特征也就随之确定下来。目标顾客的职业构成、收入状况、消费特点、购买习惯都将影响企业采购商品范围的选择。处在人口密度大的城市中心的门店，由于目标顾客的流动性强、供应范围广、消费阶层复杂，因而经营品种、花色样式应比较齐全；处在居民区附近的商店，目标顾客比较稳定，主要经营人们日常生活必需品，种类比较单一；处在城市郊区，或工矿区，或农业区，或学校集中区的商店，由于这些地区消费者特殊职业形成了其特殊需要，在确定商品采购范围时，也要充分考虑其需求的共性及个性。

（3）产品的生命周期及新产品的开发

任何产品都有其生命周期，从进入市场到退出市场通常要经历的四个阶段：导入阶段、成长阶段、成熟阶段、衰退阶段。企业必须跟上这种不断变化的时代步伐，随时注意调整自己的经营范围。一方面，企业必须跟踪掌握商品在市场流通中所处的生命周期阶段，商品到达衰退期，立即加以淘汰；另一方面，随时掌握新商品动向，对于有可能成为畅销商品的新商品，在上市前即列入商品采购计划。具体采购策略可见表3-2。

表3-2　　　　　　　　　　　　不同产品生命周期的不同采购策略

产品生命周期	产品表现	采购策略
产品投放期	产品刚刚上市，需要迅速被消费者所认知，需要企业加大对市场的培育力度	全面考察后谨慎决定试销
产品成长期	产品已形成一定的知名度，并有相应的顾客群体，销售呈增长趋势，企业需加大对市场的推广，扩大产品影响力	根据市场反应积极组织进货，大量销售
产品成熟期	产品已拥有稳定的消费群，并形成一定的市场规模，但市场渐趋饱和	适当控制进货数量，以免造成库存积压
产品衰退期	产品销售日渐下滑，消费者逐渐选择新产品替代	迅速淘汰该商品

（4）竞争对手情况

同行竞争对手状况也影响着企业采购商品范围的确定。在同一地段内，相同业态零售商之间，经营特点不宜完全一致，应有所差别，其差别主要体现在主营商品的种类上，每家企业为突出自己的特色都会选择一个最适合自己形象的主营商品大类。因此，企业只有弄清楚周围竞争对手的经营对策、商品齐全程度及价格和服务等状况，才能更好地确定自己的商品采购范围。

（5）商品本身的特点

企业经营一方面是为了满足广大消费者的需要，另一方面也是为了获取更多利润。因此，在人力、物力、财力及营业面积受限制的条件下，企业无法实现经营品种无所不包，为此应首先选择那些利润高、周转快的商品经营。此外，根据商品消费连带性的要求，把不同种类但在消费上有互补性，或在购买习惯上有连带性的商品一起纳入经营范围，既方便顾客挑选购买，也利于扩大销售。

商品采购范围的确定，除考虑以上几个方面因素外，还应随着企业的经营规模、经营目标、商品生产技术发展、人口数量及消费者收入水平等实际情况的变化而随时加以调整，不能一成不变、墨守成规。

【延伸阅读3-1】　　中国零售企业品类分析现状调研与实施（2023）

近年来，中国连锁经营协会（CCFA）与普华永道（PwC）持续开展了中国零售业企业供应链KPI研究。研究显示，与欧美国家相比，我国供应链管理效率与水平有很大的提升空间。

为此，从2020年起，CCFA计划用8~10年的时间，基于零售商的七大供应链关键流程，梳理出一套符合我国零售企业特点的供应链能力提升系列实施指引。2021年，CCFA正式发布了《打造以消费者为中心的精准需求预测》的供应链优化手册。

2022—2023年，CCFA再次携手PwC、Blue Yonder，调研走访多家行业龙头企业，推出基于零售商现状和展望的第二本优化手册，名为《中国零售企业品类分析现状调研与实施（2023）》。

欲了解专项报告全文，可扫描二维码查看。

延伸阅读

中国零售企业品类分析现状调研与实施（2023）

3) 资源市场调查与分析

资源市场调查与分析，就是根据企业所需求的商品品种，调查与分析资源市场的情况，内容包括资源分布情况、供应商情况、品种质量、价格情况、交通运输情况等。

（1）资源市场调查的内容

① 资源市场的规模、容量、性质。例如，资源市场究竟有多大范围？有多少资源量？多少需求量？是卖方市场还是买方市场？是完全竞争市场、垄断竞争市场，还是垄断市场？是一个新兴的、成长的市场，还是一个陈旧的、没落的市场？

② 资源市场的环境如何。例如，市场的管理制度、法治建设、市场的规范化程度、市场的经济环境、政治环境等外部条件如何，市场的发展前景如何。

③ 资源市场中各个供应商的情况如何。通过对众多的供应商的资料进行分析，可以了解资源市场的基本情况，例如资源市场的生产能力、技术水平、管理水平、可供资源量、质量水平、价格水平、需求状况以及竞争性质等。

（2）资源市场分析的内容

① 要确定资源市场是紧缺型的市场还是富余型市场，是垄断性市场还是竞争性市场。对于垄断性市场，应当采用垄断性采购策略；对于竞争性市场，应当采用竞争性采购策略，例如采用投标招标制、一商多角制等。

② 要确定资源市场是成长型的市场还是没落型市场？如果是没落型市场，则要趁早准备替换产品，不要等到产品被淘汰了再去开发新产品。

③ 要确定资源市场总的水平，并根据整个市场水平来选择合适的供应商。根据不同的商品采购战略定位，选择在资源市场中合适的供应商，进而获得优质的产品质量与合理的采购成本。

☑ 互动课堂3-1

小E先前跟着部门经理接手了门店新增业务（现磨咖啡）主材料——咖啡豆的采购工作。要制订咖啡豆的采购计划，必须先对咖啡豆以及现有咖啡豆烘焙工厂的资源市场进行调研。一杯咖啡背后，从咖啡豆的种植、分拣，到烘焙、研磨、萃取，这些过程在制订咖啡豆采购计划前，都需要广泛调研。咖啡豆烘焙完成后，需要打包运输，看似流程简单，实则须避免咖啡豆风味流失，快速运输到各地门店。请你帮助小E对咖啡豆以及其烘焙工厂的资源市场做一下调研，为小E制订咖啡豆采购计划助力。

【延伸阅读3-2】 星巴克中国咖啡创新产业园：从生豆到咖啡的全产业链控制

喝咖啡成为越来越多人的生活习惯，无论你是匆忙的上班族，还是热爱生活的文艺青年，对一杯香气馥郁、层次丰富、口感醇厚的咖啡，或许都很难产生抵抗力。星巴克这些体验背后需要一个庞大的系统支持。最近，星巴克中国咖啡创新产业园正式在江苏昆山落成投产，这个投资15亿元、占地80 000平方米的产业园，让中国成为星巴克首个实现"从生豆到咖啡"全产业链控制的市场。为了保证咖啡豆受热均匀，星巴克的烘焙室设计采用了热风管道，确保烘焙时的咖啡豆都保持同样的温度。这也是星巴克全球36 000家门店保持口味基本一致的秘密之一。星巴克有一项称为"风味锁"的保质技术，通过一个单向通气阀，配合充入的氮气在密封状态下，咖啡可以保持风味的时间能达到34个星期。这里也将作为星巴克中国的物流枢纽，将烘焙好的咖啡豆运往全国200多个城市、6 500家门店。你平时在星巴克喝的咖啡，未来有很大一部分都会来自这里。

（此文节选自"爱范儿"公众号2023年10月5日文章《你以后喝的星巴克，将会有点不一样》，作者李超凡，欲了解全文，可通过该公众号查看。）

4）采购战略

战略采购计划是指从推动企业发展的全局出发，确定企业采购活动的长远发展，并以此建立的相应采购手段。可见，战略采购是一种系统性的、以数据分析为基础的采购方法。

战略采购计划的制订必须考虑到企业需求的商品资源市场情况，资源市场差异会影响战略采购计划制订，企业对不同商品的需求不同，对这些商品的供应商的依赖程度会有所不同，其管理计划也会随之改变。

一般而言，供应市场与采购商品的关联性大致分为如图3-1所示的4种情况。

供应市场的复杂性

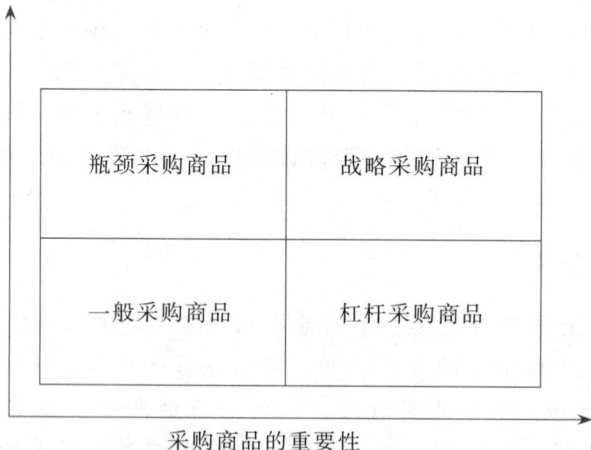

瓶颈采购商品	战略采购商品
一般采购商品	杠杆采购商品

采购商品的重要性

图3-1　供应市场与企业商品采购相关性

（1）战略采购商品，是指该商品具有吸引消费者的特点，是零售门店区别竞争对手的卖点商品，故是企业的战略性商品。

（2）杠杆采购商品，是指消费者日常会习惯购买的商品，因此商品采购较为容易。但其因采购量多、价值大而成为企业采购的重要商品。

（3）瓶颈采购商品，是指满足消费者在偶然情况下需求的商品，总体价值较低，但因供应市场比较复杂、供给不稳定，需求存在极大的偶发性。

（4）一般采购商品，商品采购供应市场较为容易获得的商品，如季节性商品，采购数量在销售旺季时大，总体价值偏低。

采购商品的重要程度决定了采购部门对供应商选择与管理的不同策略和管理模式。表3-3所示为针对重要程度不同的采购商品而分别采用的采购策略。

表3-3　　　　　　　　　　　　　　商品采购策略定位

采购策略	战略采购商品	杠杆采购商品	瓶颈采购商品	一般采购商品
采购商品特点	价值高、质量标准高	价值高、数量多	价值低、数量少	价值低、数量多
品类角色	目标性品类	常规品类	偶发品类	季节性品类
采购战略	战略联盟	长期合作伙伴	一般交易关系	稳定供货关系
管理重点	供应链管理	目标价格管理	替代备用方案	管理成本最小化
供应商数量	少	较多	少	较少
采购方式	长期合同	集中竞价	长期合同	代理采购
库存水平	中等库存或零库存	较低库存	较高库存	低库存或零库存

＞行业案例3-1

青岛利群与中粮福临门零供合作

　　许多大型零售企业在制订采购计划时，会从推动企业发展的全局出发，形成战略性采购，即以系统性为基础，以总成本最低的方式获得企业竞争所需外部资源的所有权。利群集团是青岛当地最知名的连锁品牌，是跨地区、多业态、综合性的大型商业集团，在山东省经营40余年，拥有已开业1万平方米以上的商厦100余座。2021年，利群持续深耕智慧物流及供应链体系，总建筑面积30多万平方米的利群智慧物流与供应链基地投入使用，可实现农产品配送及居民生活用品配送额100多亿元。2019年，利群集团成立专业的粮油批发公司——青岛臻丰粮油贸易有限公司，专门负责利群门店粮油品类的运营，运作品牌有胡姬花、金龙鱼、中裕等品牌。臻丰粮油成立后，为进一步提升与福临门的合作水平，经过高层的不断对接，在2020年7月合作模式由经销商模式调整为直营模式，福临门将利群纳入全国现代渠道部。

　　（此案例节选自中国连锁经营协会发布的《2022 CCFA连锁超市创新案例集》，欲了解全文，可扫描二维码查看。）

行业案例

青岛利群与
中粮福临门
零供合作

5）商品采购决策

（1）商品采购品项决策

①采购单品品项决策。商品采购品项决策分为两类：一类是对现有经营的商品是继续维持采购，还是将其淘汰的事项进行决策，它主要应用商品贡献度理论并结合销售预测来进行分析评估。另一类是对是否要引进某一新商品的事项进行决策，与前者相比，由于缺乏相关数据，分析起来难度更大。一般而言，是否引进一个新商品，要考虑以下几个因素：

第一，商品定位因素。采购中考虑商品定位因素，其目的是使商品能更好地满足目标市场定位，并使商品之间能互相配套，发挥优势互补的作用。在采购操作中要求采购人员按采购计划选择新的商品。采购计划中的商品种类分布表，往往并不是指具体的特定商品，它是指构成商品种类的单品需要具备哪些条件。排除特殊情况，采购商品时，要根据采购计划要求进行。只有根据计划采购，才能保证商品定位的前后一致性，减少采购工作的盲目性。

第二，商品本身的因素。其主要包括功能、感觉、资讯三个方面。功能是形成商品价值的基础，商品的材质、结构、设计、耐久性、使用性、安全性等都包含在内。感觉方面以造型、外壳、色彩、商品的格调、容器、包装等为要素。资讯方面是指商品的知名度，具体来说是指厂家及其品牌的知名度。

第三，采购条件因素。其包括价格条件、折扣条件、付款条件、附带服务、供给能力、交货时间等。

微课
确定待采购
商品的品类

✓ 微课堂 3-1

（1）扫描二维码学习微课：确定待采购商品的品类，了解商品品类知识。

（2）扫描二维码学习微课：菜单选品，了解企业选品案例。

②自有商品品项决策。为满足消费者对不同商品的需求，企业在商品采购方面，除了加强与供应商合作外，还会推出一系列自有品牌商品。自有品牌的实施有两条基本途径：

微课
菜单选品

一是企业委托生产者制造。零售企业根据市场动态对商品的质量、规格、类型、原材料、包装等方面自行设计，然后委托生产企业按照设计要求制造，在销售时使用自有品牌。其特点是：零售企业与生产企业是一种较为松散的协作关系，经营风险较大，放弃使用制造商品牌的生产企业生产的产品质量虽然较好，但因其规模小无法与其他较大的企业竞争，从而和零售企业联合，双方互惠互利。

二是企业自设生产基地。零售企业投资办厂生产自己设计开发的商品。其特点是：生产企业和零售企业不是交易关系而是协作关系，有共同的利益，稳定性较强，交易费用低，但需要零售企业具备相当的规模与一定的经济实力。

针对这些自有品牌商品，零售企业从设计到生产全程跟踪控制，最后贴上自有品牌在卖场进行销售。

微课
自有品牌品
项决策

✓ 微课堂 3-2

欲了解自有品牌决策相关内容，可扫描二维码学习微课：自有品牌品项决策。

③新商品品项决策。对于不少企业而言，新商品的引进是采购的日常工作，应制订新商品引进率指标，并落实到全年、每月和每个商品类别，这样可以经常为顾客带来新鲜感，并通过新商品销售创造较高的利润。在进行新商品引进决策时应注意以下要点：

第一，通过对竞争对手的调查引进新商品。

第二，通过对市场的考察引进新商品。

第三，新商品引进时注意遵循"人无我有，人有我优"的原则，突出特色。

第四，注意产品的生命周期。

新商品引进时应有一定的试销期，必须在试销期内达到相应的营业指标（销售量指标、销售额指标、利润指标等）才能成为正常商品。经过试销后，如果发现新商品销售未达到预期目标，就要与供应商进行沟通调整或进行汰换。

④淘汰品项决策。对有效销售发生率一直较低的商品，企业应予以淘汰，以促进企业商品销售和周转的良性循环。具体操作要点为：

第一，商品淘汰应遵循"一进一出"的原则，通过设定最低销售量和最低销售额来淘汰商品。

第二，对于质量不合格或多次遭顾客投诉的商品要坚决淘汰。

第三，对淘汰商品建立档案，以防以后再次进货。

第四，商品淘汰时要遵循严格的程序。第一步，列出淘汰商品清单，交采购经理确认、审核、批准；第二步，统计出各门店和配送中心（仓库）淘汰商品的金额；第三步，确定商品淘汰日期，通知店铺清点淘汰商品的库存量及金额；第四步，淘汰商品的供应商货款抵押，换商品；第五步，淘汰商品退场（下货架—统一点数打包—退场）。

☑ 微课堂3-3

欲了解更多有关新商品品类决策，可扫描二维码学习微课：新商品引进决策。

微课

新商品引进决策

【延伸阅读3-3】 **Costco成功学陷阱：低价只是幻影**

采购计划中，需求分析与选品决策非常重要。企业唯有全方位拿捏目标客户需求，才能顺理成章让其买单。Costco的低价只是表象，Costco也并不是最低价之王。复盘其前世今生——翻阅Fedco、Price Club公司资料，通读1995年上市后每一份季报、年报，我们发现Costco从事的真不是那"该死的零售"，而是妥妥的"社会阶层精准隔离"的服务生意。关于Costco的叙事逻辑，与其说是性价比，倒不如说挖掘高净值客户。其本质是利用"社会阶层精准隔离"，选出目标用户，全方位掌控他们的需求，顺理成章地做富人阶层的朋友。

折扣奢侈品成了Costco的引流项目，每到一个地方都能引发争抢盛况。除了上线奢侈品，Costco在日用消费品上也大做文章。从选品来说，其外部采购一般只上架细分品类中排在前列的品牌，自有品牌Kirkland更是直接对标"大牌"。

Costco的选品规则如图3-2所示。

Costco 选品规则严格	
① 只选择细分品类内行业前列的品牌，且要对产品口味、配方、价格、安全性进行反复考量	
② 对生产企业、生产标准的审核	要求入选品牌拥有英国零售商协会（British Retail Consortium）标志认证
	对其生产线、产品质量进行每年两次的审核；并且要求所有产品投保
③ 对产品外观设计的要求：设计鲜明，消费者过目不忘，产生印象	
自有商品 kirkland，瞄准日用消费升级，推出专属商品	
早期成立之际，Kirkland 与品牌方合作推出渠道和品牌联名产品	例如早年与惠而浦电器、泰森和福斯特工厂均推出一系列品牌商品
	合作商品多数采用 OEM 模式，委托加工厂进行制造，其生产线基本与各大头部品牌产品同步，质量优秀
合作下，推出专属 Costco 的爆款"轻奢"商品	高端伏特加灰雁的 kirkland"轻奢平替"，价格便宜 1/3，但葡萄酒酒类评测机构 Under the Label 在多次评测后给出比灰雁更高的口味评分，因此成为中产圈子里的爆款
	以 Kirkland Albacore 爆款金枪鱼罐头为例，必须用"鱼线捕获"、100% 固体长鳍鱼腰制成、不含蔬菜肉汤或水解蛋白；其价格略高于普通的金枪鱼货架品牌，坊间风评却能比肩市场上的顶级竞争者
后期专注日用消费品类，不断提升 kirkland 商品占比	2000—2006 年：随着品牌联合的策略奏效，Kirkland 渠道品牌的口碑在消费者心中留存，加大了推出 Kirkland 专属产品的力度，品类矩阵持续拓宽，如服装、奶粉、冷冻食品、化妆品、尿布等品类
	2006 年之后，推动有机产品的开发，如特色原产品咖啡、麦片、黄油等；服务业态加入了 Kirkland 专属花生酱、牛奶等有机食品；药房（例如在好市多药房）非处方药的销售非常强劲；打上 Kirkland 标签的汽油产品，其性能高于行业平均水平且价格较低

图3-2 Costco的选品规则

（此文节选自"商业评论"公众号 2023 年 10 月 10 日原创同名文章，欲了解全文，可通过该公众号查看。）

（2）编制商品目录

在企业确定了采购范围、采购商品的品类以后，还必须将各商品品种详细地列出来，形成企业的商品目录。商品目录是零售企业经营范围的具体化，也是企业进行采购的依据，成为零售企业管理的一项重要内容。

企业的商品目录包括全部商品目录和必备商品目录两种。**全部商品目录**是企业编制的应该经营的全部商品种类目录；**必备商品目录**是企业编制的经常必备的最低限度商品种类目录。必备商品目录只包括全部商品目录中的主要部分。

必备商品目录是按照商品大类、中类、小类顺序排列的。每一类商品都必须明确标出商品的品名和具体特征。由于商品特征不同，消费者选择商品的要求不同，因而确定商品品名和特征的精细程度和划分标准也不相同。一般情况下，商品特征的多少决定着品名划分的精细程度，特征简单的商品如食盐、食糖等，品名可以粗一些；特征复杂的商品，品名可以适当细分。目前，有些连锁企业采用计算机进行管理，实行单品核算，则商品品名应根据最细小的标准来划分，直至无法划分的程度，以便准确区分每一具体商品。

必备商品目录确定以后，再根据顾客的特殊需要和临时需要加以补充与完善，便成了企业全部商品目录。企业商品目录编制完成后，不能一成不变，应随着环境的变化定期进行调整，以满足消费者的需要。一般来说，季节性商品需分季调整，非季节性商品按年度调整，做到有增有减。在调整时要注意新旧商品交替存在的必要阶段，在新产品供应尚未稳定之前，不可停止旧商品的经营，以免影响消费者的购买需要。

☑ 微课堂 3-4

欲理了解商品结构配置策略相关内容，可扫描二维码学习微课：连锁企业商品结构配置。

微课

连锁企业商品结构配置

☑ 互动课堂 3-2

小 E 所在的 A 公司旗下便利店正在策划增值现磨咖啡服务。作为本土便利店，目前在全国开店约 500 家，单店平均日销售额 5 000 元，品牌便利店年销售额在 5 亿~10 亿元。门店主要分布在华东、华南准一线城市和地级市，主要店铺类型有商务区店、住宅区店，主要的咖啡品牌竞争对手如星巴克和瑞幸等。此外，日系便利店如全家、罗森等，都已经开创了自己的现磨咖啡品牌。请你为小 E 根据企业战略定位、商圈特点、目标顾客人群以及竞争对手状况，编制一份现磨咖啡商品目录。

（3）采购价格决策

①采购价格的简单计算。商品的价格结构可以用下列公式表示：

商品价格=生产成本或进口成本+流通费用

流通费用=生产商毛利+批发商毛利+零售毛利

商品价格−零售毛利=生产成本或进口成本+生产商毛利+批发商毛利

因此可以简单得出：

采购价格=生产成本或进口成本+生产商毛利+批发商毛利

②可变动价格的组成部分。商品价格中除了基准价格外，还包括变动的部分，主要由折扣、补助、运费等构成。

第一，折扣。**折扣**是指厂商对符合一定条件的购买者给予的价格上的折让。它一般包括数量折扣、交易折扣、季节折扣、现金折扣以及不退货折扣。

数量折扣。所谓**数量折扣**，是指买方大量采购时，卖方给予买方的价格折让。通常由于买方的大量购买，卖方会因此获得规模效益，因而能够把一部分好处转让给买方。数量折扣包括一次性折扣和累计折扣，前者是根据每一次采购规模来确定折扣率，后者是根据一定时期内多次采购的总规模来确定折扣率。连锁企业在确定采购规模时，既要考虑数量折扣因素，又要考虑店铺销量、储存成本、运输费用等多重因素。

交易折扣。所谓**交易折扣**，是指卖方根据买方的业务功能和组织特征，给予有利于自己的购买组织一定的价格优惠。因为连锁企业多为连锁组织形态，所以会享受到供应商的交易折扣。例如，一方面是 50 家独立的店铺，分散地向供应商进货，另一方面是 50 家连锁分店，由总部统一进货，对于供应商来说，后者的业务成本会大大低于前者。

季节折扣。所谓**季节折扣**，是指为刺激非旺季商品销售而给予买方的价格折扣。这种折扣与采购数量、采购者无关，只是鼓励买方在旺季之前订货，使厂商淡季不淡。实际上，是供应商通过季节折扣，将商品储存功能转移给买方。要享受季节折扣，就必须提前购买商品，而这又会使仓储成本增加，因此在决策时要慎重。

现金折扣。所谓**现金折扣**，又称付款折扣，是指对提前付款所给予的价格优惠。它一般分为现金支付折扣和延期付款两类，前者是指款到发货所给予的价格优惠，后者是指货先发，然后再支付货款，间隔期不超过约定时期所给予的价格上的优惠，间隔期越长，优惠越少。

不退货折扣。**不退货折扣**实际是买断商品的价格，是指供应商对实行买断商品、不再退货的商家给予的价格优惠。需要强调的是，世界上许多著名的跨国零售巨子，对其经营的主力商品，均采用了现金买断制，以便同时获得现金折扣和不退货折扣，进而在价格竞争中占据有利地位。我国大型连锁企业所经营的绝大多数的商品都是采用代销方式，甚至采用出租柜台的方式，实际上已蜕化为物业管理者，与厂商共担风险的机制还远未建立起来。作为以低价取胜的连锁企业更应率先实现向现金买断制的跨越。当然，为了解决自身流动资金的问题，也可以采用买断延期付款制。

第二，补助。**补助**是指供应商为了减少零售商因特定事件发生而产生的利润损失而给予零售商经济上的特别资助。它主要包括两类：

促销补助。**促销补助**是指供应商为了协助商场搞好促销活动，扩大本企业产品的知名度和销售量，而给予商场的一种资助。这种资助主要通过价格减让和促销费用分摊两种方式来实现。如根据零售企业的促销计划，拟对某产品降价10%进行促销，供应商为了鼓励促销活动，将其供应价相应地下调5%，以加大商场的促销力度，这5%就是一种促销补助。

退货补助。**退货补助**是指供应商对零售企业销路不畅的商品进行退货而给予的在运输费用等方面的分摊和补贴。这是生产厂商为鼓励零售企业大规模进货而采取的一项措施。

第三，运费。商品运费往往构成了商品价格中很重要的一部分。不同的装运方式，其在货运方、交货地点、费用支付、权利和义务的分解上有很大的不同，由此形成了不同的运输方式。现实生活中运用得较多的运输方式有以下几种：

工厂交货（FOB factory），即卖方负责将货物交给运输商，由买方承担运输费用的运输方式。在这种运输方式下，商品所有权在装运地点由卖方转移给买方。

装货地点交货（FOB shipping point），即卖方支付到装货地点为止的装运费，买方支付以后的装运费，货物所有权在装货地点由卖方转移给买方。

目的地城市交货（FOB city of destination），即由卖方支付货物到达目的地城市车站、码头的运费，货物所有权在目的地城市发生转移，而买方承担以后发生的装运费，商品所有权在目的地城市发生转移。

商场交货（FOB store），即卖方支付所有的装运费，商品在到达商场时所有权发生转移。

在商品采购价格决策中，首先要做好市场访价工作，及时了解当地主要竞争对手的销售价格，如果竞争者没有经营这种商品，则可以了解其同类商品的价格，再根据本企业价格策略，倒推预期采购价格。

☑ 微课堂 3-5

欲了解可变动价格相关成本的相关内容，可扫描二维码学习微课：可变动价格的组成部分——折扣。

微课

可变动价格的
组成部分——
折扣

＞ 行业案例 3-2

绿色供应链——生鲜供应链循环周转筐项目

生鲜供应链循环周转筐项目是 SPAR 中国绿色供应链的重点项目之一。该项目通过在生鲜供应链中循环使用标准化的周转筐，为实现绿色供应链做出了重要贡献。循环周转筐项目的目标包括：生鲜供应链的降本增效、生鲜商品损耗的降低、食物浪费的减少，以及一次性包装材料的节省。

作为全球领先的食品零售连锁组织，SPAR 在全球 48 个国家拥有 13 000 多家门店和 250 多个物流配送中心。2004 年，SPAR 进入中国市场，目前在全国 46 座城市拥有 300 多家门店、10 个配送中心和中央厨房。供应链是整个零售经营的核心，SPAR 尤其重视供应链各个环节的环境问题，积极落实可持续解决方案，推动绿色供应链发展。

标准周转筐的循环使用是零售绿色供应链的重要组成部分。SPAR 中国从 2013 年开始，致力于标准周转筐在成员企业内的推广。从全球经验来看，在端到端的供应链中循环使用标准周转筐，不仅有利于供应链成本的降低，而且对减少包装材料的浪费具有重要意义。SPAR 中国成员企业积极响应，并逐年增加在标准周转筐使用上的投入。

（此案例节选自中国连锁经营协会发布的《2021 年度零售业供应链优秀案例集》，欲了解全文，可扫描二维码查看。）

行业案例

绿色供应链
——生鲜供
应链循环周转
筐项目

（4）采购数量决策

采购数量大小决定了零售商销售与资金调度是否顺利。商品采购数量过大会造成过高的门店库存成本以及资金压力；商品采购数量过小，则门店存在缺货风险，采购议价能力下降。因此，确定适当的采购数量是非常必要的。

零售商销售计划、采购目录以及库存情况是决定采购数量的重要依据，更具体地讲，它们是决定采购商品的主要依据。采购数量只是代表某一商品在某一时期的订购总量，至于商品在某一时期应如何订购，下面进行具体说明。

①定期订购法。<u>按照预先确定的订货时间间隔按期进行订货，以补充库存的一种库存控制方法</u>，称为**定期订购法**。进口商品以及少数价值高的国内采购商品，可以选择每季、每月或是每周订购一次。使用这种方法时必须注意对商品未来的需求数量做出正确的估计，避免存货过多，造成积压。对于连锁企业来说，将采购商品按照周转

量和利润率划分为 ABC 三类，对于 A 类商品（即周转快的商品），建议采用定期订货法，由于其周转快，采购的商品不会造成积压。

②定量订购法。定量订购法是当库存量降到一定数值时，开始订购预先确定的商品数量以补充库存，订货时间不定。为了降低成本，需要确定一个合适的订货批量，即经济订货批量，该知识技能点已经在项目 2 中详细描述。对于价格低廉、临时需求的商品，比较适合采用定量订购法，即按照订货点来决定采购点。对于 C 类商品（即周转慢的商品），建议采用定量订购法。

③固定数量法。固定数量法是指以净需求为基础，计划订购数量必须为固定/经济订货批量所定数量的整数倍。如果每次订货数量都是固定的，可以采用该类设置，同时要设置固定批量。采用这种订货方法每次的订货数量相同且一般是凭过去的经验和直觉而定。此法不考虑订购成本和储存成本这两项因素，可能考虑某些产能的限制、模具的寿命限制、包装或运输方面的限制、储存空间的限制等。

如根据每周的销售计划需要，采用固定数量法采购的计划见表 3-4。

表3-4　　　　　　　　　　　采用固定数量法采购的计划

周	1	2	3	4	5	6	7	8	9	10	11	12	合计
净需求		10	10		14		7	12	30	7	15	5	110
计划订购		40					40		40				120

④批对批法。批对批法是对每一天的净需求都产生计划订单。这种方法发出的订购数量与每一期净需求的数量相同，且每一期均不再保有库存。有时候也会考虑最小订货批量、批量增量等。对于订购成本不高且没有特殊要求的采购商品，可以采用这种方法进行设置。

采用批对批法采购的计划见表 3-5。

表3-5　　　　　　　　　　　采用批对批法采购的计划

周	1	2	3	4	5	6	7	8	9	10	11	12	合计
净需求		10	10		14		7	12	30	7	15	5	110
计划订购		10	10		14		7	12	30	7	15	5	110

⑤固定期间法。**固定期间法**是指每笔订单涵盖的期间固定，但订购数量因剩余库存的不同而不同，一般按期间将各天的净需求汇总后再进行批量调整。需求相对稳定，同时采用周期订货对供需双方都便利时，可以采用此法。值得注意的是，此法基于订购成本较高的考虑，期间长短的选择是凭过去的经验来判断，每期会有些剩余存货。

采用固定期间法采购的计划见表 3-6。

表3-6　　　　　　　　　　　采用固定期间法采购的计划

周	1	2	3	4	5	6	7	8	9	10	11	12	合计
净需求		10	10		14		7	12	30	7	15	5	110
计划订购	25				30				60				115

任务 3.2　编制采购预算

【任务导入】

小 E 已经从采购经理这边初步了解了采购计划，知道 A 公司在进行采购之前就需要考虑采购的商品及数量、采购时机、采购成本等事项。他认为采购计划就等同于采购预算，而采购预算因为涉及资金，应该是财务部门或者审计部门的事情。采购经理的回答让小 E 很不解。采购预算是用来规划协调企业采购活动的重要工具，可以帮助企业提升资金使用效率，与采购计划保持一致，能够推动采购计划顺利进行。让我们就跟随小 E 和采购经理，了解采购预算的基本方法和注意事项吧。

微课

编制采购预算

任务分析：

采购预算是一种用数量来表示的计划，是采购决策的数量化和具体化。为了使预算对实际资金调度具有意义，采购预算应以付款金额来编制，预算的时间要与企业计划保持一致。

3.2.1　了解采购预算

1）采购预算的概念

采购预算是一种用金额来表示的计划，它是指在计划初期，根据企业整体的目标任务要求，对实现某一计划目标任务所需要的物料数量及全部活动成本做出的详细估算。也就是将企业未来一定时期内采购决策的目标通过有关数据系统地反映出来，是采购决策的具体化和数量化。采购预算是依据销售预算拟定的。从理论上讲，零售企业采购部门根据销售预算推算出商品需求量，预测采购价格，进行订货，并根据销售进度安排交货时间。

传统采购预算的编制是按照本期应采购的数量乘以该物料的购入价格，或是按照物料需求计划的请购数量乘以标准成本来获得采购金额。为了使预算对实际的资金调度具有意义，采购预算应以现金为基础编制，也就是说，采购预算应以付款的金额来编制，而不是以采购的金额来编制。预算的时间范围与企业的计划保持一致，既不能过长也不能过短。长于计划期的预算没有实际意义，浪费人力、财力和物力，而过短的预算不能保证计划的顺利进行。

2）编制采购预算的作用

采购预算是用来规划协调企业采购活动的重要工具，而不只是财务部门或是审计部门的专有工具。编制采购预算的过程，就是采购人员深入了解企业特性、产品销量及市场状况的过程。采购预算能对整个企业的需求进行管理，而不只是局限于采购部门内部的需求。

预算作为协调和整合的工具，能够有效推进企业战略的实现。具体而言，采购预算管理具有以下作用。

（1）采购预算是企业战略采购计划有序推进的保障，能降低企业的经营风险和财务风险。

（2）采购预算的编制，能确保企业各部门目标的一致，促进各部门的协调，推动企业整体目标的实现。

（3）采购预算是合理分配企业资源的重要手段，能够保证企业的有限资源被有效分配到各个部门。

（4）根据既定的采购预算，企业能够对采购成本进行监督和控制。

3）预算的种类

预算的类别不同，所起的作用也不同。根据不同的分类标准，可对预算进行不同的分类。

（1）根据时间的长短，预算可以分为长期预算和短期预算

长期预算是指时间跨度在一年以上的预算，主要涉及固定资产的投资问题，是一种规划性的资本支出预算。长期预算对企业战略计划的执行有着重要意义，其编制质量的好坏将直接影响企业的长期目标的实现，影响企业今后较长时间的发展。**短期预算**则是企业一年内对经营、财务等方面所进行的总体规划的说明。短期预算是一种执行预算，对业务计划的实现影响较大。

（2）根据所涉及的范围，预算可以分为全面预算和分类预算

全面预算又称为总预算，是短期预算的一种，涉及企业的产品和服务的现金支出等各方面的问题。全面预算由分类预算综合而成，分类预算种类多样，有基于具体活动的过程预算，也有各分部门的预算。

（3）全面预算根据其内容不同又分为财务预算、决策预算和业务预算

财务预算是指企业在计划内有关现金收支、经营成果以及财务状况的预算，主要包括现金预算、预计损益表、预计资产负债表等；**决策预算**是指企业为特定投资决策项目或一次性业务所编制的专门预算，其目的是帮助管理者做出决策；**业务预算**是指计划期间日常发生的各种经营性活动的预算，包括销售预算、成本预算、管理预算、费用预算等。采购预算就是业务预算的一种，它们的编制直接影响企业的直接材料预算、制造费用预算等。

3.2.2 编制采购预算的影响因素

零售企业作为供应链下游，在编制采购预算时必须充分考虑公司竞争战略所匹配的供应链各环节的能力。

1）需求预测的设定

在编制采购预算的时候，因为拟定采购的商品价格及数量不容易预算，故多以标准成本和历史销售数量替代。标准成本的设定缺乏历史数据作为依据，也无相关专业人员严密精确地测算零售价格、销售费用等相关指标。并且，不同阶段采购价格会出现波动，标准成本的设定以及采购数量的预测都有困难。因此，需求预测与实际采购价格与数量之间的差额，就会影响采购预算的准确性。

2）库存计划的设定

采购预算在编制过程中要充分考虑库存计划，以满足零售企业周转库存和安全库存的需要。如果库存计划产生误差，导致采购预算中的预计数量不够或多于销售所

需，就会出现采购商品预算资金过剩或短缺情况。

3）供应链执行能力

供应链是速度与成本的平衡，在编制采购预算时，必须充分考虑企业的供应链执行能力。供给与需求均存在诸多不确定性，需要对采购价格涨幅、市场供需变化、交通能源变化、汇率变化等加以预测，而且在编制预算过程中除了采用信息预测模型外，还要加入大量的个人判断，这就可能造成采购预算的偏差。此外，季节性的供应状况、最低订购数量要求、企业财务状况的好坏也会影响采购数量（安全库存）的多少以及采购预算（付款时间）的准确性。

由于影响采购预算的因素很多，故采购预算拟定之后，必须与产销部门保持联系，针对实际状况做出必要的调整和修订，才能达成维持正常的进销存活动目标，并协助财务部门妥善规划资金的使用。

3.2.3 编制采购预算的流程与方法

1）编制采购预算的流程

编制采购预算的主要依据是采购成本和企业对采购价格的预期。而在实际编制采购预算的过程中，由于企业预算管理方式不同，其采用的编制方法也有所不同。一般而言，企业的一般预算编制流程如图3-3所示。

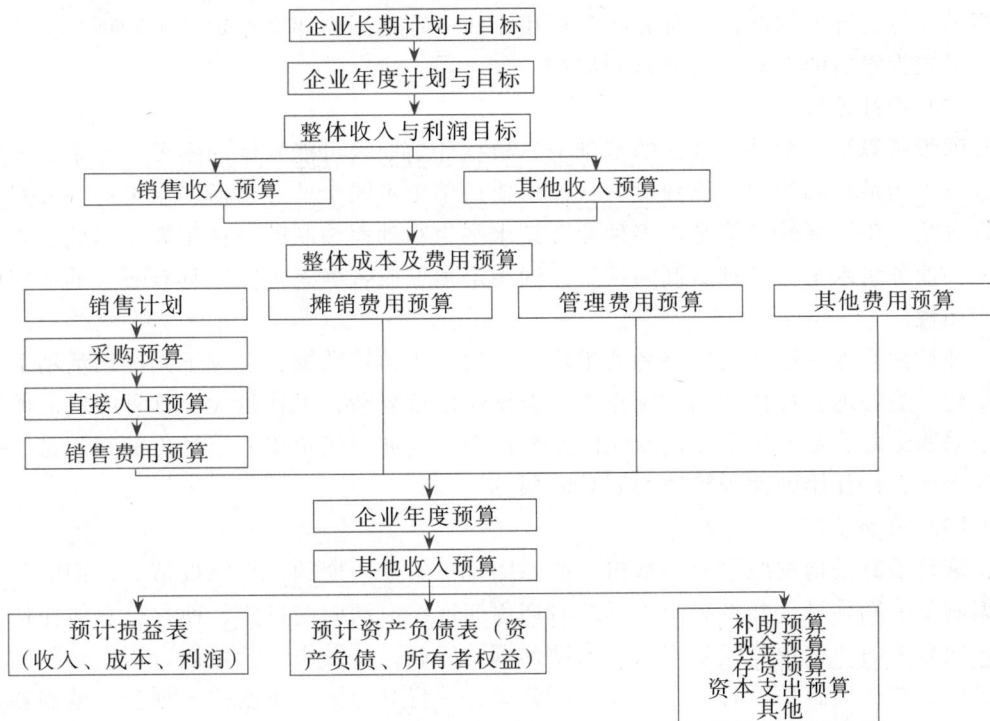

图3-3 预算编制流程

具体到采购预算，其编制流程一般如图3-4所示。

```
┌──────────┐      ┌──────────┐      ┌──────────┐
│ 明确战略目标 │ ───> │ 制订工作计划 │ ───> │ 确定所需物料 │
└──────────┘      └──────────┘      └──────────┘
                                          │
                                          ∨
┌──────────┐      ┌──────────┐      ┌──────────────┐
│  提交预算  │ <─── │   汇总   │ <─── │ 提出较准确预算值 │
└──────────┘      └──────────┘      └──────────────┘
     │
     ∨
┌──────────┐      ┌──────────┐
│  修改预算  │ ───> │  确定预算  │
└──────────┘      └──────────┘
```

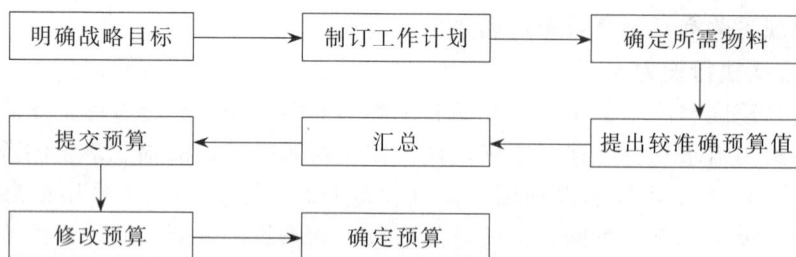

图3-4 采购预算编制流程

2）编制采购预算的方法

采购预算的编制方法有很多，如固定预算、弹性预算、滚动预算、零基预算、概率预算和定期预算等。下面分别对这几种方法进行简单的介绍。

（1）固定预算

固定预算是以预算期内正常的、可能实现的某一业务量水平为固定基础，不考虑可能发生的变动因素来编制预算的方法。固定预算是最传统也是最基本的预算编制方法。其优点是简便易行，较为直观；缺点也很明显，由于采用静态的编制方法，不管预算期内业务量水平如何变化，都只能按照事先确定的一个指标作为编制预算的基础，显得机械呆板，可比性较差，编制出的预算不利于正确地控制、考核和评价企业预算的执行情况。因此，这种方法只适用于在一定范围内相对稳定的采购项目，以及业务量较为稳定的企业或者非营利组织。

（2）弹性预算

弹性预算是在变动成本法的基础上，根据计划期内可能发生的多种业务量，分别确定与之相适应的费用预算数额，从而形成适用于不同生产经营活动水平的一种费用预算方法。由于弹性预算是以多种业务量水平为基础而编制的一种预算，因此，它比以一种业务量水平为基础编制的预算（即固定预算或者静态预算）具有更大的适应性和实用性。

弹性预算方法能够提供一系列生产经营约束的预算数据，适应不同经营活动情况的变化，更好地发挥预算的控制作用，但操作比较复杂，工作量大。这种方法一般适用于采购量随着业务量变化而变化的采购活动，例如市场价格和市场份额都不是很确定的企业，往往用弹性预算法编制采购预算。

（3）滚动预算

滚动预算是指按照"近细远粗"的原则，根据上一期的预算完成情况，调整和具体编制下一期预算，并将编制预算的时期逐期连续滚动向前推移，使预算总体保持一定时间幅度的一种预算编制方法。滚动预算的编制，可采用"长计划、短安排"的方法进行，即在编制预算时，可先按年度分季，并将其中第一季度按月划分，编制各月的详细预算。其他三个季度的预算可以粗一些，只列各季总数，到第一季度结束前，再将第二季度的预算按月细分，第三、四季度以及下半年度第一季度只列各季总数，以此类推，使预算不断地滚动下去，随着时间的推移自动延伸。

滚动预算方法能够保持预算的完整性，从动态预算中把握企业的未来。它有利于企业根据前期预算的执行情况及时调整和修订近期预算，能够充分发挥预算的指挥和控制作用，保证企业的采购工作稳定而有序地进行，但是其操作比较复杂，工作量大。因此，滚动预算方法适用于一些规模大、时间较长的工程类或大型设备采购项目。

（4）零基预算

零基预算全称为"以零为基础编制计划和预算的方法"，最初由德州仪器公司开发，是指在编制预算时对所有的预算支出均以零为基础，不考虑以往情况，完全根据未来一定期间生产经营活动的需要和每项业务的轻重缓急，从根本上来研究、分析每项预算是否有支出的必要和支出金额大小的一种预算编制方法。这种预算不以历史数据为基础进行修正，完全不考虑以前的实际水平，只考虑该项目本身在计划期内的重要程度，其具体数字的确定始终以零为起点，在年初重新审查每项活动对实现组织目标的意义和效果，并在成本收益分析的基础上，重新排定各项管理活动的优先次序，并据此决定资金和其他资源的分配。

与传统预算方法相比，零基预算不受现行预算框架的限制；以零为基础来观察和分析一切费用和开支项目，确定预算金额，能充分调动企业各级管理人员的积极性和创造性，可以促进各级管理人员精打细算、量力而行，把有限的资金切实用到最需要的地方，以保证整个企业良性循环，提高整体效益；增强预算的透明度，提高预算管理水平。但是，零基预算编制方法——一切支出均以零为起点来分析、研究，工作量太大，需要投入大量的人力资源；分层、排序和分配资金时，可能会先入为主，容易引起部门之间的矛盾。零基预算适用于各种采购预算，在实际预算过程中，可以隔若干年进行一次零基预算，以后几年内适当调整，这样既可以减少预算编制的工作量，又可以适当控制费用的发生。

（5）概率预算

概率预算就是将预算期内不确定的各种预算构成变量，根据客观条件，估计其可能变动的范围以及出现在各个变动范围的概率，再通过加权平均计算有关变量在预算期内的期望值的一种预算编制方法，属于不确定预算。

概率预算的基本特征是：影响预算对象的各因素具有不确定性，因而存在着多种发展可能性，并且这些可能性能够计量；由于对影响预算对象的变量的所有可能性都做了客观的估计和测算，因而拓展了变量的范围，改善了预算指标的准确程度。

当销售量的变动与成本的变动没有直接联系时，只要利用各自的概率分别计算销售收入、变动成本、固定成本的期望值，即可直接计算利润的期望值；而当销售量的变动与成本变动有直接联系时，就需要使用计算联合概率的方法来计算利润的期望值。

（6）定期预算

定期预算是指在编制预算时以不变的会计期间作为预算期的一种预算编制方法。定期预算的主要优点是能够使预算期间与会计期间相配合，便于考虑和评价预算的执行结果。但是定期预算的周期往往较长，具有一定的盲目性和滞后性。因此，定期预算主要适用于服务性质的、经常性的采购项目的预算。

☑ **互动课堂3-3**

小E在采购经理M先生的带领下，对公司预算进行了初步了解。小E认识到现金流对企业非常重要，因此企业在选择预算方法时应该把关注点放在现金流上。并且，为了鼓励采购部门提出更具挑战性的预算报告，企业必须对采购部门的绩效评估方式进行改善。企业经营是一个连续不断的过程，为了能够使预算与实际过程紧密结合，可以采用滚动预算方法。请讨论一下，为了使预算更具灵活性和适应性，以应对不可控事件，我们应该建议小E在编制采购预算时注意哪些问题。

3）编制采购预算应注意的事项

采购预算管理影响着采购活动的推进情况，也与企业整体预算管理密切相关。在采购预算管理中，应注意以下问题。

（1）编制采购预算前必须进行深入的市场调研。只有基于广泛的市场信息，如物料价格、市场供求、经济形势等多种信息，编制的采购预算才切实可行。

（2）采购预算的编制必须遵循明确的编制、修改流程，企业必须设置完善的分析监管程序，提高采购预算管理的科学性。

（3）采购预算的编制不可能考虑到所有发生的情况，为了让预算管理有序推进，企业可以提出必要合理的假设。

（4）预算的编制要尽量做到具体化、量化。

（5）鼓励相关部门参与采购预算管理，确保采购预算管理符合企业的战略需要。

▌ **项目测试**

一、判断题

1.只有依据妥善的采购计划，企业才能有效确定采购数量、时间和方式，并使得采购策略落地，采购需求得到满足。　　　　　　　　　　　　　　　（　　）

2.有了采购计划，采购商品就不会过量，门店就不会出现库存积压和资金占用情况。　　　　　　　　　　　　　　　　　　　　　　　　　　　（　　）

3.战略采购是一种系统性的、以数据分析为基础的采购方法。　　（　　）

4.企业的商品目录包括全部商品目录和必备商品目录两种。　　（　　）

5.传统采购预算的编制是按照本期应采购数量乘以该物料的购入价格，或是按照物料需求计划的采购数量乘以标准成本来获得采购金额。　　　　（　　）

6.全面预算是长期预算的一种，涉及企业产品和服务的现金支出等各方面问题。　　　　　　　　　　　　　　　　　　　　　　　　　　　　（　　）

二、单项选择题

1.（　　）是指该商品具有吸引消费者的特点，是零售商区别竞争对手的卖点商品。

A.战略采购商品　　B.杠杆采购商品　　C.瓶颈采购商品　　D.一般采购商品

2.以下对新商品的引入决策要点描述错误的有（　　）。

A.对竞争对手调查　　　　　　　　B.对市场考察

C.注意产品生命周期　　　　　　　　D.注意门店采购条件

3.买方大量采购时，卖方给予的价格折让被称为（　　）。

A.数量折扣　　　　B.交易折扣　　　　C.季节折扣　　　　D.现金折扣

4.对于采购 A 类商品即周转率快的商品，建议采用（　　）。

A.定量订购法　　　B.定期订购法　　　C.固定数量法　　　D.批对批法

5.（　　）是以预算期内正常的、可能实现的某一业务量水平为固定基础，不考虑其他变动因素而编制的预算方法。

A.固定预算　　　　B.弹性预算　　　　C.滚动预算　　　　D.零基预算

6.企业经营是一个连续不断的过程，为了能够使预算与实际紧密结合，可以采用（　　）。

A.固定预算　　　　B.弹性预算　　　　C.滚动预算　　　　D.零基预算

三、多项选择题

1.采购计划缺失带来的直接后果包括（　　）。

A.采购管理失控　　B.供应商管理失控　　C.采购预算失控　　D.采购流程失控

2.影响采购计划的因素包括（　　）。

A.价格　　　　　　　　B.品质　　　　　　　　C.交期

D.服务　　　　　　　　E.配合度

3.采购计划的内容包括（　　）。

A.目前采购情况　　　　B.计划目标　　　　　　C.采购战略

D.采购决策方案　　　　E.监控计划

4.企业在确定商品采购范围时，需要考虑（　　）。

A.企业经营规模和特点　　　　　　　B.企业目标市场

C.产品生命周期及新产品开发　　　　D.竞争对手情况

E.商品本身的特点

5.是否引入一个新产品，需要考虑（　　）。

A.商品定位因素　　B.商品本身因素　　C.采购条件因素　　D.竞争对手状况

6.以下对采购预算的作用描述正确的有（　　）。

A.采购预算能降低企业经营风险和财务风险

B.采购预算能确保企业各部门协调，推动整体目标实现

C.采购能保证企业有限资源被有效分配到各部门

D.依据采购预算，公司能对采购成本进行监督和控制

7.以下对采购预算描述正确的选项有（　　）。

A.编制采购预算应该基于广泛的市场信息

B.采购预算编制应该遵循明确的编制流程且有监管方法

C.采购预算应该做到具体化、量化

D.采购预算应该是采购部门与财务部门协同编写，其他部门参与会导致采购预算失真

项目实训

【实训目的】

1.认识制订采购计划与编制采购预算对采购流程的重要意义。

2.了解制订采购计划和编制采购预算的流程与方法。

3.培养学生分析、组织、沟通、协作能力。

【实训组织】

1.知识准备：制订采购计划的方法、编制采购预算的方法。

2.学生分组：每小组3~5人，合理分工，以小组为单位进入校企合作单位获取采购计划与预算编制实例。

3.实训地点：各小组成员依据产教融合企业资源选取目标企业开展实地调研，同时通过资料文献查阅，分析采购计划与采购预算编制的过程。

如果数据资料难以得到，可根据教师给出的模拟数据与环境，完成整个实训过程。

【实训要求】

最好能获得企业采购部门的最新数据，经整合后编制符合要求及逻辑的采购计划与预算。具体要求如下：

1.由于企业采购计划比较复杂，可以分组模拟一个班级活动的采购计划与预算，让学生简单熟悉计划与预算编制流程。

2.联系产教融合企业获取所需最新企业采购部门数据。

3.以小组为单位根据数据编制合理的采购计划与预算，并与企业实际采购计划与预算做出比较，分析其中的差别。

4.针对采购计划与预算编制过程中存在的问题，提出具体或多种解决措施，比较各解决方案优缺点。

【实训报告】

通过实地调查获得相关资料后，以小组为单位完成企业采购计划与预算总结报告，题为"某企业采购计划与采购预算方法调查报告"，报告内容包括：

1.调查时间、地点、对象。

2.收集企业采购需求资料。

3.设计企业内部采购需求调查表。

4.运用选定的方法分析企业采购需求，编制采购计划和预算。

5.总结采购计划和预算编制流程。

【实训考核】

本实训根据个人和团队表现进行综合测评，内容包括：

1.相关资料是否通过实地考察获得，资料收集是否全面、真实。

2.采购计划与预算编制是否规范，方法是否得当。

3.小组内分工是否明确，组员是否有协作精神。

4.小组汇报总结报告时思路是否清晰、内容是否充实、重点是否突出（由教师对小组进行评分）。

　　5.实训报告格式是否规范（由教师对小组进行评分）。

　　6.根据个人和小组综合评分情况确定每个学生的实训成绩。

学习评价

　　根据本项目内容学习和实训完成情况，填写表3-7。

表3-7 学习评价表

专业能力	评价指标	自测结果	备注
能正确制订采购计划	理解采购计划制订的目的 了解影响采购计划的因素 掌握制订采购计划的方法 能对采购商品进行品类、数量、价格决策	□优秀□合格□不合格 □优秀□合格□不合格 □优秀□合格□不合格 □优秀□合格□不合格	
能正确编制采购预算	理解采购预算的定义 了解采购预算的影响因素 掌握编制采购预算的方法	□优秀□合格□不合格 □优秀□合格□不合格 □优秀□合格□不合格	
	项目测试完成质量	□优秀□合格□不合格	
	项目实训完成质量	□优秀□合格□不合格	
	综合成绩	□优秀□合格□不合格	

项目4
实施采购过程

学习目标

【知识目标】
✓熟悉供应商信息来源
✓掌握供应商调查方法与步骤
✓掌握供应商选择标准与流程
✓了解采购谈判的目标与准备工作
✓掌握采购谈判方案的主要内容
✓熟悉采购谈判的策略
✓掌握采购合同的基本内容和格式
✓掌握采购订单下达、跟踪、验收的内容与方法
✓掌握采购结算的方式
✓了解质量验收的方法和流程
✓了解造成交货延迟的各种原因

【能力目标】
✓能按照一定的标准调查和选择供应商
✓能制订采购谈判方案
✓能在采购谈判中灵活运用谈判策略
✓能草拟一份采购合同
✓能编制采购订单、出具验收报告
✓能编制采购结算单据并能在采购管理系统中完成下单、收货、付款操作
✓能处理采购质量问题，填写退货单
✓能分析采购延迟原因，提出解决方案

【素养目标】
✓不断增强法律意识
✓具有团队合作意识与协作能力，有较强的沟通能力、应变能力以及判断能力
✓具有极强的执行力
✓具有客观公正的处事原则与实事求是的工作态度

学习导图

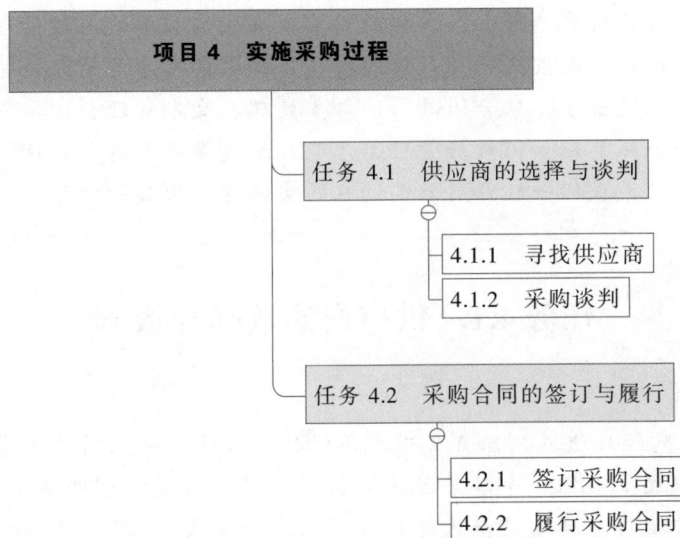

引例

A公司总裁S先生在商界打拼几十年，他深知对供应商进行有效的选择是非常必要的。对于供应商管理之道，他摸索出了一套原则，就是"重选择、重管理、轻淘汰"。S先生要让他的团队深刻认识到供应商是企业除员工外最大的资源，通过高效地选择外部供应商并有效管理，能提升企业的竞争优势。这不仅是采购人员应该重视的问题，更是企业高层需要考虑的问题。

至于供应商谈判，S先生最有发言权，他从丰富的谈判经验中总结出了一套谈判策略，那就是谈判没有策略。很多采购员会很看重谈判技巧，但S先生认为真正的谈判高手除了靠个人魅力外，更多的是有共赢的意愿和解决问题的心。谈判不是光靠一张嘴就可以，是职业背后的专业，如何提案、如何准备、如何与团队进行合作、如何实现双赢而不是单方面的获益……这些都是为了谈判有序推进而需提前考虑的问题，只有妥善完成谈判工作，采购合同以及后续的实施才能得以有效开展。

说到采购的执行过程，无论是对采购的交期、运输、品质管理还是最后的货款结算，每一个环节都不容忽视。这个过程中，品质无疑是企业立足的根本。对品质的管理必须从源头抓起，从采购的各环节着手，让品质成为企业竞争的核心。采购品质管理与人员管理分不开。能力不足的采购人员会让企业的采购战略无法落地，缺乏职业操守的采购人员则让企业面临更大的道德风险。这边又引出另一个话题，就是监管采购腐败问题。采购腐败究竟如何根治？A公司总裁S先生的管理之道是采购腐败的根源不在组织，即分权制，而在管理，即供应商选择和绩效管理上。寻源的核心是供应商评估，即对供应商的技术、生产、质量和物料管理系统进行系统评估。缺乏供应商准入的客观性、透明度，只能在唯一客观、透明的价格上死磕。采购腐败，表面上是在价格上做手脚，实质上是质量上降低标准。

请思考：

1. 供应商的选择标准是什么？怎样的供应商准入流程才能有效管理好战略寻源？

2. 采购谈判说是没有技巧就是最好的技巧，那么怎样才能有效地推进采购谈判？

3. 在采购实施过程中，从合同签署、订单处理、交期管理、运输管理、验收管理到货款结算，每个环节应如何做好管理，才能让速度和成本有效平衡？

带着这些问题，我们一起开启采购过程的实施这一项目的学习吧。

任务4.1　供应商的选择与谈判

【任务导入】

小E跟着采购经理进入到给A公司旗下便利店采购咖啡豆用于现磨咖啡业务的实操中了。采购中最重要的一个环节就是寻找供应商。采购经理告诉小E，公司总裁S先生对供应商管理的态度是"重选择、重管理，轻淘汰"。因此一套行之有效的供应商选择标准非常重要。供应商选择也称战略寻源，是关系到企业战略能否达成的关键。供应商选择首先是开发渠道拓展，如果企业开发渠道狭窄，可供选择的供应商数量自然有限，想找最具竞争力的供应商就十分困难。A公司旗下便利店开展现磨咖啡业务，就是看到目前中国市场上咖啡文化的兴起和城市白领对咖啡的需求。A公司希望通过打造现磨咖啡业务，成为便利店中的目标品类，引导写字楼消费群体更多地在便利店消费。为了达成采购战略定位，我们就跟着采购经理和小E，一起开始为便利店现磨咖啡业务采购咖啡豆的供应商选择旅程吧。

微课

供应商的
选择与谈判

任务分析：

供应商的选择是供应商管理的基础，是实施采购过程的重要起步阶段，只有通过完善的调查与选择，企业才能对供应商的产品、生产和服务能力有全面的认知，并对供应商的资质进行有效的评估，才能进入到实质性的谈判甚至是日后的合同签署阶段。

4.1.1　寻找供应商

1）调查供应商

（1）供应商信息来源

选择供应商的首要问题是开发渠道的拓展。如果企业开发渠道狭窄，可供选择的供应商数量自然少，企业想要找到最具竞争力的供应商就十分困难。供应商信息来源主要包括以下几种：

① 互联网。在寻找供应商方面，互联网是最经济、最快捷，也是目前运用最广泛的途径。无论是搜索引擎、各类专业企业与企业（B2B）交易网站、网络展销会还是新媒体，都可以被企业用于供应商开发。事实上，互联网正在改变传统的供应商开发模式，甚至合作模式。但是互联网的虚假性以及互联网公司的逐利性也让互联网渠

道存在虚假信息等风险。因此，采购人员需要通过其他方式对其进行补充和认证。

②国内外展览展销。参加展览会是国际采购职业人员开发供应商的标准模式，一般而言，传统企业的采购人员，每年可能有数月的时间都在参加各类相关展会。

③国内外采购指南。这种带有专业特性的采购传统媒体至今仍很流行，尤其是专业领域，如钟表行业、纺织行业等，都有其领域内的采购指南刊物。

④国内外产品发布会。市场能力强、影响力大的企业，经常将这类发布会作为市场推广方式，如评估公司发布新产品就召开发布会；也有很多公司在展销会上做新产品发布等。

⑤国内外新闻媒体。报纸、杂志、广播电台、电视等传统媒体，在供应商开发市场上仍占有较大份额。尤其是在专业领域或是垂直细分领域，传统媒体提供的供应商信息非常丰富。

⑥政府组织的其他各类商品订货会。由当地政府组织的订货会或者带有政府特色的产品订货会，一般具有国家特性或是区域特性，企业可根据自身情况参加，以找寻合适的供应商。

⑦国内外行业协会。行业协会掌握了大量同类企业会员名录，协会对会员企业的经营状况、产品、口碑的了解比较全面，因此，企业可以借此找到更加优质的供应商。

⑧政府相关统计报告或刊物。在政府相关统计报告和刊物中，可以挖掘出优秀企业或代表企业，这些供应商企业通常具有较好资质和较强的可合作性。

⑨厂商自我推荐。每天有大量上门推荐的销售人员，这也是采购人员开发供应商的渠道之一。

⑩其他供应商开发的渠道。除以上渠道外，可以通过专业第三方平台作为采购团队或数据信息共享方，有大量供应商资源可供企业选择。或是在法律许可范围内，了解竞争对手的供应商资源。此外，企业可以通过招标公告的方式发布采购需求，通过法定的招标程序进行评选，选择合适的供应商。

（2）供应商调查的方法

由于供应商的调查具有广泛性和复杂性，需要多种调查方法来适应，企业可根据市场状况和企业需要选用。常用的调查方法有以下三类：

①问卷调查法。**问卷调查法**指调查者将所要调查的问题编制成问题或表格，以邮寄方式、当面作答或者追踪访问方式进行填答，从而了解被调查者情况的一种调查方法。它是与现代社会相适应的一种社会调查方法，为现代社会提供了一种高效率、定量化地了解社会情况的途径和方法，也是企业开展供应商调查的常用方法。

问卷调查法是标准化的书面调查，其优点是：操作方便，节省时间，能同时对众多调查对象进行调查，便于对调查结果进行定量研究。问卷调查法的缺点主要有：调查内容的局限性较大，对调查对象的要求较高，回复率和有效率较低以及真实性、准确性有待提高。因此，问卷调查法应与其他调查方法结合使用，才能较好地完成供应商调查任务。

问卷调查法是通过各种问卷调查表来实施的，因此，设计好问卷调查表是开展供应商调查的关键，企业应根据调查目的和基本要求，简明扼要、方便明确地设计好调查表。表4-1是企业在对供应商基本情况进行调查时常用的调查表之一。

表4-1　　　　　　　　　　　　　　供应商情况调查表

公司基本情况	名称					
	地址					
	统一社会信用代码			注册资本		
	联系人			部门、职务		
	电话			传真		
	E-mail			信用等级		
产品情况	产品名称	规格	价格	质量	可供量	市场占有率
运输方式		运输费用		包装		
备注						

② 实地观察法。**实地观察法**指调查者有目的、有计划地运用自己的感觉器官或借助科学的观察仪器，直接了解当前正发生的、处于自然状态下的社会现象的方法。实地观察法的主要优点有以下两点：一是由于实地观察是调查者直接观察被调查者的设施和活动，具有较强的直观性和可靠性。二是简便易行，适应性强，灵活性大。实地观察法的主要缺点是具有一定的表面性和偶然性，受时间、空间等客观条件的限制较大以及调查费用高、时间长等。企业为了更深入地了解供应商的经营状况，常用此法对供应商的地理位置、交通运输条件、设备设施和生产工艺等进行调查。

③ 文献调查法。**文献调查法**指调查者通过相关文献的搜集和处理对被调查者进行调查的方法。它主要是通过图书资料、报刊、广播电视和网络等途径搜集被调查者的相关文献，然后从文献中分析出有用的信息，为调查者作决策提供依据。文献调查法的优点是信息量大、内容广泛、获取方便、速度快和费用低等。其主要缺点是真实性和可靠性较差、工作量大和所获资料不够完整等。因此，连锁企业在供应商调查的前期采用此法效果较好。

由上述可见，三种方法各有优点，也各存在着一些不足，企业在调查供应商的过程中应根据市场状况、调查目的和企业实际进行有机组合，以充分发挥各种调查方法的优势，实现调查目的。

（3）供应商调查的步骤

一般说来，企业供应商调查可分为6个阶段，每一个阶段工作完成得好坏，直接关系着下一个阶段的工作质量和最终结果。供应商调查基本步骤如图4-1所示。

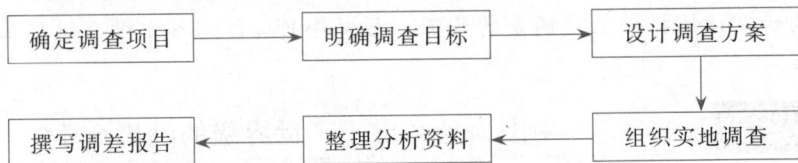

```
确定调查项目  →  明确调查目标  →  设计调查方案

撰写调差报告  ←  整理分析资料  ←  组织实地调查
```

图4-1　供应商调查基本步骤

① 确定调查项目。企业的经营过程所涉及的供应商众多，特别是大型零售企业，由于其经营的商品种类数以万计，面对的供应商更为广泛。因此，企业采购部门不可能对所有供应商都进行调查，而应先根据市场状况和企业实际确定调查项目，然后集中精力有针对性地开展供应商调查。

② 明确调查目标。调查目标的确定取决于调查需要，不同的采购有不同的需要，调查目标也有所区别。若是开发新供应商则应把调查目标定位于对企业的认识上，以企业的品牌信誉、供货能力、价格水平和销售渠道等为主要内容；若是对已合作供应商进行评估，其调查目标是企业的发展趋势，主要内容应为创新能力、竞争能力和销售增长率等内容。

③ 设计调查方案。调查方案是企业开展供应商调查的基本依据，设计好调查方案是企业进行供应商调查的重要环节。一个完善的调查方案应包括调查的目的和要求、调查人员和调查时间的安排、调查对象的范围、调查内容的确定、调查表的设计和调查方法的选择等内容。

④ 组织实地调查。实地调查是一项较为复杂繁琐的工作。企业要按照事先划定的调查区域确定每个区域调查样本的数量，访问人员的人数，每位访问人员的路线，明确调查人员及访问人员的工作任务和职责，做到任务落实到位，目标、责任明确。调查时，应认真地询问供应商，对其提出的有关采购问题，应尽量避免透露太多的信息，以使供应商在平等的条件下竞争。

⑤ 整理分析资料。企业获得相关的调查资料后，就可以进入资料的整理和分析阶段。该阶段主要工作一是收集好已填写的调查表，由调查人员对调查表进行逐份检查，将合格调查表统一编号，以便于调查数据的统计；二是利用统计结果，按照调查目的的要求，对调查内容进行全面分析。

⑥ 撰写调查报告。撰写调查报告是供应商调查的最后一项工作内容，调查的成果将体现在最后的调查报告中。调查报告将提交采购部门的决策者，作为采购部门制定采购策略的重要依据。调查报告要按规范的格式撰写，一个完整的调查报告格式由题目、目录、概要、正文、结论和建议、附件等组成。

☑ 互动课堂4-1

　　小E经过对咖啡豆的资源市场进行调研，大体了解目前咖啡豆原材料产地有国外和国内两种渠道，考虑到咖啡豆成本，国内多数咖啡豆种采用本土云南产地，也有部分来自海南、广东。国内大型的咖啡烘焙工厂目前也大多使用云南产的咖啡豆进行加工烘焙。为了在华东区便利店首开现磨咖啡业务，小E决定深入咖啡烘焙工厂集中的上海进行调研。请根据供应商调查的步骤，帮助小E拟订一份咖啡豆烘焙工厂的供应商调查报告。

【延伸阅读4-1】　　　　中国为什么出不了世界级的零售企业？

　　生存和发展是每个企业都在追求的，近几年，全渠道营销、直播带货、近场零售、到家业务、折扣店、会员店等新商业模式的兴起，无不说明商业企业无时无刻在寻求创新和突破。但为什么中国的零售企业多是区域性而很少全国性的？更少有走出中国成为全球性的零售企业？中国零售市场多年来一直被外资占领和主导，家乐福、沃尔玛、欧尚、麦德龙、乐天……中国零售企业多数只是偏于一隅，很难走出本地，即使有在全国布局，却广而不密，称不上真正意义上的全国性零售企业。

　　商业的本质是交易，人人都倾向"更划算"的交易，不管是买方还是卖方，这个"划算"包括品质、价格、便捷、服务等因素。国内零售企业和国外零售企业在追求"更划算"方面的思考逻辑有着巨大的差异，国内零售企业普遍是"向下走"，而国外零售企业通常是"向上走"。"向下走"，即在消费终端的消费者身上下功夫，看看国内零售企业多年来热衷的事情吧，发海报、打折、促销、试吃、周年庆活动、送鸡蛋、开免费班车……行业内津津乐道的话是"有节过节，无节造节"，先用这些花里胡哨的招数吸引消费者到店，再想办法让消费者多买点，买贵点，总之，要赚顾客的钱。"向上走"，即在上游的供应商和供应链上下功夫，想办法从原材料开始，把商品成本降下来，把品质搞上去，不断优化供应链，提高商品的性价比和商品力，让商品说话。总之，是为消费者省钱。

　　企业应该回归商业本质，踏踏实实地做好产品，强化管理，真正站在消费者的角度思考，为消费者省钱，少些花拳绣腿，多些基本功。近两年，国内很多零售企业因为Sam's CLUB、Costco的火爆而去开会员店，但多数铩羽而归。想想看，不收钱的情况下，消费者都不去你的门店购物，你还想通过收取会员费让消费者到你的门店来，岂有不败之理？会员店的本质在于零售商"往上走"，为消费者提供高性价比的商品和服务，即使每年花几百块钱的会员费，那也是"划算"的。

　　（此文节选自"联商网"公众号2023年9月21日联商网编辑部原创同名文章，欲了解全文，可通过该公众号查看。）

> **行业案例 4-1**

珊珊便利深耕湖南本地特色文化商品　赋能乡村振兴发展

湖南珊珊便利成立于 1997 年 12 月 24 日,是湖南最早的 24 小时连锁便利店之一,深耕湖南便利店市场 25 年,了解、熟知湖南本地市场、消费者;基于湖南本地市场商品及文化发展,深耕湖南本土化商品研发,并赋能乡村农副企业、产地商品走向更多消费者家庭。

端午源头汨罗粽子:端午源头、粽子故里"汨罗粽子"作为非物质文化传承也是湖南极具地理标志性的产品。在端午销售节气上,大胆放弃以往常规销售的江浙粽子知名品牌,重点扶持湖南本土汨罗粽子,并采用"端午源头汨罗粽子"作为核心宣传文化,以《离骚》为主体文化氛围,突出汨罗粽子本地文化传承及屈原爱国主义情怀,通过抖音视频曝光宣传、朋友圈广告、门店社群广告等线上媒体资源联动线下消费场景,让更多消费者了解、熟知汨罗粽子、屈原文化。另外,除了传统礼盒粽的销售外,商品研发团队多次与汨罗源头工厂进行研发突破,解决冷冻工艺问题,将传统"汨罗牛角粽"引入蒸包机销售,并获得消费者一致好评。

鲜玉米替换冷冻玉米上市销售:玉米为便利店鲜食品类销售核心,多采用东北冷冻玉米,以软糯口感居多,为解决湘西部分水果玉米销售难题,增加湖南本地农民收入,率先尝试将冷冻玉米更换为保质期仅有 3 天的水果鲜玉米。通过原产地新鲜直采,工厂清洗处理后,全程冷链配送至全部门店销售。玉米新鲜健康,且比冷冻玉米更为清甜,符合消费者对新鲜玉米的销售需求,最终实现玉米品类 210% 的销售增长。

截至目前,珊珊便利店已利用自有成熟商品开发能力进行经验复制,同时进行多维度(线上、线下)布点,联动湖南本土近百家乡村企业(工厂)实现更多本地农副产品预包装流通化,赋能乡村振兴;也基于"健康、味道、品质"原则,深度挖掘湖南本地农副特色产品价值,提升湖南特色农产品的购物体验,赢取更多消费者的复购。

(此案例节选自中国连锁经营协会发布的《2023CCFA 连锁便利店创新案例集》,可扫描二维码查看案例微课视频。)

微课

赋能乡村
振兴发展

2)选择供应商

（1）供应商应具备的条件

只有选择"好"的供应商,企业的采购战略和竞争战略才能得以顺利推进,采购的绩效制度才能发挥作用,推动供应商不断改进,以适应企业不断提升的采购需求。那么什么是"好"的供应商?最根本的是能提供好产品和服务,主要表现在:产品质量好;产品价格合适;产品技术含量高、市场前景好;产品货源稳定、供货有保障。而这样的好产品与服务,只有好的供应商才能提供。每个企业采购战略与竞争战略不同,对"好"供应商的标准也不同,但大体上可以从以下角度加以衡量。

① 完善的企业管理制度。企业管理离不开一套行之有效的管理制度,管理是企业赖以生存的根本。**企业管理制度**是对企业活动的制度安排,包括企业的经营目的和

理念，公司目标和战略，公司管理组织以及各业务职能领域活动的规定。对供应商管理制度的衡量中，我们主要关注完善性和有效性。其具体包括：第一，制度的科学性和合理性。企业管理制度的制定，应该根据企业自身情况进行，目的在于让组织运行更加高效、稳定。第二，制度有效性和执行力。企业管理制度的制定具有强烈的目的性，是实现企业目的的有力措施。因此企业管理制度应切实执行落地，成为员工行为规范且维护员工利益。第三，遵守制度的氛围和机制。为了提升制度的有效性和执行力，好的供应商应形成遵守制度的氛围和机制，保障企业制度得以严格执行。供应商企业内部应该形成员工自觉学习制度的氛围，且制度执行后必须定期跟踪和检查，使得供应商根据执行效果对制度进行完善。

② 优秀的领导与高素质管理人员。领导决定企业文化，决定企业行事风格，在企业管理中，根据企业管理制度，领导与管理人员会被赋予不同权力，并以此组织、指挥、协调和监督下属人员，具体而言，包括团队决策、选人用人、激励培训等多种职能。因此，好的供应商应当具有优秀的领导与高素质的管理人员。领导者或管理者应具备充分的管理技能和领导能力。在日常工作中，领导者还能帮助群体确认目标，给予员工合适的知识，让员工在目标实现过程中发挥作用。基于充分的领导力，供应商能建立高度的组织文化，并以文化控制组织内行为、价值观，使企业朝着积极的、特定的方向发展。

③ 稳定的基层员工。近年来员工稳定遭遇巨大挑战，一方面员工结构性问题在企业用人方面表现非常明显，另一方面社会经济迅猛发展的过程中员工缺失。企业的一切战略目标都需要通过基层员工的执行来完成。如果基层队伍不稳定，将会影响正常生产和供应。在考察供应商资格时，稳定的基层员工同样是衡量供应商的重要标准之一。

④ 良好的现场管理能力与计划能力。现场是产品生产的原始地，负责最大限度地发挥资源作用确保每一道工序在高效率运转中实现最佳的生产质量。计划是为满足顾客需求，采用适宜、经济的方式生产产品并提供给顾客而实施的各项计划、管理工作。现场管理方法一般包括PDCA过程管理以及5S现场管理等方法。供应商在灵活采用各种管理方法的同时，应具备现场管理基本技能。

⑤ 生产技术先进与设备优良。技术与设备是供应商企业竞争力的来源，是保证供应稳定、价格优势和质量合格的基础。在选择供应商的过程中，企业应选择合适的评估人员，通过现场评估与整顿复查的方法对供应商的技术与设备进行客观了解。只有当供应商具备先进的生产技术和优良的设备，才能满足企业不断上升的采购需求，以更低的成本为顾客提供更好的产品和服务。

以上五个维度，涉及企业的制度层面、管理层面、人力层面、管理软件和硬件层面，只有具备以上条件，经过评估与选择，才能最后确定供应商。

（2）供应商选择的原则

对供应商进行综合评价、择优选择，是开发新供应商的基本要点，一般而言，寻找供应商应遵循以下十条原则。

① 全面、客观、具体原则。企业应建立一个全面的供应商综合评价指标体系，

对供应商做出全面、客观、具体的评价，综合考虑供应商的财务、质量、生产、管理体系等可能影响供应链合作关系的各个方面。

② 综合性、系统性原则。企业对供应商的评估与选择，应该使用综合性、系统性的评价选择体系。

③ 简明、科学性原则。企业对供应商的评价、选择流程应该透明化、制度化、科学化。

④ 稳定、可比性原则。企业对供应商的评价选择体系应相对稳定，统一标准，减少主观人为因素。

⑤ 灵活性、可操作原则。企业对不同行业、企业、产品需求和不同环境下供应商的评价是不一样的，应保持一定的灵活性和可操作性。

⑥ 门当户对原则。供应商的规模与层次应该与采购企业相当。

⑦ 半数比例原则。企业的采购数量不应该超过供应商产能的50%，反对全额供货的供应商。

⑧ 供应源数量控制原则。企业同类商品（物料）的供应商数量应控制在2~3家，且有主、次供应商之分。

⑨ 供应链战略原则。企业应与重要的供应商发展供应链战略合作关系。

⑩ 学习更新原则。企业对供应商的评价指标、标杆对比的对象以及评估工具与技术都需要不断地更新。

（3）供应商选择的方法

① **判断选择法**。这是指根据企业征询和调查所得的资料并结合分析判断，对供应商进行评价的一种方法。它主要是以倾听和采纳有经验的采购人员的意见，或者直接由采购人员凭经验评估打分为依据来选择供应商。这种方法比较直观，简单易行，但主观性较强，选择结果的科学性不高，连锁企业常用于非主要商品供应商的选择。

② 招标选择法。当企业商品采购数量大、供应商竞争激烈时，可采用招标的方式来选择合适的供应商。主要做法是先由企业提出招标条件，各供应商进行竞标，然后由企业分析研究，选择出综合条件最好的供应商并签订采购协议。招标选择法能使企业在较大范围内获得既满足条件又便宜适用的商品或原材料，但此法的运作时间较长，不适用于对时间要求较紧商品的采购。这种方法常用于主要常规商品供应商的选择。

③ 协商选择法。这也是后续将详细叙述的商品采购谈判，这一方法是指连锁企业先通过调查研究从众多供应者中选择供应条件较为优越的若干供应者，然后分别与它们进行协商，以确定合适供应商的方法。与招标选择法相比，协商选择法由于供需双方能够充分协商，在商品的质量、交货时间和售后服务上更有保证，但可能会造成企业的供货渠道和进货价格不够合理。这种方法主要在采购时间紧迫、投标单位少、竞争不激烈、商品规格和技术复杂的情况下采用。

（4）供应商选择的程序

供应商的选择是一项复杂的、涉及面较广的工作，应按一定的程序进行。其过程如图4-2所示。

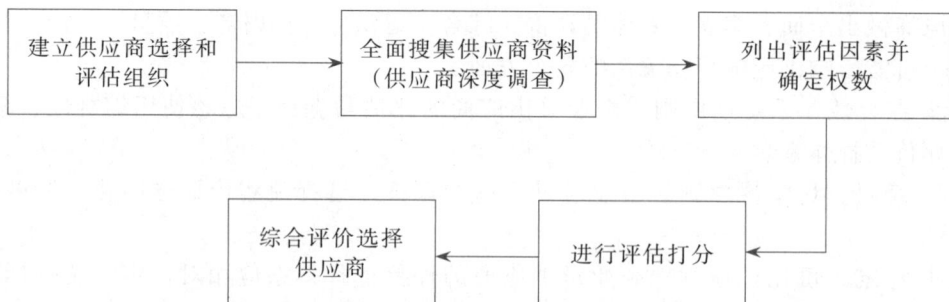

图4-2　供应商选择的程序

①建立供应商选择和评估组织。供应商的选择涉及技术、财务、运输、仓储、生产和计划等方面，所以选择供应商，除采购部门之外，还应由上述部门共同组成评估组织，以全面准确地评价供应商。

②全面搜集供应商资料。企业对供应商资料的搜集，不仅包括已有的供应商资料，还应从展销会、媒体、政府有关统计调查报告、网络、招标等渠道搜集新的供应商资料，以便在较大范围内确定合适的供应商。

供应商深度调查，是指经过初步调查后，对准备发展为自己的供应商进行的更加深入仔细的考察活动。这种考察，是深入到供应商企业的生产线、各个生产工艺、质量检验环节甚至管理部门，对现有的设备工艺、生产技术、管理技术等进行考察，看看所采购的产品能不能满足本企业所应具备的经营条件、质量保证体系和管理规范要求；是否适应企业销售商品结构的需求；商品质量是否稳定，能否满足顾客的需求；供应商的售后服务是否良好、可靠，对投诉是否能做出迅速反应，索赔是否简便易行；供应商交货是否及时，供应量是否有弹性，交货时间是否及时，能否保证购货在所需时间内正常销售等。有的甚至要根据所采购的产品的生产要求，进行资源重组并进行样品试制，试制成功后，才算考察合格。只有通过这样深入的供应商调查，才能发现可靠的供应商，建立起比较稳定的采购供需关系。

③列出评估因素并确定权重。列出供应商的质量、价格、服务、交货期等评估因素，根据不同产品的特征及要求并赋予各因素不同的权重。例如采购电子产品或技术附加值高的产品，供应商提供的产品售后技术服务的权重就应高一些。

④进行评估打分。根据所搜集的调查资料和实地考察情况，逐项评估供应商的履职能力，并在供应商评估表上进行分项评估打分。

⑤综合评价选择供应商。通过加权计算，得出供应商的综合评分，并依据采购战略与竞争战略，综合评价选择供应商作为企业商品采购的合作伙伴。

互动课堂4-2

小E在为A公司旗下便利店现磨咖啡销售业务选择咖啡豆烘焙供应商时设定了诸多指标，其中包括咖啡豆烘焙质量、咖啡豆采购成本、供应商交货期、供应商咖啡豆烘焙技术与包装技术、供应商售后服务、供应商资产与财务状况等。请与你的团队成员讨论，那么多的指标，权重应该如何分配？这样小E才能加权平均，选择合适的供应商。

💡 **小贴士**

权重分配永远没有最佳值，不同的行业、企业、项目，甚至同一个企业不同的发展阶段，对供应商选择的侧重点都是不一样的。可以遵循"从数据开始，由判断结束"的方法，在数据的基础上，采购要能满足各相关部门要求，由相关部门做出职业判断，选择合适的供应商。对采购商来说，应做到有选择、有管理，找到有能力也有意愿和采购商合作的供应商就是好的供应商。

【延伸阅读4-2】　　　　　没有完美的供应商

我们经常遇到这样的问题：有能力的供应商有脾气，没脾气的供应商没能力。没有完美的供应商，我们只能靠后续管理来弥补。既然供应商选择是一个高级决策，人类做高级决策的方法不是打分加权。其一，权重的分配也许永远没有最佳值——不同行业、不同公司、不同项目、不同阶段，对供应商绩效评价的侧重点不同。其二，数据汇总后，很多信息就丧失了。

那么如何评估供应商呢？用医生看病的方法论：从数据开始，由判断结束。在数据的基础上，采购要能满足设计、质量等要求，通过职业判断，选择合适的供应商。

如图4-3所示，如果产品技术成熟，但成本压力大，可以选择低成本的供应商2，潜在风险是质量和技术。如果技术质量要求高，则选供应商1，后续价格谈判很困难。数据分析是弱势职能的保护措施，能让其有发言权。

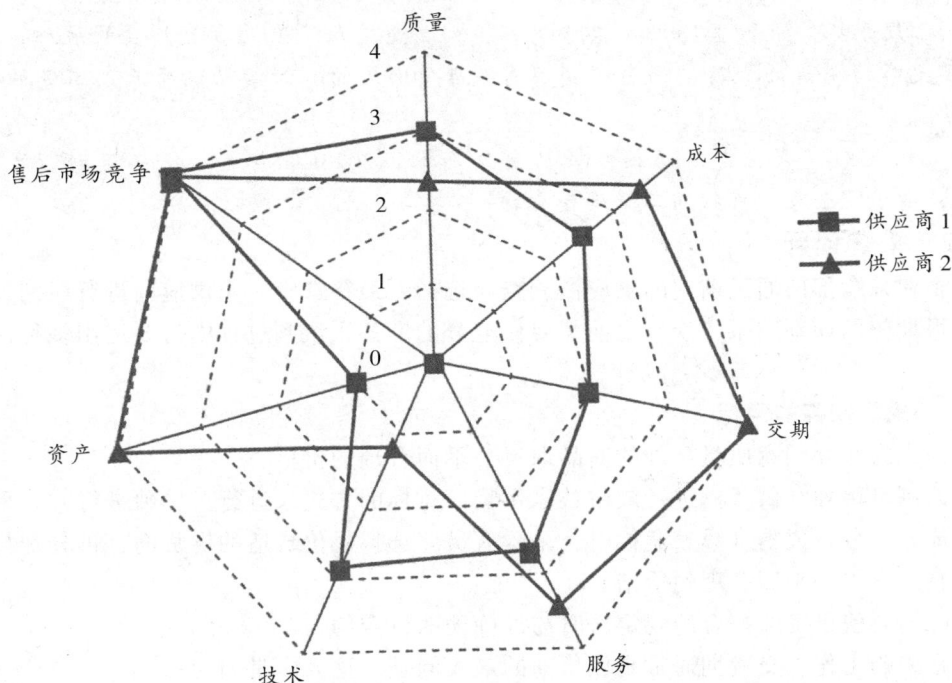

图4-3　现有供应商评估结果分析

（资料来源　刘宝红. 采购与供应链管理：一个实践者的角度［M］. 3版. 北京：机械工业出版社，2019.）

> **行业案例 4-2**

良友便利小吃商品开发创新

自上海市委、市政府启动上海早餐工程项目以来，良友便利积极响应并持续为工程建设添砖加瓦，一直以来不仅销售便利店常规商品，更是致力于创新开发新品。为积极满足消费者需求，采购部员工走访了很多品牌的便利连锁店，分析归纳出同赛道公司的商品及销售特点，再从本公司角度出发寻找创新点。而后积极寻找供应商，开发小吃及鲜食类商品，经过多次与供应商的沟通与工厂走访，选择了部分符合公司需求的商品，经过严格的品评及多轮开会讨论，开发了青稞制品等多种新品小吃，同时开展"寻味魔都"小吃节、邻里节等多项活动，将新品小吃铺设至下属门店。

在新品开发及铺设的过程中，良友便利面临着很多挑战，例如，部分供应商对供货量有着严格的标准，供应商的起订量大多较高，而2022年受疫情影响，门店消费者数量骤减，沟通协商商品起订量，成为开发新品的重中之重。青稞产品原料来自西北，上海的消费者并没有对此形成一定的饮食习惯，青稞产品的上市是否能得到消费者的认可在当时仍是未知的。另外，手抓饼及现调类商品的制作加工有着严格的操作环境要求，因此良友便利需对门店环境进行严格评估及改造。

创新小吃自上市以来，受到了消费者的一致好评，新上市的100个SKU门店贡献了超200万元的销售额，单品最高销量超20万个。门店推出的手抓饼送豆浆套餐超出常规手抓饼销售量300%，其中青稞系列更是进入了2022年进博会的展厅，进入了更多消费者的视野。面包类商品每晚4：00后的八折活动，降低了60%的报损量。

（此案例节选自中国连锁经营协会发布的《2023CCFA连锁便利店创新案例集》，欲了解全文，可扫描二维码查看。）

良友便利小吃商品开发创新

4.1.2　采购谈判

企业采购部门通过前期的供应商调查与选择，最终选定一家供应商进行谈判。为了获得期望的谈判结果，谈判之前需要做充分的准备，谈判过程中需要运用多种谈判策略。

1）采购谈判的目标

（1）为相互同意质量条件的商品取得公平而合理的价格

谈判可单独与供货商进行或由数家供货商竞标的方式来进行。单独进行时，采购人员最好先分析成本。数家竞标时，采购人员应选择报价合适的供货商，再分别与它们谈判，求得公平而合理的价格。

（2）要使供货商按合约规定准时与准确地执行合约

在采购工作上交货期通常是供货商的最大问题。这大多是因为：

① 采购人员订货时间太短，供货商生产无法配合。

② 采购人员在谈判时，未将交货期的因素好好考虑。

不切实际的交货期将危害供货商的商品质量，并增加成本，间接会使供货商的价格提高。故采购人员应随时了解供货商的生产状况，以调整订单的数量及交货期。

（3）以执行合约的方式取得某种程度的控制权，说服供货商与企业达成最有诚意的合作

表现不良的供货商往往会影响到企业的业绩及利润，并造成客户的不满。故采购人员在谈判时，应谈妥合约中有关质量、价格、数量、包装、交货、付款及售后服务等条款，及无法履行义务的责任与罚则。对于合作良好的供货商，则应给予较多的订单或用其他的方式来奖励。毕竟买卖双方要互利共赢，才可维持长久的关系。

（4）与表现好的供货商取得互利与持续的良好关系

采购人员应了解任何谈判都是与供货商维持关系的过程的一部分。采购人员在谈判过程中应在企业与供货商的短期与长期利益中，求取一个平衡点，以维持长久的关系。

因此在谈判过程中，我们应明确谈判的四大核心要素，如图4-4所示。

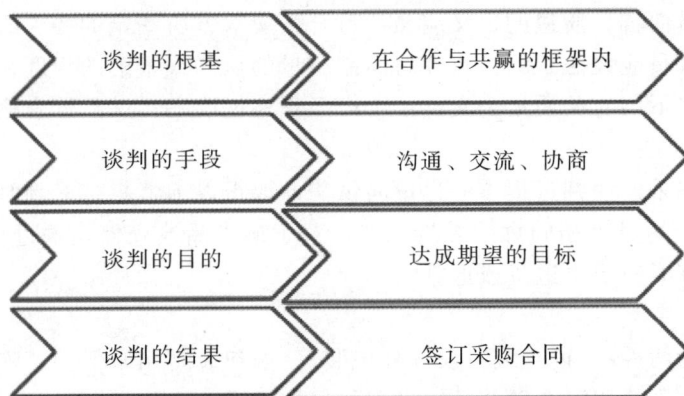

谈判的根基	在合作与共赢的框架内
谈判的手段	沟通、交流、协商
谈判的目的	达成期望的目标
谈判的结果	签订采购合同

图4-4　采购谈判的四大核心要素

2）采购谈判的准备工作

（1）资料信息准备

通过搜集、整理、分析和研究谈判有关信息，谈判人员就会有比较充分的心理准备，明确谈判的主客观环境，以及在谈判中可能会出现的问题。采购谈判所需搜集、获得的资料包括：采购需求分析、资源市场调查、对方情报的搜集。

这些信息搜集渠道有很多。这些信息源包括行业杂志、其他商业出版物、行业协会数据、政府工作报告、年度报告、财务评价、商业数据库、直接询问供应商以及通过互联网获得信息。在谈判前，采购方也可能通过供应商提供的报价单获得信息。

（2）确定谈判的目标

具体明确的谈判目标有助于谈判的成功，盲目、含糊不清的目标将导致谈判失败。采购谈判的理想目标是你所能争取到最好的结果，合理目标则是如你预期的结果。采购目标要根据采购性质而定，如单项采购，其数量、价格、质量、运输及付款方式等都要有明确要求。

（3）制定谈判策略

制定谈判策略，就是制订谈判的整体计划及谈判技巧，从而在宏观上把握谈判的进程，并在谈判中把握主动权。

（4）整理和计划在谈判中的一些问题

整理和计划在谈判中需要提出和解决的问题，按问题的逻辑顺序，制定谈判的日程；并在正式开始谈判前，征求对方的意见，取得其同意。

（5）谈判的人员安排

谈判人员应充分了解谈判的内容、目标和策略，密切配合，步调一致地进行谈判。谈判人员的多少，应视具体情况而定，过多控制权不易集中，过少又难于应对。谈判人员必须涉及与谈判有关各个领域里的种种问题，包括贸易、财务、法律等。

3）商品采购谈判的内容

（1）质量

对采购人员而言，**质量**的定义应是：符合买卖双方所约定的要求或规格就是好的质量。故采购人员应设法了解供货商对商品质量的认知或了解的程度，管理制度较完善的供货商应有下列有关质量的文件：①产品规格说明书；②品管合格范围；③检验方法。

采购人员在采购谈判过程中应尽量向供货商取得以上资料，谈判时应首先与供货商对商品的质量达成互相同意的质量标准。对于瑕疵品或仓储运输过程损坏的商品，采购人员在谈判时应要求退货或退款。

（2）包装

包装可分为两种："内包装"及"外包装"。**内包装**是用来保护、陈列或说明商品之用，而外包装则仅用于仓储及运输过程的保护。在企业的经营过程中，包装通常扮演非常重要的角色。外包装若不够坚固，仓储运输的损坏太大，降低作业效率，并影响利润。外包装若太坚固，则供货商成本增加，采购价格势必偏高，导致商品的价格缺乏竞争力。设计良好的内包装往往能提高客户的购买意愿，加速商品的回转，国内生产的产品在这方面比较差，采购人员应说服供货商在这方面做出改善，以利彼此的销售。

基于以上的理由，采购人员在谈判包装时，应协调对双方都最有利的包装，否则不应草率订货。对于某些商品若有销售潜力，但无合适的自选式量贩包装时，采购人员应积极说服供货商制作此类包装，供企业销售。

（3）价格

除了质量与包装之外，价格是所有谈判事项中最重要的项目。采购人员对任何其拟采购的商品，以进价加上企业合理的毛利后，若自己判断该价格无法吸引客户购买时，就不应向该供货商采购。在谈判之前，采购人员应事先调查市场价格，不可凭供货商片面之词，误入圈套。如果没有相同商品的市价可查，应参考类似商品的市价。在谈判价格时，最重要的就是能列举供应商产品经由采购人员所在企业销售的好处，这些好处可能包括：

① 大量采购。但不可一开始就告知供应商可能订购的数量，以免让对方知道企业的进货能力，也就是说尽量以笼统的方式向供应商说明企业的采购数量比一般企业大很多。

② 铺货迅速。可节省供货商新产品或促销品的铺货成本，并加快铺货及流通的速度。供货商还可派人到卖场示范解说，提高专业客户的进货意愿。

③ 节省运费。供货商不必挨家挨户送货，通常可节省占营业额3%～10%的仓储运输费用。

④ 稳定人事，降低销管费用。供货商不必再受业务人员流动率过高的困扰，因为一般企业实施信息化作业，主动向供货商订货及付款，供货商可减少占营业额10%～20%的销管费用。

⑤ 清除库存。供货商可通过企业的促销方式，将其滞销品或库存过高的商品迅速地出清库存。

⑥ 保障其市场。连锁企业采取限制供货商家数的政策，其他竞争厂牌就被排拒在外，销售的商品市场占有率会因而提高。

⑦ 沟通迅速，并节省广告费。通过企业促销快讯或商品目录与顾客作最直接而有效的沟通，节省供货商在其他广告媒体的投资。

（4）订购量

在初次谈判时，可尽量笼统，不必透露明确的订购数量，如果因此而导致谈判陷入僵局时，应转到其他项目谈。在没有把握决定订购数量时，采购人员不应采购供货商希望的数量，否则一旦存货滞销，必须降价出清库存，不但影响利润的达成，还会造成资金积压及空间浪费。

（5）折扣（让利）

折扣通常有新产品引进折扣、数量折扣、付款折扣、促销折扣、无退货折扣、季节性折扣、经销折扣等数种。有些供货商可能会将全无折扣作为谈判的起点，有经验的采购人员会引述各种形态的折扣，要求供货商让步。采购人员应向供货商说明，若供货商的折扣无法达到让企业的商品售价能吸引顾客上门，就算向供货商订货，这一关系也不可能持久。

（6）付款条件

付款条件与采购价格息息相关，在国内一般供货商的付款条件是30～90天，采购人员应计算对本公司最有利的付款条件，对惯于外销的供货商，一般的付款期限比较短，有的甚至要求现金，但这全凭采购人员的经验与说服力。

（7）交货期

一般而言，交货期愈短愈好，因为交货期短，则订货频率增加，订购的数量就相对减少，存货的压力也大为降低，仓储空间的需求也相对减少。至于有长期承诺的订购数量，采购人员应要求供货商分批送货，以减少库存的压力。

（8）交货时应配合事项

采购人员在谈判时，必须很明确地将连锁企业收货作业方式向供货商清楚说明，并要求供货商承诺，否则日后一旦供货商无法实现时，合作关系将大打折扣。

（9）售后服务保证

对于需要售后服务的商品，例如家电产品、数码产品等，采购人员最好在谈判时要求供货商在商品包装内提供该项商品售后服务维修的名单，以使顾客日后发现他所购买的商品需要维修时，能有售后保障，免得采购商疲于应付维修问题。

（10）促销活动

企业的促销活动往往能快速聚集顾客人气、激发购买欲望，但这全赖采购人员选择的商品是否正确，以及售价是否能吸引客户上门。在促销商品的价格谈判中，采购人员必须了解一般供货商的营销费用预算通常占营业额的10%~25%，供货商不难由此预算拿出一部分作为促销之用。

（11）广告赞助

广告赞助可直接增加企业的利润，采购人员应积极与供货商谈判争取更多的广告赞助。此处所指的广告赞助包括下列几项：①企业促销单或商品目录的广告赞助；②卖场及停车场看板的广告赞助；③门店购物车（篮）广告板的广告赞助；④门店标示牌的广告赞助；⑤卖场端架的广告赞助等。

（12）进货奖励

进货奖励与数量折扣是有区别的。**进货奖励**是一段时间达成一定的进货金额，供货商给予的奖励，这是家电及某些行业惯用的行销方式；而数量折扣是指单次订货的数量超过某一范围时所给的折扣。这要求供货商可给予进货金额1%~10%的进货奖励（以月、季或年度计算）。此种奖励对企业利润的提升大有裨益，采购人员为增加利润，应积极与供货商谈判要求更高的进货奖励。但切忌为了争取奖励，而增加不切实际的采购数量，结果导致库存压力大增，甚至季节过后必须打折出售，这种情况采购人员不如不要进货奖励。

4）采购谈判的策略

（1）采购谈判关键诉求

在采购谈判之前需要明确采购的方向与策略，这就需要理解采购谈判的两个关键诉求：双方关系与获得利益。前者是指采购方与供应商的合作关系；后者是指双方能从谈判中获得的利益。根据两者在采购谈判中的重要程度，企业可以依据如表4-2所示的分析对比。

表4-2　　　　　　　　　获得利益与双方关系对比策略与谈判方案

双方关系	获得利益	策略	谈判方案
重要	重要	双赢策略	利益与关系筹码充分交换
重要	不重要	让步策略	在自己允许范围内做出最大让步
不重要	重要	竞争策略	一切以自身利益为准，积极争取
不重要	不重要	回避策略	不要浪费时间，不参与
一般	一般	合作策略	相互妥协，相互合作

（2）谈判是为了共赢与解决问题，价格不是谈判的唯一

①谈判要以共赢为基础。在采购谈判中，也许我们通过各种技巧或是天然优势，能让对方毫无招架之力，但强势逼迫的结果通常是谈判失败，因为对方有其自身利益考量。如果谈判人员过于利己，忽视合作的理念，双方就不会形成一致的价值主张，谈判也必然破裂。

谈判必然是以共赢为基础，不仅利益共赢，更是思维共赢、战略共赢与发展共赢。在采购管理中，企业的采购不仅仅是采购本身，更是供应链战略与研发设计的深度合作，只有这样才能实现可持续的协同发展。谈判必须建立全局观，是双方为了解决问题达成合作并实现共赢，而不是一味地压价。借助供应商的支持，企业能更好地实现总成本共赢，从而形成更为便捷、协同的价值链。

②谈判的深层目标是形成价值链，实现更多价值诉求。谈判的深层目标是与合作伙伴形成价值体系认同，合作供应商不单是原材料、产品或服务的提供者，更应成为企业发展的重要推动力。一旦形成深度合作，谈判活动就不再局限于眼下的采购任务，而是实现更多的价值诉求，扩大合作范围与边界，为企业发展打开新的思路。

③真正的谈判高手不依赖技巧。真正的谈判高手并不依赖谈判技巧，而是靠个人魅力、寻求双赢的心态和解决问题的能力。他们相信除了你赢我输、我赢你输之外，一定有第三条路，即双赢。他们是一流的领导者，是妥协的高手，也是寻找第三条路的高手。所以谈判不光是技巧，更多的是领导的境界和解决问题的能力。

（3）基于谈判诉求点的谈判策略

采购谈判策略的制定基于谈判的两个诉求点：关系与利益，由此分为 5 类：双赢性谈判、让步性谈判、回避性谈判、竞争性谈判以及合作性谈判。

① 双赢性谈判。双赢性谈判策略的核心是对利益和关系的双重追求。谈判的目标是彼此的利益和关系都能得到进一步强化，具有明显共赢特点。"探寻共同利益，建立长久合作"是双赢性谈判策略的核心，即寻求长久合作之道，而不是单纯的利益合作。因此在谈判过程中，双方会主动交换信息，表达自身期望，认可对方需求，用耐心与妥协不断解决问题，达成共识。

② 让步性谈判。让步性谈判的核心在于更重视双方的关系，可以适当放弃利益。这种谈判可能会使谈判者在利益上遭受一定的损失，但会让彼此的关系更加紧密。让步性谈判主要适用于较为迫切的采购活动或行业垄断企业谈判的场景。只有做出让步，才能加强与对方的关系，为未来的合作打下基础。让步性谈判，让步只是手段，其目的是以退为进，通过让步建立关系，进而获得更多需要的资源或利益。当谈判对手处于较为强势地位，而又不得不与对方合作时，让步性谈判就不失为一种有效谈判策略。

③ 回避性谈判。回避性谈判与双赢性谈判截然相反，回避性谈判不在乎利益与关系，所以无须为此花费时间与精力。这样的谈判，最终结果往往是一锤子买卖或是不欢而散。

④ 竞争性谈判。顾名思义就是谈判者为了获得最大利益，在关键点上绝不妥协，

不在乎为此损害双方关系。竞争性谈判是一种进攻性谈判策略，通常具有以下特点：A.步步为营，尽量多占便宜，从自身需求出发，尽可能为自己获得更大利益；B.表现夸张，通常谈判者会为了争夺主动权而表现得咄咄逼人；C.为了维护自身利益而立场坚定；D.决策过程充满敌意，对对方诉求表示不满，甚至直接否定；E.以达成目标为胜利，为了达到目标，谈判者会不择手段，为自己争取利益。

⑤ 合作性谈判。合作性谈判的特点在于既关注利益，也关注关系，但都不过分追求。在谈判中，双方有各自的目的，存在交集，在争取自身利益的同时也认可对方诉求。通常合作性谈判适用于中短期合作的谈判场景。这样的谈判往往有以下特点：A.建立互信，寻找解决问题的空间；B.耐心、积极地解决问题；C.认真倾听需求，寻找双方关注的焦点；D.努力合作，消除怀疑与争端。采用合作性谈判策略时，谈判双方处于较为平等的地位，因而为促成协议积极回应，谈判结果比较合理。

【延伸阅读4-3】 　　　　　　　　谈判小人生，人生大谈判

　　谈判小人生，人生大谈判。要想谈判成功，秘诀无非两个字："双赢"。谈判中有几个原则是要切记的：

　　1."适可而止"。在谈判中，有可能自己处于有利地位，这会儿要网开一面，穷寇勿追。

　　2."出来混，总是要还的"。商场是个长期的买卖，三十年河东三十年河西。今朝你有牌打，不要打尽了，留着交个朋友。你便宜占得太大，人家早晚要收回去，那会儿，日子就不好过了。

　　3."独乐乐不如众乐乐"。如果觉得谈判结果非常理想，经济上占了便宜，就多提供些免费的咨询什么的，多帮帮对方，让对方也感受到物有所值。对方吃亏了有些疼，但你不断给他些帮助，他很快就高兴了。

　　4."坚守底线"。要明确底线，不能接受就讲清楚，并告诉对方原因。最忌讳的就是步步退让，让对方感觉你的余地很大，他占了便宜还不高兴呢。

　　5."对事不对人"。多探讨合作给对方带来的益处，这样，如果对手是打工的，他总要考虑自己老板的利益吧。如果对方就是老板，自己的利益总要考虑吧？

　　谈判技巧放在人生态度中也一样。记得有个戏台的楹联，放在这里作为谈判的总结倒是合适："台上莫漫夸，纵做到厚爵高官，得意无非俄顷事。眼前何足算，且看他抛盔卸甲，下场还是普通人。"牢记此言，商场上就任你纵横了。

　　【节选自曾锡文.谈判小人生，人生大谈判〔J〕.公关世界，2011（8）：90-91，欲了解全文，可扫描二维码查看。】

延伸阅读

谈判小人生

任务4.2　采购合同的签订与履行

【任务导入】

采购合同是企业与供应商签订的关于供需关系的法律性文件，是双方合作的法律

基础。妥善的采购合同管理，是防范采购合同风险、维护企业利益的重要保障，采购人员必须依据相关法律法规及企业合同管理的规定，对采购合同进行有效的管理。小E在跟随采购经理进行采购作业的深入学习过程中，慢慢开始接触采购合同的签订与管理。之前小E会将采购合同视为简单的文本审批、签字盖章和归档，认为"事不关己"，未能对此保持足够的重视。但采购经理告诫小E，如果陷入采购合同管理的误区，很多企业都难以实现有效的合同法律风险防控，更难达到管理目标。因此采购经理要求小E必须先对采购合同有全面的了解，明确采购合同相关基础知识，以免在后续管理中出现纰漏。

微课

采购合同的
签署与履行

任务分析：

采购合同的基本内容就是供应商将物料所有权或经营权转移给采购方。采购合同的履行，是确保企业采购活动有效的关键环节。为了确保采购合同如约履行，企业在采购合同的签订环节，就要注意合同的合法合规，确保采购合同具有相应效力，并在合同履行期间做好跟踪和监督。

4.2.1　签订采购合同

1) 采购合同的内容

采购合同的内容，也称采购合同的条款，是指合同双方当事人的具体权利和具体义务。一份采购合同主要由首部、正文与尾部三部分组成。

（1）首部

首部主要包括以下内容：

① 名称：如×××超市采购合同。

② 编号：如 2024 年第 1 号。

③ 签订日期。

④ 签订地点。

⑤ 买卖双方的名称。

（2）正文

通常采购合同正文的内容包括以下几个方面：

①商品名称。**商品名称**是指所要采购物品的名称。

②品质规格。**品质**是指商品所具有的内在质量与外观形态的结合，包括各种性能指标和外观造型，具体有规格、型号、等级、花色等。

③数量。**数量**是指用一定的度量制度来确定买卖商品的重量、个数、长度、面积、容积等。该条款的主要内容有交货数量、单位、计量方式等。

④单价与总价。**单价与总价**分别是指交易物品的每一单位的价格和总的金额。

⑤包装及运输方法。包装是否规范与商品的品质有密切关系，并影响到采购商品的验收作业，因此在采购时应将包装及运输方式列为协议内容之一，并应对使用包装材料的材质（如纸箱纸质等）、衬垫（如发泡胶等）、标志等加以规定。运输工具（如汽车、火车、轮船或飞机等）及运输路线的选择均会影响运费、交货时间及安全程度等，因此对运输方法应先加以明确。

⑥付款方式。付款方式在采购协议当中是一个重要的内容。当连锁企业资金较为充裕时，可现金购买，从而可在价格、交货期或其他条件上获得补偿；对资金周转较为困难的企业，可选择分期付款。付款方式还可用来管理供应商，对优秀供应商，转账支票的到期日短，反之则长。有些较难采购的商品，初次合作也可选择预付定金的方式。

⑦交货时间。在合同中**交货时间**是指履行合同的时间期限。合同履行期限分为合同的有效期限和合同的履行期限。合同的有效期限是指合同有效时间的起、止界限，如长期合同、年度合同、季度合同等。合同的履行期限是指实现权利义务的具体时间界限。采购合同的有效期限可能是1年，而履行期限可能是按月、按季分期履行。合同中对履行期限，必须规定得具体、明确。同时，在合同规定的交货期到达时，供货方发送货物后应通知收货人。

⑧交货地点。**交货地点**指交付或提取的地方。合同中必须对交货地点做出明确规定。在采购合同中，由供方送货或者采用代办托运的，交货地点为产品发送地；需方自提的，交货地点为产品的提货地。需方若要求变更交货地点或收货人，应于合同约定交货之日前40天通知供方。

⑨交货方式。采购合同的交货方式通常有送货方式、自提方式、代运方式。送货方式一般由供方选择，一切风险由供方自己承担；自提方式由需方按照合同规定的时间、地点自行提货；代运方式是指需方委托供方代办托运，代办托运应明确规定运输方式、运输工具、运输路线、到达站（港）的准确名称、运杂费的承担者等。

⑩交货单位名称或交货人姓名，收货单位名称或收货人姓名。

⑪商品的验收。需方对商品质量和数量的查验方法与标准、验收的地点在合同中应明确规定。

⑫违约责任。对品质标准低、品质欠佳、交货期延误、交货数量不足、服务水准低等如何处理应预先予以规定。

⑬不可抗力的处理。**不可抗力**是指在合同执行过程中发生的不能预见的、人力难以控制的意外事故，如战争、洪水、台风等。当遇上不可抗力因素等造成违约时应如何处理应在协议中予以规定。

⑭合同的附则及其他条款。合同履行过程中出现争议时是否提交仲裁，合同签订的理由出现变更时合同部分条款变更或解除的方法。

（3）尾部

合同的尾部包括合同的份数、使用语言及效力、附件、合同的生效日期、双方的签字盖章。

2）采购合同的签订

采购方和供应方双方当事人在平等自愿的基础上，就合同的主要条款经过协商取得一致意见，最终建立起商品采购合同关系的法律行为即为采购合同的签订。在实际签订过程中，合同双方当事人必须针对合同的主要内容反复磋商，直至取得一致意见，合同才告成立。

（1）合同签订前的准备工作

合同双方当事人应调查对方的资信能力，了解对方是否有签订合同的资格，或者代理人是否有代理资格。具有法人资格的企业、农村集体经济组织、国家机关、事业单位、社会团体可以作为合同的当事人。而不具备法人资格的社会组织、车间、班组、总厂的分厂、总公司的分公司、学校内部的系均不能以当事人身份签订采购合同。个体经营户、农村专业户、承包经营户等独立承担经济责任的经济实体也可成为经济合同的主体。

（2）采购合同的签订程序

签订采购合同是当事人双方的法律行为。合同的成立，必须由当事人相互做出意思表示并达成合意。实践中，普遍运用的采购合同签订程序要经过要约和承诺两个阶段。

①要约阶段。**要约**即订立合同的当事人一方向另一方发出的缔结合同的提议和要求。发出该提议的人为**要约人**，另一方为**受约人或相对人**。要约的对象一般有三种：指定的对象；选定的对象；任意的对象。要约应具有以下特征：

第一，要约必须是向特定人发出的。要约的作用是取得相对人的承诺，并与之订立合同，所以，要约必须是向相对人发出的意思表示。根据规定，订立合同的要约须向特定人明确提出。

第二，要约需是特定人的行为。根据规定，提出订立合同建议的，须是客观上已确定的法人或其他经济组织、个体工商户、农村承包经营户。上述特定人一般都由订立后的合同表示出来，如物流采购合同，提出要约的特定人即合同中的一方当事人。

第三，要约必须含有可以订立合同的主要条款。要约中必须含有如标的物的名称、规格、数量、价格等，这些内容需具体、明确、肯定和真实，若内容不明确具体，相对人就难以表示肯定或否定，合同也就不能成立。

第四，要求受约人做出答复的期限。要约的方式有口头方式与书面方式。一项要约有法律约束力且会产生法律后果。要约有效期间内，要约人不得随意撤销或变更要约。如要撤销或变更要约，其通知（新要约）应在受约人做出承诺之前送达。受要约人在接到要约后即有做出承诺的权利，但一般情况并不负有答复的义务，超过要约期限不予答复只是丧失承诺的资格，并不负什么责任。要约在出现下列情况时终止：要约人不再受约束；要约被有效地撤回；要约超过有效期限；其他情况，如要约人丧失民事行为能力、要约人死亡或法人解散等。

②承诺阶段。**承诺**指受要约人向要约人做出的对要约完全无异议接受的意思表示。做这种意思表示的人称为**承诺人**。要约人的要约一经受要约人即承诺人的承诺，合同即告成立。承诺应具有以下特征：

第一，承诺必须是就要约做出的同意的答复。从合同制度的传统原则来说，无条件、无任何异议地接受要约才能构成有效的承诺，而与要约人构成合同关系。如果受要约人表示愿意与要约人订立合同，只是在承诺中对要约某些非要害条款做了增加、删改，即并非实质性改变要约，仍应视为承诺；如果受要约人对要约扩张、限制或者做出根本性改变，则不是承诺，应视为拒绝原要约而提出新要约。

第二，承诺须是受要约人向要约人做出的答复。如前所述，在采购合同中受要约人须是特定人，因此，非受要约人做出的或受要约人向非要约人做出的意思表示都不是承诺。

第三，承诺必须在要约的有效期限内做出。如前所述，要约对要约人是有约束力的，但这种约束力不是毫无限制的。通常把对要约人有约束力的期限，称为要约的有效期。因此，受要约人只有在要约的有效期限内做出同意要约的意思表示，才是承诺。一般情况，要约没有规定期限的，属于对话要约，受要约人须立即承诺；属于非对话要约的，受要约人应在一般认为应做出答复的期限内承诺。承诺一经成立就发生法律效力，即要约人接到有效的承诺合同就成立。

承诺和要约一样，也是一种法律行为。因此，承诺人在进行承诺时，必须严肃认真，要充分了解要约的内容，谨慎考虑之后，再向要约人做出承诺。

在法律上承诺是允许撤回的，但是，承诺的撤回必须在要约人收到承诺之前。撤回的通知，必须在承诺到达之前送达，最晚应与承诺同时到达。如果承诺人撤回承诺的通知迟于承诺到达，则通知无效，承诺仍发生效力。

签订合同的谈判过程其实质就是当事人双方进行要约和承诺的过程。在实践中，往往不可能一次协商就达成协议，可能要经过反复协商，即要约→新要约→再新要约→承诺。

（3）合同的草签与正式签订

合同主要条款协商确定后，当事人双方可以先草签合同。待其他次要条款约定后，再正式签订合同。

签订合同时应当确认对方当事人有权签订合同。法定代表人是法人组织的最高首长，其有权以法人的名义对外签订采购合同而不需要特别的授权委托，但法定代表人在签订合同时也必须具备合法的手续即法定代表人的身份证明。合法代理人也可签订采购合同，但代理人必须持有法人的授权委托书，方能以法人的名义签订合同。代理人签订采购合同必须在授权范围内进行，如超越代理权签合同，被代理人（委托人）不承担由此产生的权利与义务关系。授权委托书必须包括：代理人姓名、年龄、单位、职务，委托代理事项，代理权限，有效期限，委托者的名称、统一社会信用代码、开户银行、账号、委托日期，最后是委托者及其法定代表人的签章。采购合同签订流程如图4-5所示。

（4）合同的公证与鉴证

①合同的公证。为了确保合同的真实性与合法性，采购合同一般应予公证。所谓**合同的公证**，就是国家公证机关（公证处），代表国家行使公证职能，根据当事人的申请和法律的规定，依照法律程序，证明采购合同真实性和合法性的活动。

合同的公证实行自愿原则，但规定合同必须公证，公证后合同才有法律效力。公证时，当事人双方应到公证处提出公证申请，公证员受理审查认为符合公证条件且合同真实、合法，制作公证书，发给当事人。如要变更、解除已经过公证的合同，则变更或解除仍应至公证处办理证明。公证处还可办理强制执行合同的公证，债权人可凭此直接向法院申请强制执行。

```
┌─────────────────────┐
│  供应商通过谈判，符合  │
│    企业采购要求       │
└─────────────────────┘
           │
           ▼
┌─────────────────────┐
│  供应商提供样品、     │
│   资料通过审核        │
└─────────────────────┘
           │
           ▼
┌─────────────────────┐
│  采购主管填写采购合同  │
│     申请单           │
└─────────────────────┘
           │
           ▼
┌─────────────────────┐
│  供应商签署空白采购合同，│
│   并与价格表一并盖章   │
└─────────────────────┘
           │
           ▼
┌─────────────────────┐
│  采购员审核签字并将采购 │
│   合同上交采购经理     │
└─────────────────────┘
           │
           ▼
┌─────────────────────┐
│  采购经理审核并整理，呈 │
│   交采购总监审核       │
└─────────────────────┘
           │
           ▼
┌─────────────────────┐
│  采购总监审核、签字     │
└─────────────────────┘
           │
           ▼
┌─────────────────────┐
│     合同生效          │
└─────────────────────┘
```

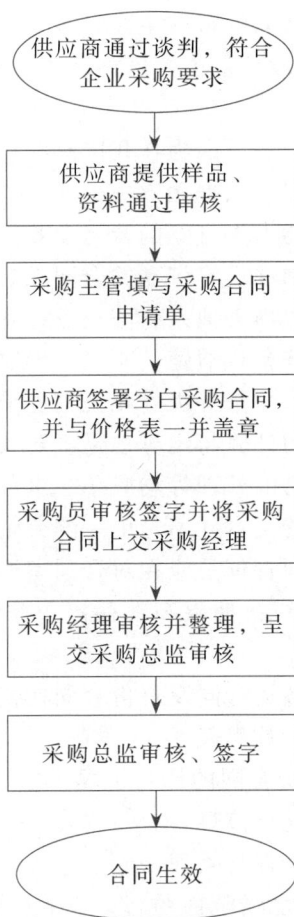

图4-5 采购合同签订流程图

②合同的鉴证。**合同的鉴证**是合同监督管理机关根据双方当事人的申请，依法证明合同的真实性和合法性的一项制度。除法律法规特别规定外，采购合同的鉴证一般采取自愿原则。

合同鉴证的意义在于：通过合同鉴证，可以及时发现和纠正在合同订立过程中出现的不合理、不合法现象，提请当事人对合同中缺少的必备条款予以补充，对有失公平的内容予以修改，对利用合同进行违法活动予以制止和制裁，对约定义务超过承担能力的予以消减，从而减少和避免许多不必要的纠纷，为合同的履行奠定基础。

合同的鉴证一般由合同签订地或履行地的市场监督管理部门办理。合同鉴证收费标准为合同价款的0.2‰。

3）采购合同的管理

（1）采购合同管理的内容

①合同的核对。合同签订以后，连锁企业合同管理员应认真审核合同，一方面是检查合同文本是否存在法律上的错误、疏漏等，如有应及时告知企业负责人，以免造成损失；另一方面是检查合同文本的文字、措辞是否有错误或笔误等。由于这种粗心

导致的损失只能由企业自负。合同的审核主要是法律上的审核，重要事项有：

第一，合同双方当事人是否具备主体资格，委托代理人代理权的真实性与代理范围。

第二，合同所涉交易是否合法。因为在我国有些物资并非自由流通物资，所以采购中应了解相关法律，避免错误。根据无效民事法律行为的相关规定，合同无效的情形包括以下几种：无民事行为能力人订立的合同无效；以虚假意思表示订立的合同无效；违反法律、行政法规的强制性规定订立的合同无效；违背公序良俗订立的合同无效；行为人与相对人恶意串通、损害他人合法权益订立的合同无效。

第三，合同必备条款是否齐备且清楚、明确、无误。合同标的物的要求在合同中必须规定清楚，如名称、规格、质量等级、花色等。采购合同中所购物资的数量条款必须明确规定。合同中，价款的计算与结算也是重要条款。此外，合同履行地、履行期限、履行方式、违约金、纠纷的处理等均应一一审查。

②合同的整理。有些合同的文本并不是单一的一张纸，而是由合同双方当事人之间往来协商的函电等构成。合同管理员应在对合同审核的基础上，进一步对合同进行整理，按照合同的业务种类和履行期限归类存档、登记入册，列出"合同履行的备忘录"。

③合同的汇总。把企业的各类合同及每份合同在整理的基础上进行综合，编制企业的采购计划，确定日常活动的日程表。

④合同的执行台账。对每份合同的执行情况予以记录，以便满足企业决策之需。对每份合同的成本与收益也应进行核算。

（2）采购合同执行情况的检查与处理

①已执行合同的注销。对已经全面履行，没有任何纠纷的合同应在合同管理员的合同登记册上进行注销登记，同时从"备忘录"上划掉该合同。

②合同的变更和解除。**采购合同的变更**是指采购合同没有履行或没有完全履行时，由当事人依照法律规定的条件和程序，对原采购合同的条款进行修改、补充，使之更精确等，如标的物数量的变化、履行地或履行时间等的变化。采购合同变更后，原合同确定的当事人的权利和义务就发生了变化。

采购合同的解除是指在采购合同尚未开始履行或尚未全部履行的情况下，由当事人依据法律规定的条件和程序，终止原采购合同关系。采购合同解除后，原合同确定的当事人的权利义务关系就不再存在。

采购合同能否变更或解除，必须依照法律的规定。《民法典》第五百四十三条规定，当事人协商一致，可以变更合同。第五百六十二条规定，当事人协商一致，可以解除合同。当事人可以约定一方解除合同的事由。解除合同的事由发生时，解除权人可以解除合同。第五百六十三条规定，有下列情形之一的，当事人可以解除合同：①因不可抗力致使不能实现合同目的；②在履行期限届满前，当事人一方明确表示或者以自己的行为表明不履行主要债务；③当事人一方迟延履行主要债务，经催告后在合理期限内仍未履行；④当事人一方迟延履行债务或者有其他违约行为致使不能实现合同目的；⑤法律规定的其他情形。以持续履行的债务为内容的不定期合同，当事人可以随时解除合同，但是应当在合理期限之前通知对方。

（3）违反采购合同的责任

违反采购合同的责任即违约责任。**当事人的违约责任**是指采购合同当事人因自己的过错不履行或不完全履行采购合同而应当承受的经济制裁。此外，在采购合同不履行或者不完全履行的问题上，由于失职、渎职或其他违法行为造成重大事故或严重损失的直接责任者，依法应承担经济、行政责任甚至刑事责任。

①当事人承担违约责任的原则。

在采购合同有效的前提下，根据下列原则追究当事人的违约责任：

第一，过错责任原则。过错责任原则是指在发生违约事实的情况下，谁有过错造成违约即由谁承担违约责任；没有过错则不承担违约责任；如果双方都有过错，由双方分别承担各自应负的违约责任。过错包括故意和过失，故意是指当事人预见到自己的行为会引起采购合同不能履行的不良后果，却希望或有意放任这种结果的发生；过失是指当事人应当预见自己的行为可能引起不履行或不完全履行合同的不良后果，却因疏忽大意而没有预见或者虽已预见到但轻信可以避免，结果造成采购合同的不能履行。

第二，赔偿实际损失原则。赔偿实际损失原则是指违约方向对方支付违约金后，如仍不足补偿对方损失时，还要偿付赔偿金，以补偿不足部分。赔偿实际损失原则，可以使受害方经济损失得到补偿，这是严肃合同纪律、维护当事人合法权益的重要原则。关于确定损失的赔偿范围问题，除法律法规另有规定或当事人另有约定外，一般应当包括两部分：一部分是因为违反合同实际上已造成财物的减少、灭失、毁损或者支出的增加；另一部分是如果合同按期履行后可以得到的预期利益，但是这种实际损失，不得超过违约方在订立合同时应当预见到的因其违约可能造成的损失。当因不可抗力导致违约发生时，违约方已通知受害方，或受害方已得知违约方不能履行合同时，受害方应当及时采取适当措施防止损失的扩大，受害方完全可以自己避免的损失，不能要求违约方给予赔偿。

②承担违约责任的方式和条件。

承担违约责任的方式是指违约的当事人，依照《民法典》及相关法律法规的规定或合同约定，应当承受的经济制裁方式。承担违约责任的方式主要有：A.违约金。**违约金**是指由法律或合同规定的，当事人一方因过错不能履行或不能完全履行合同时，应向对方支付的一定数额的货币。违约金是我国合同违约责任中最为常见的一种方式。偿付违约金应以违约事实存在，而且违约是由当事人的过错造成的为条件。违约是否造成损失不是违约金偿付的条件。B.赔偿金。**赔偿金**是指采购合同当事人一方，因自己的过错违反合同给对方造成损失，在没有规定违约金或违约金不足以弥补损失时所支付的补偿费。赔偿金是对实际损失的补偿，具有补偿性。赔偿金的偿付除了要有违约事实和当事人过错两个条件外，还要具备两个条件：一是违约确已造成实际损失；二是损失超过了违约金数额或者合同中没有规定违约金。赔偿金的数额要按直接损失量扣除违约金来计算，这样赔偿金与违约金结合运用，贯彻了赔偿实际损失的原则。

（4）合同纠纷的处理

合同纠纷是合同双方对合同履行的情况和不履行的后果产生的争议。合同履行情况的纠纷是对合同是否已经履行或是否已按约定的要求履行双方有不同意见。不履行合同发生的纠纷是对没有履行采购合同或没有完全履行采购合同的责任有争议，即对应当由哪一方承担和承担多少有分歧。

采购合同发生纠纷时，当事人可以通过协商或调解解决。当事人不愿通过协商、调解解决或者协商、调解不成的，可以依据合同中的仲裁条款或事后达成的仲裁协议，向仲裁机构申请仲裁。当事人没有在采购合同中订立仲裁条款，事后又没有达成书面仲裁协议的，可以向人民法院起诉。涉外经济合同纠纷的仲裁机构是中国国际贸易促进委员会内设立的中国国际经济贸易仲裁委员会与中国海事仲裁委员会。我国受理经济合同纠纷的审判机构是各级人民法院的经济审判庭、各级铁路运输法院的经济审判庭等。

《民法典》第一百九十八条规定："法律对仲裁时效有规定的，依照其规定；没有规定的，适用诉讼时效的规定。"自当事人知道或应当知道其权利被侵害之日起计算。仲裁做出裁决，由仲裁机构制作仲裁裁决书，对仲裁机构的裁决，当事人应当履行。当事人一方在规定的期限内不履行仲裁机构的裁决，另一方可以申请人民法院强制执行。

在解决经济合同纠纷的过程中，当事人可以聘请律师作为代理人参与协商或诉讼。

☑ 互动课堂 4-3

某企业先前供应商管理非常不成体系，新到的采购经理上任后，首先驱动采购团队制定品类策略：针对每个品类进行供应商梳理。对于战略供应商，签署长期协议，约定双方期望。整个签约流程分六步走，具体如图4-6所示。

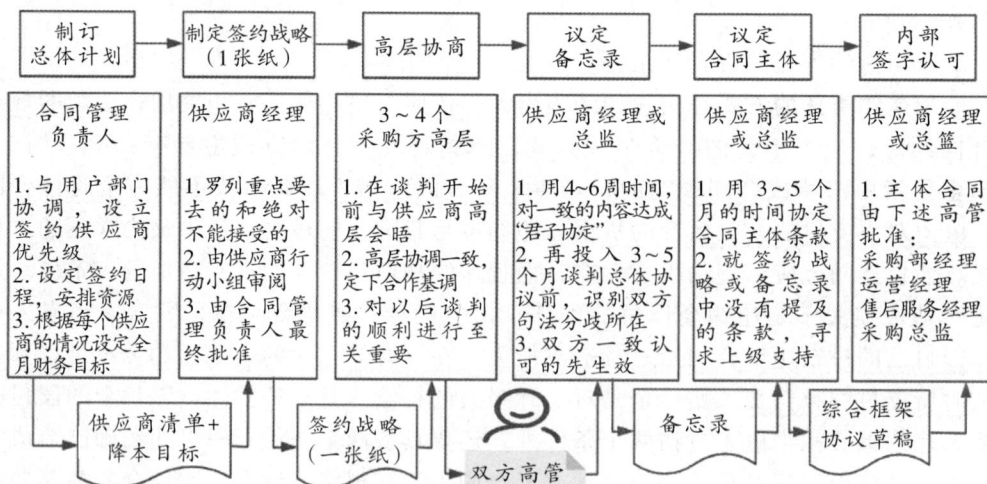

图4-6 某公司综合协议签约流程

请同学们结合所学知识，谈谈长期合同签署要点及文本注意事项。

小贴士

签约就如谈价格，没有最后，最好的结果就是大家心理上能承受的结果。签约过程也是管理关系、调整期望的过程，在遵循一定的流程下，需要发挥组织、协调能力。另外，长期合同文本应该力求抓住重点，简单、标准化。合同的签字权也从供应商经理提升到了首席采购官，客观上控制了供应商准入并确保采用统一的条款、流程。

【延伸阅读4-4】 采购合同管理的误区

误区1：合同管理仅仅是合同文本管理

合同文本起草、审核、签字和归档等工作都属于合同订立过程中的流程管理，但在签合同前和合同履行过程中，同样涉及合同管理的工作。除了关于供应商的前期调查，在合同履行过程中，采购人员也需要对合同的履行情况进行跟踪，尤其要跟踪供应商的工作情况，对供应商进行定期考察，确保供应商有能力履行合同。如供应商出现重大问题，采购人员要及时上报，便于企业决定是否要中止或终止合同。

误区2：合同有效期以盖章时间为准

为了确保合同及时、适时履行，在确定采购合同内容时，采购人员应当注意合同中应明确有效期及履行期限，不能盲目以为盖章时间就是合同有效期。根据规定，供应商应当按照合同约定期限交付物料，这一期限应当明确写在采购合同中。如果采购合同未能列明，采购合同的有效期就必须以其他方式明确。（1）有效期不明确的，企业可以与供应商签订补充协议。（2）履行期限不明确的，供应商可以随时履行，企业也可以随时要求供应商履行，但应当给予供应商必要的准备时间。

误区3：签署完合同就不再需要进行合同管理

有些采购人员完全没有认识到合同管理的重要性，认为签订完合同之后就不需要进行合同管理。然而，正常的履行，必须以采购物料运输、入库、验收等环节统一管理为基础，这些环节都包含在采购合同内。一份完整的采购合同，对采购活动的每个环节都做出了明确、具体的规定，这是指导企业采购活动的重要法律文件。与此同时，有些采购合同的履行时间较长，在履行期间可能发生经办人变更，新的经办人需要根据之前合同管理记录了解合同履行情况，并继续推进采购合同的履行。

误区4：合同管理不是采购部的工作

采购合同作为一份完整的经济合同，其管理工作贯穿采购业务的全过程，包括合同签订前期的供应商开发、合同磋商，以及合同签订及履行。为确保对采购合同进行全流程的有效管理，采购部就必须深度参与，与法务部、财务部等部门协同进行管理。特别是在发生采购合同纠纷时，很多采购人员认为，解决纠纷完全是法务的工作。但其实，采购合同纠纷的妥善解决离不开采购人员与供应商的协商、调解，即使进入仲裁、诉讼环节，采购部也需要对证据材料进行收集整理。

（资料来源　柳荣. 采购是个技术活：如何专业做采购［M］. 北京：人民邮电出版社，2020.）

4.2.2　履行采购合同

1）采购订单管理

（1）订单质量管理

订单质量管理，应该从采购活动的全过程入手，任何环节缺失，都会导致采购质量管理失败。在管理过程中，企业需要采取各种措施，提高采购质量管理效率。

①通过采购合同控制采购质量。采购合同是供应商履约、采购方维权的重要依据，但通常质量不像数量、交期等可以注明在采购合同中，因此采购人员必须与法务人员协同管理合同，在合同中将采购质量等事项罗列清晰、标注齐全，主要包括以下内容：

第一，质量的特性要求。通过合同控制采购质量，企业首先要在合同中明确质量的特性要求。可根据商品种类的不同，集中体现在质量标准、规格、体积、重量等客观参数上，若无法明确参数，可要求以样品质量为准。

第二，商品验收标准与程序。采购合同中要列明商品验收标准及相应验收程序。只有通过验收环节，才能确认商品质量是否符合合同要求。因此，关于如何验收的规定，同样要在采购合同中写明。

第三，质量问题的解决方法。采购合同应当对供应商、采购商双方如何协商解决质量问题、如何分配责任、承担损失在合同中详细规定，这样不仅能确保供应商供应符合合同质量要求的商品，且在出现质量问题纠纷时能提供维权依据。在签订采购合同之前，采购人员及相关职能部门，应当遇见可能出现的问题，就其解决方案与供应商进行充分磋商并达成一致意见。

第四，标准化工艺规定。无论是质量要求，还是检验标准，都需要有统一的标准化手段，如果缺乏标准，后续也有可能出现相互推诿情况。因此，企业应采用标准化工艺规定。

②采购标准的编制与推进。标准化是企业降低采购成本的重要策略，也是采购质量管理的关键技巧，不仅能应用到采购合同中，也能直接推动采购质量管理优化。企业应当编制自己的采购标准，并在实践中不断完善。

在采购质量管理中，标准化发挥着基础性作用。首先，标准化是保障产品质量的前提。正如ISO 9000标准对**"质量"**的定义：一组固有特性满足需求的程度。其中固有特性是指产品的感官、理化等指标，这些指标共同构成一种规范的、共同遵守的文件，即产品工艺的基础标准。企业产品必须满足相关标准，才是合格的产品。其次，标准化是质量管理的基础，不仅表现为质量管理方法的标准化，也表现为质量管理过程的标准化，在质量管理的全流程中，需要一套标准化的程序作为指导。最后，标准化是提高质量管理效益的工具。标准化的特点即简化、统一、协调和优化。质量管理作为企业日常活动，需要明确任务、时间、流程等要素，在提高质量管理效率的同时，降低质量管理成本。

　　企业必须推进采购流程标准化，编制采购标准化手册，推进标准化成果在采购过程中的应用。此外，企业要建立健全采购技术条件规范，并在内部开展技术评审，汇编形成一套采购规范。

　　③采购的全面质量管理。**全面质量管理（TQM）是指以产品质量为核心，建立起一套科学、严密、高效的质量管理体系，通过对工作质量、业务质量、服务质量等的全流程控制，提供满足顾客需要的产品或服务。** 采购的 TQM 是企业全面质量管理的核心环节。因为采购活动是企业生产运营活动的源头，如果采购的商品质量有瑕疵或采购流程有隐患，后续的生产、销售活动也都面临质量风险。

　　值得注意的是，在采购过程中引入 TQM，必然是一个渐进、缓慢的过程。企业在确立 TQM 体系的同时，也要掌握 TQM 的两大支柱方法，即控制成本、持续改进。

　　采购成本控制，是采购 TQM 的核心，企业必须推动供应商的系统改善，从供应商内部底层入手，形成全方位、深层次的质量管理模式，具体如图 4-7 所示。

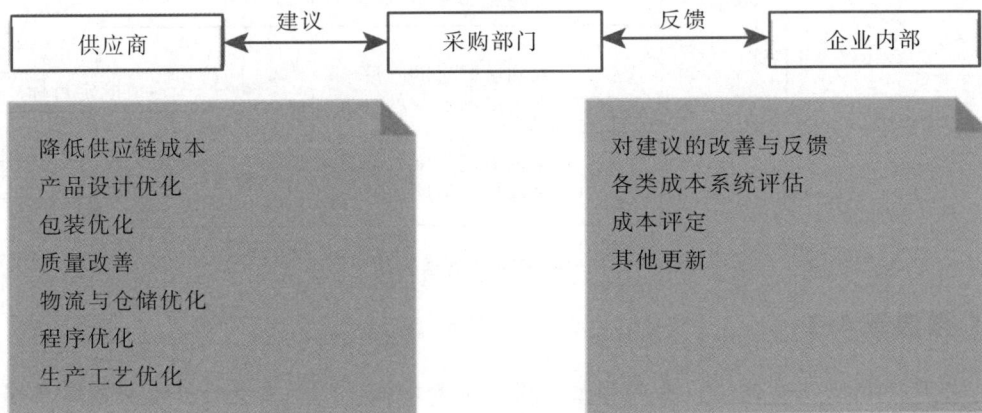

图4-7　供应商系统改善流程

　　持续改进，即 PDCA 管理方法，是计划（Plan）、实施（Do）、检查（Check）、处置和改善（Action）的简称，涉及采购流程的全过程。P——计划，从企业实际出发，制订采购 TQM 相关计划，解决做什么、谁来做、怎么做、何时做、谁监督等问题。D——实施，采购管理负责传达工作指令及操作指示，组织采购人员完成采购质量管理目标和业绩指标；与此同时，实施部分也包括上下沟通、相关部门协调等工作。C——检查，定期按照既定目标、标准，检查工作进度和完成效果，以确保采购工作按计划进行，明确其中的问题点和改进点。A——处置和改进，根据检查结果，如果采购 TQM 达成既定目标，则要在回顾中找出可以改进的工序，并设定要求更高的标准；如采购 TQM 未能达成既定目标，则要发现引起异常的问题和因素，及时处理并做好预防措施，或对计划、策略进行修订。具体如图 4-8 所示。

生产管理和现场管理的相关计划

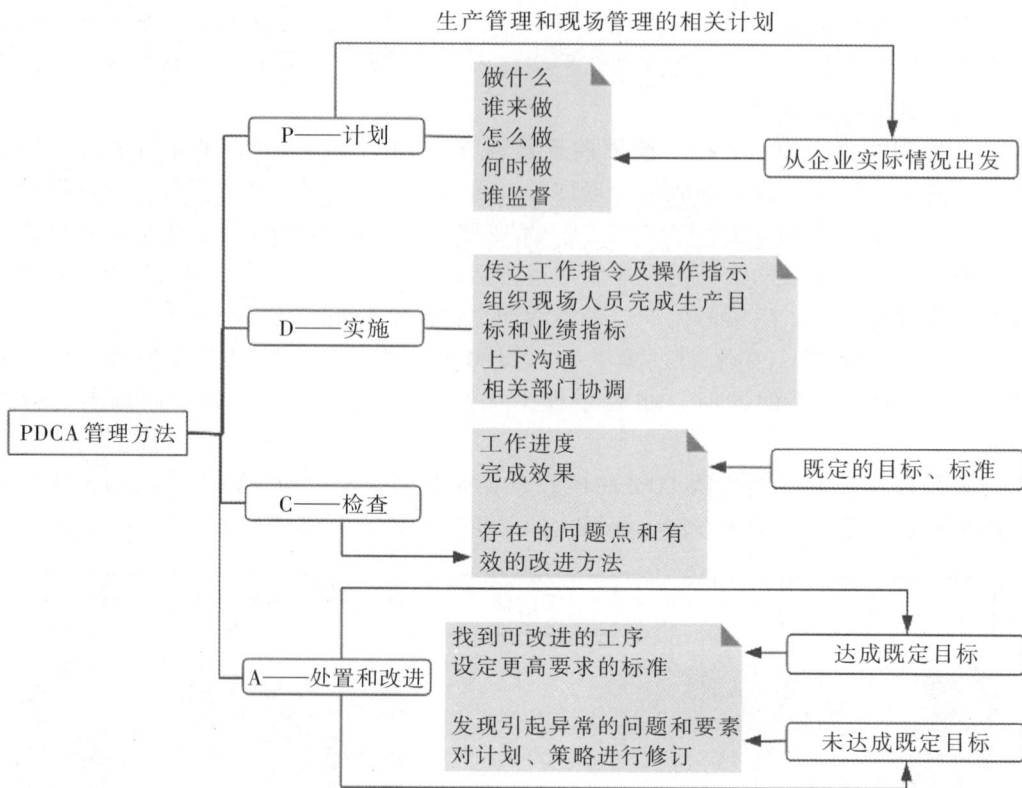

图4-8　PDCA管理方法

微课堂4-1

扫描二维码学习微课：采购质量管理的基本方法，了解更多有关采购质量管理方面的知识。

微课

采购质量管理的基本方法

行业案例4-3

昆仑好客供应链效率提升方案

2008年浙江昆仑好客分公司开始非油销售业务，为做好前端销售保障，采用地采+供应商直送+商超补充的模式开展物流配送。2009年浙江昆仑好客分公司开始中转仓的模式，受配送能力限制，配送范围仅限杭州、嘉兴、湖州、绍兴地区，一月一配。

2012年浙江昆仑好客分公司物流配送采用中央仓配送+部分供应商直配的混合模式，物流体系建设全面开展，开始采取仓库租赁、配送外包的物流仓储形式，跟中远物流签订框架协议，将仓储管理和配送业务委托其代为管理，在杭州市临平区仓前街道设立一座5 000平方米的简易仓作为中央仓，有高层货架7组，仓库分拣员7人，叉车3台，库房管理员2人。根据各门店的平均要货需求，统一安排实行一周三配，单批次分拣需要4～5天，配送范围涵盖全省近500家门店，每周实际配送门店 300 家左右。

2016 年根据业务发展规划，浙江昆仑好客分公司确立了非油商品物流配送进入现代化发展阶段的目标。为全面提升浙江昆仑好客分公司物流水平，公司和第三方南京云欧智能科技有限公司达成合作，根据公司业务发展规划，量身定制浙里好客供应链管理 OMS 系统，实现门店订单提报、分公司审核汇总、供应商查收订单、中央仓统采统配的功能，配送能力进一步提升，采用周配送的方式进行配送。与此同时，在库商品可实现实时下单、实时配送。

（此案例节选自中国连锁经营协会发布的《2023 CCFA 零售业供应链最佳实践案例集》，可扫描二维码查看案例微课视频。）

微课

昆仑好客
供应链效率
提升方案

（2）订单交期管理

交货为连锁企业采购作业中最为重要的一环。采购的目的是货物的获取，而交货则是完成采购合同的关键作业。**所谓交货，一般指货物所有权的转移，移转成立，即表示完成交货。**

货期（交货日期）是交货作业中最重要的因素。只有确保货期，才能算是成功的采购。确保货期的目的，是要将生产或销售活动所需商品，在必要的时候，获得供应，并且能以最低的成本来达成生产或销售。所谓"必要的时候"，是指为了以最低的成本达成生产或销售活动的进货时间。所以迟于该时间，固然不好，早于该时间亦非所宜。延迟交货及提早交货导致成本增加的原因如下：

① 货期的延迟会阻碍生产或销售活动的顺利进行，给生产或销售现场及有关部门将带来有形、无形的不良影响，成为增加成本的原因，而其中最主要的表现为：A. 由于进货的延误，发生空等或耽误而导致效率降低。B. 交货延迟，失去顾客的信任，导致订单减少。C. 为恢复原状（正常生产或销售），需要加班，会增加人工费用。D. 采用替代品或低品质物料或商品存在风险隐患。E. 交货延误频度高，则稽催的成本也随之增加。F. 影响员工的工作士气。

② 一般人总以为提早交货并无太大的不良影响，实际上提早交货也会增加成本。以下两点为其主要理由：A. 容许提早交货可能会发生交货的延迟。因为供应商为资金调度的方便，会优先生产高价格的货品以提早交货，所以假如容许其提早交货，可能会造成低价格货品的延迟交货。B. 不急于使用的货品提早交货，必定增加存货成本从而导致资金运用效率降低。

交货延迟的原因多种多样，归纳起来主要是三方面：供应商的责任、订货方的责任、买卖双方沟通不良造成的，具体见表 4-3。

企业可借助下列方式确保供应商如期交货：

① 确定合理的购运时间，即将请购、采购、卖方准备、运输、检验等各项作业所需的时间进行合理的规划，避免造成供应商爱莫能助、强人所难。

② 销售、生产及采购单位加强联系。由于市场的状况变化莫测，因此生产或销售计划若有调整的必要，必须征询采购部门的意见，以便对停止或减少送货的数量、追加或新订的数量做出正确的判断，并尽速通知供应商，使其减少可能的损失，以提高配合的意愿。

表4-3 货期延迟原因表

供应商要负责的货期延迟原因	采购方要负责的货期延迟原因		买卖双方沟通不良导致的货期延迟原因
	采购部门的责任	采购部门以外的责任	
1.超过产能接单 2.超过技术水准接单 3.产量的变动 4.产量掌握不充分 5.时间估计错误 6.对新产品不熟悉 7.不可抗力 8.不良品的发生 9.人员管理不到位 10.品质管理不充分 11.遵守货期的责任感不足 12.作业管理不完备 13.对再转包管理能力不足 14.低工资员工工作意愿低 15.机器设备不完备 16.小批量订单合起来才生产 17.由于经营业绩不振,经营重心转了方向	1.供应商的选择不当 2.供应商产能或技术水准调查不足 3.业务手续不完备及耽误 4.订单或指示联络事项不完备 5.要求的品质没有明确说明 6.价格决定得很勉强 7.进度掌握与督促不充分 8.技术指导疏忽 9.采购人员经验不足或确保货期的意识差 10.付款条件过严或付款耽误 11.频频更换供应商 12.下订单到距离过远的地方 13.信息交换不顺畅 14.各种指示或联络未能迅速而确定行使	1.调度期间过短 2.调度基准日程的缺乏或无效 3.工作规范不完备 4.由于紧急订货而引起日程变更的混乱 5.生产或销售计划制订、实施错误或延迟 6.生产或销售计划变更 7.设计要求变更或规格变更的指示未彻底落实 8.订货数量太少 9.特殊事件或状况	1.未能掌握产能的变动 2.对新下单产品的规范、规格掌握不充分 3.机器设备的问题点掌握不充分 4.经营状况掌握不充分 5.指示、联络不切实 6.日程变更说明不到位 7.商品技术参数、规格的接洽不充分 8.单方面的货期指定

③ 期中稽催,驻厂查验。请供应商提供生产计划或工作日程表,以便在交货之前查核进度,若有落后情况督促其改善;若供应商已经缺乏交货能力,应立即停止交易,另辟来源。因此,期中稽催的目的在于"亡羊补牢"。此外,为了避免交货品质不良,影响到可用数量,对重要商品应派员驻厂查验,可以省去将来退货的麻烦。

④ 准备替代来源。供应商不能如期交货的原因颇多,且有些属于不可抗力,因此,采购人员应未雨绸缪,多联系其他来源,多寻求替代品,以备不时之需。

⑤ 加重违约惩罚。在签订买卖合同时,应加重违约罚款或解约责任,使供应商不敢心存侥幸;不过,若需求急迫时,应对如期交货或提早交货厂商给予奖金,或较优厚的付款条件。

(3)订单运输管理

运输是产品由供应链源头传至顾客手中发生的产品的空间位移。运输是采购活动中商品转移的关键环节,采购运输管理效果直接影响采购成本和效率。通过模块化设计、有效的原材料供应和便宜的运输使得宜家公司能够在全球范围内提供优质低价的家具产品。7-ELEVEN便利店的目标:无论何时何地,只要顾客有需要,就将产品送达，利用响应性良好的运输系统对其进行每日数次的补货。亚马逊供应链采用响应型运输策略，用较少的设施集中库存和运营，配送中心的位置和有效的运输网络使得公司在使用低成本运输模式的同时达到快速响应。

①各种运输方式及其绩效特征。

第一，航空：主要适用于价值高、运费负担能力强或时间紧急的商品运输，快速、费用较高。

第二，铁路：距离远、体积大、高密度、高吨位商品的理想运输方式。

第三，公路：比铁路运费高，实现门到门运输时间更短。

第四，水路：包括内河运输系统和沿海水域，成本低、运力强，是最慢的运输方式且易受季节、气候影响。

第五，管道：用于原油、精炼石油和天然气的运输。

第六，联运：联合使用一种以上运输方式将货物运往目的地，最常见的是卡车和铁路联运模式。

②运输网络的设计。

第一，一个目的地的直接发运网络。采用一个目的地直接发运网络，要求每个供应商直接给每个买方送货，如图4-9所示。直接发运网络最大的优势是消除周转库存，使运作和协调简单化。由于每次送货都是直接进行，因此从供应商到买方所在地的运输时间较短。如果买方需求很大，足以使每个供应商对每个地区的最优订货量接近卡车最大运载量，采用一个目的地的直接发运网络非常有效。

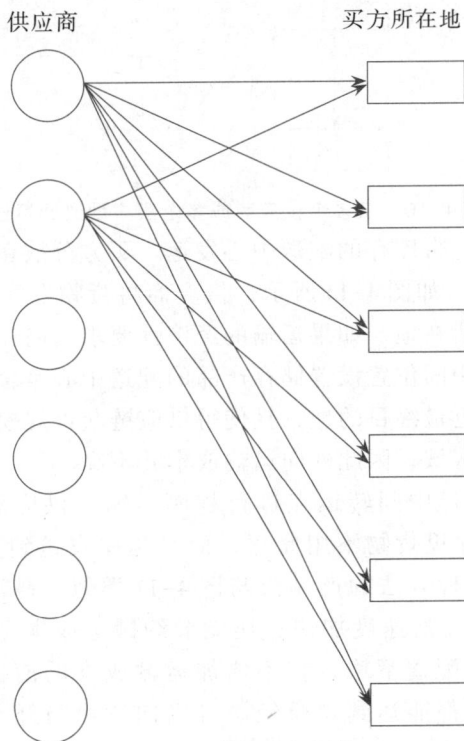

图4-9　直接发运网络

第二，利用巡回运送直接发运。送牛奶式的巡回运送是指一辆卡车从一个供应商处拣取货物送给多个零售商或者从多个供应商处拣取货物送给一个零售商，如图4-10所示。巡回运送能实现更低的运输成本，如果企业需要定期进行小批量频繁送货，且一系列供应商或零售商在空间上非常接近，这种方式将显著降低运输成本。

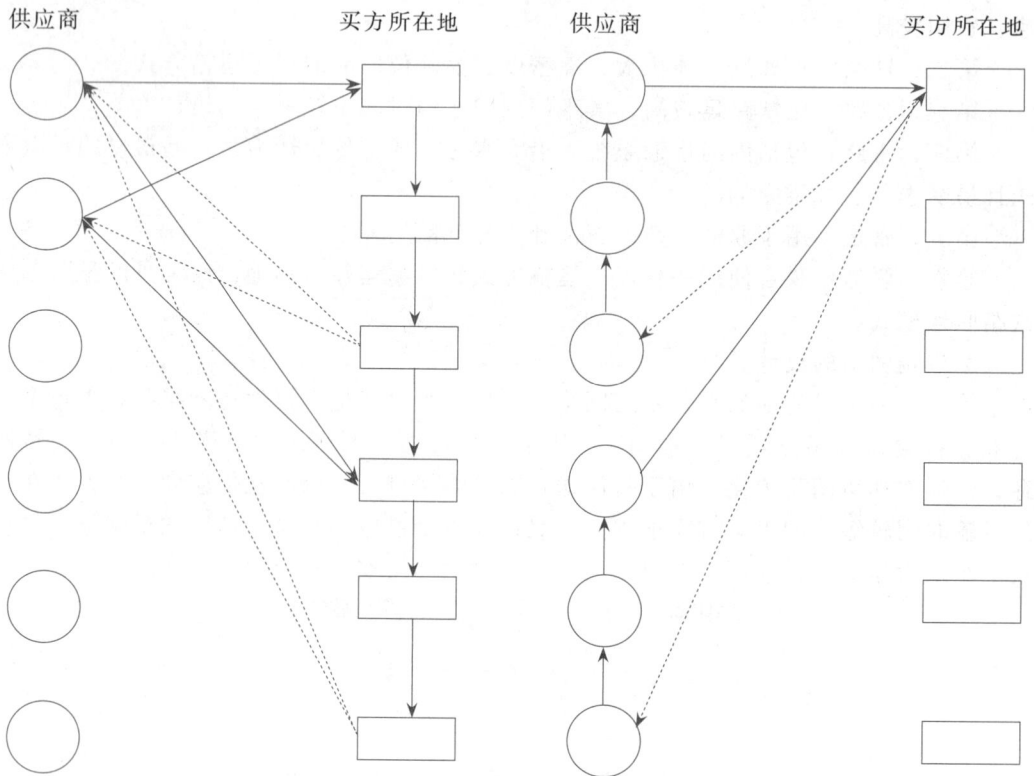

图4-10　从多个供应商或多个买方地巡回运送

第三，所有货物通过带库存的配送中心发运。买方分散在不同地区，而供应商在每个地区建立配送中心。如图4-11所示，供应商将货物发往配送中心，再由配送中心将相应货物送至买方所在地。如果运输的经济性要求内向运输大量货物或者外向运输的货物不能协调，在中间位置设置储存产品的配送中心是合理的。配送中心的建立不但使得内向运输更靠近最终目的地，且使得供应链获得规模经济效益。同时，由于配送中心只服务其周边区域，因此外向运输成本并不高。

第四，所有货物通过中间转运点进行越库运输。供应商将货物发送到中间转运点（配送中心），在那里货物不用储存，而是越库发送到买方所在地。除了中间设施没有产品储存，这种方法的产品流与图4-11类似。越库配送的优势在于供应链持有库存变少，产品流通速度加快，还能节约搬运成本。我们曾在本书中提到，沃尔玛成功地运用越库配送策略，在不增加运输成本的前提下，降低了供应链库存。当内向与外向运输都能达到规模经济且内向货物与外向货物能协调时越库配送很合适。

供应商　　　　　　　　　　　　　　买方所在地

配送中心

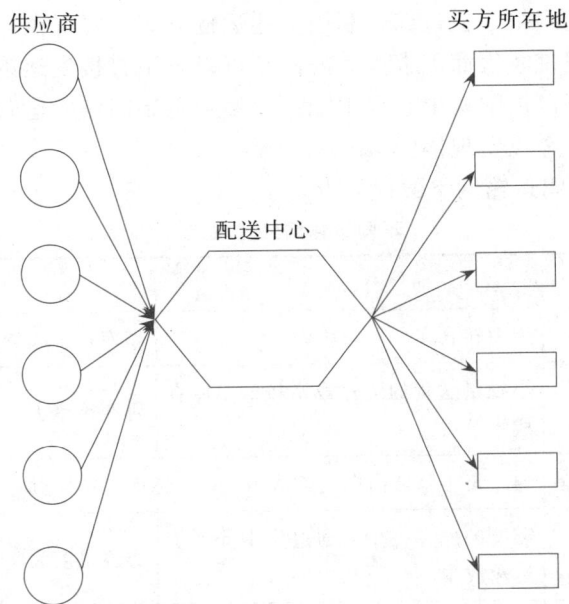

图4-11　所有发运通过配送中心

第五，通过配送中心利用巡回运送发货。如图4-12所示，如果每个买方的订货量很小，配送中心就可以采取巡回运送策略给买方送货。巡回运送通过集中小批量送货降低外向运输成本。7-11便利店将来自新鲜食品供应商的送货在配送中心实施越库配送，采取巡回运送方式对店铺进行运送。越库配送和巡回运送策略使得7-11便利店能以更低的运输成本对每家零售店实现小批量补货。同时，使用巡回运送和越库配送策略要求高度的协调以及对巡回运送的合理规划和安排。

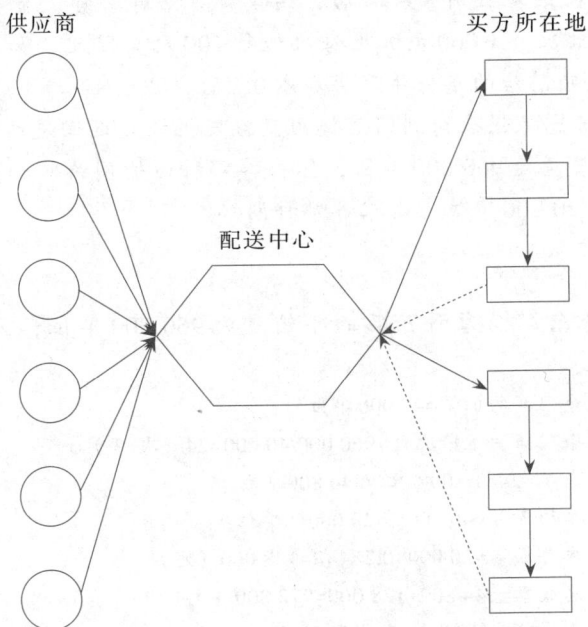

供应商　　　　　　　　　　　　　　买方所在地

配送中心

图4-12　配送中心利用巡回运送策略送货

第六，量身定制网络。通过综合利用上述运输方案，降低供应链成本，提高供应链响应性。对于大规模零售商需求量大的商品可以采用直接发运策略，而对于小型零售商需求小的商品可以由配送中心集中配送。量身定制网络的运营需要企业信息基础设施方面投入大量资金以实现协同。

表4-4概括了不同运输网络的优缺点。

表4-4 不同运输网络优缺点

运输网络方式	优点	缺点
直接发运	无中转仓库，易于协调	高库存，收货成本高
利用巡回运送直接发运	小批量送货的运输成本较低，库存成本较低	协调难度大
通过带库存的配送中心发运	通过集中降低内向运输成本	库存成本增加，配送中心搬运成本增加
通过配送中心越库发运	需要的库存很少，通过集中降低了运输成本	协调难度大
通过配送中心巡回运送发运	小批量送货，降低外向运输成本	协调难度大
量身定制网络	运输方案与单个产品或店铺需求实现最优匹配	协调难度大

互动课堂4-4

某连锁零售商在某地区有8家门店，由4家供应商供货。货车运力为40 000单位，运输成本为本批次货1 000元加上每次送货100元。因此，如果送两次货一辆卡车收费1 200元。连锁门店的单位年库存成本0.2元。

采购经理正在考虑从供应商到门店使用直接发运还是巡回发运。如果每个零售门店每种产品的年销售量是960 000单位，你推荐哪种运输网络？如果每个零售门店每种产品年销售量是120 000单位，则推荐哪种网络？

小贴士

情况1：每个零售门店每种产品的年销量为960 000单位，采用直接发运网络（假设所有卡车满载）。

从每个供应商到每个门店的批量=40 000单位

从每个供应商到每个门店的运输次数=960 000/40 000=24（次/年）

直接发运的年卡车成本=24×1 100×4×8=844 800（元）

每个门店每种商品平均库存=40 000/2=20 000（单位）

直接发运网络的年库存成本=20 000×0.2×4×8=128 000（元）

直接发运网络的年总成本=844 800+128 000=972 800（元）

情况2：每个零售门店每种产品的年销量为960 000单位，供应商采用巡回运送，每辆卡车向 2 家门店巡回运送且每辆车满载。

　　从每个供应商到每个门店的批量=40 000/2=20 000（单位）

　　从每个供应商到每个门店的运输次数=960 000/20 000=48（次/年）

　　每个门店每次运输的成本（2 个门店/卡车）=1 000/2+100=600（元）

　　巡回运送网络的年卡车成本=48×600×4×8=921 600（元）

　　每个门店每种商品平均库存=20 000/2=10 000（单位）

　　巡回运送网络的年库存成本=10 000×0.2×4×8=64 000（元）

　　巡回运送网络的年总成本=921 600+64 000=985 600（元）

　　此分析表明：当每个零售门店每种产品年销量为 960 000 单位时，直接发运网络比每次送货服务两个门店的巡回运送便宜。

　　情况 3：每个零售门店每种产品的年销量为 120 000 单位时，采用直接发运网络（假设所有卡车满载）。

　　从每个供应商到每个门店的批量=40 000 单位

　　从每个供应商到每个门店的运输次数=120 000/40 000=3（次/年）

　　直接发运的年卡车成本=3×1 100×4×8=105 600（元）

　　每个门店每种商品平均库存=40 000/2=20 000（单位）

　　直接发运网络的年库存成本=20 000×0.2×4×8=128 000（元）

　　直接发运网络的年总成本=105 600+128 000=233 600（元）

　　对于直接发运，可证明最好不要将每辆车装满，而是采用每辆车只装载 36 332 单位从而使年总成本最小。这个最优装载增加了一点运输成本，但总成本降低到 232 524 元/年。

　　情况 4：每个零售门店每种产品的年销量为 120 000 单位时，供应商采用巡回运送，每辆车向 4 个门店巡回运送且每辆车满载。

　　从每个供应商到每个门店的批量=40 000/4=10 000（单位）

　　从每个供应商到每个门店的运输次数=120 000/10 000=12（次/年）

　　每个门店每次运输的成本（4 个门店/卡车）=1 000/4+100=350（元）

　　巡回运送网络的年卡车成本=12×350×4×8=134 400（元）

　　每个门店每种商品平均库存=10 000/2=5 000（单位）

　　巡回运送网络的年库存成本=5 000×0.2×4×8=32 000（元）

　　巡回运送网络的年总成本=134 400+32 000=166 400（元）

　　此分析表明：当每个零售门店每种产品年销量为 120 000 单位时，每条线路上有 4 家门店的巡回发送网络比直接发货（即便运载被优化）便宜。

▶ 行业案例 4-4

商超仓到仓自动驾驶商业运营项目

　　以自动驾驶技术综合赋能零售干线运输，应用方案分解车辆运行过程，突破感知、预测、规划、控制、数据管理环节技术瓶颈，有针对性地提升了零售运输中的行驶安全和效率，并节省了油耗，降低了碳排放。华润万家嘉善仓配送零售商品至华润万家深圳平湖仓，跨越长三角与珠三角地区，全程 1 300 多千米，应用自动驾

驶 L3 技术、PlusDrive 智能技术，全程记录油耗、车辆行驶过程偏离行驶规则的偏差数据、无人驾驶车辆自动变道数据、无人驾驶车辆自动微调避让数据等，通过数据监控和分析，最终达到降低车辆里程油耗和提高司机在途驾驶安全的目的。

（此案例节选自中国连锁经营协会发布的《2023 CCFA 零售业供应链最佳实践案例集》，可扫描二维码查看案例微课视频。）

2）采购验收

（1）验收的主要工作

供应商交货后，企业在验收时主要做好三方面工作：

① 对单验收。**对单验收**是指仓库保管员或收货员对照进货通知单的品名、规格、价格等依次逐项检查商品，注意有无单货不符或漏发、错发的现象。

② 数量验收。一般是原件点整数、散件点细数、贵重商品逐一仔细验收。

③ 质量验收。**质量验收**，是指仓库保管员或收货员通过感官或简单仪器检查商品的质量、规格、等级、价格，如外观是否完整无损、零部件是否齐全无缺、食品是否变质过期、易碎商品是否破裂损伤。

具体来看，要做好验收工作，必须彻底执行下列各项：

① 确认供应商。商品来自何处，有无错误或混乱。尤其是向两家以上供应商采购的物品，应分别计算。

② 确定送达日期与验收日期。前者用以确定供应商是否如期交货，以作为延迟罚款的依据。后者用以督促验收时效，避免借故推托，并作为将来付款期限的依据。

③ 确定商品的名称与品质是否与合约或订单的要求相符，以免偷工减料、鱼目混珠，必要时可用检验方法来确定。

④ 清点数量。实际交货数量是否与运送凭单或订单所载相符，如数量太多时，可采用抽查方式来清点。特别要注意有固定包装的商品是否数量一致，例如一打的包装商品是否确实有 12 个；一吨包装商品是否确实有 1 000 千克，不要只顾计算"打"或"吨"，疏忽每打的个数及每吨的斤两。

⑤ 通过验收结果。使用部门安排生产或销售，采购部据以结算，会计部门据以登账付款或扣款、罚款。

⑥ 处理短损。根据验收结果若发生短损，应立即向供应商要求赔偿、向运输单位索赔或是办理内部报损手续等。

⑦ 退还不合格商品。对于不合格商品，应表示拒收或等修补后再行验收。通常供应商对不合格的商品都延迟处置，仓储人员应配合采购部门催促供应商前来收回，逾越时限不负保管责任。

⑧ 处理包装材料。准备加以利用或积存至一定数量后对外出售。对于无法再用或出售的，最好能由供应商收回。

⑨ 标志。对已验收入库的商品须加标志，以便查明验收经过及时间，且方便与未验收的同类商品进行区分。

（2）商品验收的基本方法

企业对供应商交货使用的验收方法要与所采购的商品特点和检验成本等相联系，

这样才能做到事半功倍。常见的验收方法有以下几种。

①固定检验与流动检验。按检验实施的位置特征划分，采购质量检验有固定检验与流动检验两种。**固定检验**又称集中检验，是指在生产企业内或连锁企业收货部门设立固定的检验站，各工作地的产品送到检验站集中检验。固定检验站专业化水平高，检验结果比较可靠，但需要占用生产单位或连锁企业一定的空间，容易使一线部门员工对检验人员产生对立情绪或造成送检商品之间的混杂等。**流动检验**就是由连锁企业商品检验人员直接去工作地检验。它的应用有局限性，但由于不受固定检验站的束缚，检验人员可以深入生产现场，及时了解生产过程品质动态，容易和生产企业建立相互信任的合作关系且有助于减少残次品。

②全数检验与抽样检验。按检验的数量特征划分，采购质量检验有全数检验与抽样检验两种。**全数检验**是指对待检产品100%地逐一进行检验，又称100%检验或全面检验。全数检验常用于下列范围：A.对后续工序影响较大的项目；B.精度要求较高的产品；C.品质不太稳定的工序；D.需要对不合格交验批进行100%重检。质量检验中如无必要通常不采用全数检验的方式，这主要是由于全数检验缺点较多：A.需要投入很大的检验力量，而受检个体太多，削弱了检验质量保证程度；B.检验工作量大、成本高、周期长，占用的检验人员和设备多，难以适应现代化大生产的要求；C.由于受到各种因素的影响，难以避免差错；D.对批量大但出现不合格品也不会引起严重后果的产品，经济上得不偿失；E.不适用于检验费用昂贵的或破坏性的检验项目。**抽样检验**是按照数理统计原理预先设计抽样方案，从待检总体中抽取一个随机样本，对样本中每一个体逐一进行检验，获得质量特性值的样本统计值，然后与相应标准比较，从而对总体做出接收或拒收的判断。抽样检验也有一些缺陷：A.在被判为合格的总体中会混杂一些不合格品，或存在相反情况；B.易出现将合格批判为不合格批而拒收或将不合格批判为合格批而接收，造成经济损失。由于存在上述缺陷，抽样检验一般只适用于检验不经济、不必要或无法实施的范围。

③监控检验与验收检验。按检验目的的特征划分，采购质量检验分为监控检验与验收检验两种。**监控检验**又称过程检验，目的在于检验生产过程是否处于受控状态，以防由于系统性质量因素导致不合格品大量出现。**验收检验**目的是判断受检对象是否合格，从而做出接收或拒收的决定，它广泛存在于生产全过程，如外购件、原材料、外协件及配套件的进货检验，半成品的入库检验，产成品运出厂检验等。

④感官检验与理化检验。按检验方法的特征划分，采购质量检验可分为感官检验与理化检验两种。**感官检验**是依靠人的感觉器官对质量特性做出评价和判断，如对产品的形状、颜色、气味、污损、锈蚀和老化程度等，它是靠人的感觉器官来进行检查和评价的，所以判定基准不易用数值表达。而且，感官检验的结果往往依赖检验人员的经验，并有较大的波动性。感官检验在某些场合仍然是质量检验方式的一种选择和补充。**理化检验**是运用物理或化学的方法，依靠仪器、量具及设备装置等对受检品进行检验。理化检验的精度高、人为误差小，是现代检验方式的主体，并随现代科学技

术的进步不断得到改进和发展。

⑤破坏性检验与非破坏性检验。破坏性检验与非破坏性检验是按检验对象检验后的状态特征划分的两种检验方式。破坏性检验后，受检物的完整性遭到破坏，不再具有原来的使用功能，如强度试验、寿命试验以及爆炸试验等都是破坏性试验。随着检验技术的发展，破坏性检验逐渐减少，而非破坏性检验的使用范围则在不断扩大。考虑到经济因素，破坏性检验只能采用抽样检验的方式。

> **行业案例 4-5**

推进数字化转型升级，提升农村物流配送效率

随着新合作常客隆公司线上线下业务的融合推进，为了更好地服务新合作常客隆公司业务发展，今年对物流中心进行了智能化改造，引入 AGV 智能机器人，将传统物流的"人找货"拣货、上架、盘点模式成功向"货找人"智能模式转变，人均劳动强度降低 50% 左右、工作效率提高一倍以上、拣货正确率也大幅提升。同时通过工作环境的改善和 AGV 系统的导入，吸引更多年轻员工。当遇到节假日销售高峰或保供突击任务时，只要临时增加机器人工作站，在高峰时可以确保 24 小时不停机工作，使物流中心的运营效率大幅提升，让物流中心运营更有弹性、更智能！

通过引进 AGV 智能机器人，有效实现了传统物流行业"人找货"向"货找人"模式的转变。拣货效率日常提升 2~3 倍，准确率>99.99%；拣货人员从原有的 36 人缩减至 18 人，人均劳动强度降低 50% 左右、工作效率提高一倍以上。公司物流中心的智能化改造，提升企业核心竞争力，增强反脆弱力，让企业以"智"为伴，从容应对市场的风云变幻，为新合作常客隆公司业务发展及行业智慧化物流模式探索奠定了坚实基础，为传统零售行业转型升级提供了有力支撑，为供销数字赋能新农村建设奠定了良好基础。

（此案例节选自中国连锁经营协会发布的《2023 CCFA 零售业供应链最佳实践案例集》，可扫描二维码查看案例微课视频。）

微课

推进数字化
转型升级，
提升农村物
流配送效率

微课

开启数字化
仓储管理
转型升级

微课

兴盛社区
阿必达智能
分拣集成平台

☑ **微课堂 4-2**

现代企业利用数字化管理提高商品验收入库效率，请扫描二维码学习微课。

（1）微课：开启数字化仓储管理转型升级。

（2）微课：兴盛社区阿必达智能分拣集成平台。

3）采购结算

（1）采购结算方式

目前我国基本采用以"三票一卡"为主体的结算体系。

① 银行汇票。银行汇票签发银行作为付款人，付款保障性强；代理付款人先付款，后清算资金；特别适合交易金额不确定的款项结算和异地采购。票据自带，避免携带大量现金，十分便捷。

② 银行本票。银行本票即见票即付，如同现金，出票银行作为付款人，付款保

障性很强。既有定额本票,又有不定额本票,可以灵活使用。缺点是由银行签发,与支票相比手续相对复杂。可在同城范围内使用。

③支票。支票由出票单位签发,出票单位开户银行为支票付款人,手续简便;既有现金支票,又有转账支票,还有普通支票,要求收妥抵用,在同城范围内使用,已被企业单位广泛接受。但支票结算中可能存在签发空头支票,支票上实际签章与预留银行签章不符等问题,存在一定风险。

④信用卡。信用卡属于电子支付工具,灵活、方便、快捷,同城异地均可使用。信用卡降低了货币流通费用,但结算方式受特约商户与银行卡网络完善程度、银行卡功能开发程度限制。

(2)采购付款业务流程

采购付款业务流程包括为经营而获取商品所必需的决策和处理过程。这一流程一般是从提出采购申请开始到企业支付货款结束。它通常包括如图4-13所示的四个流程。

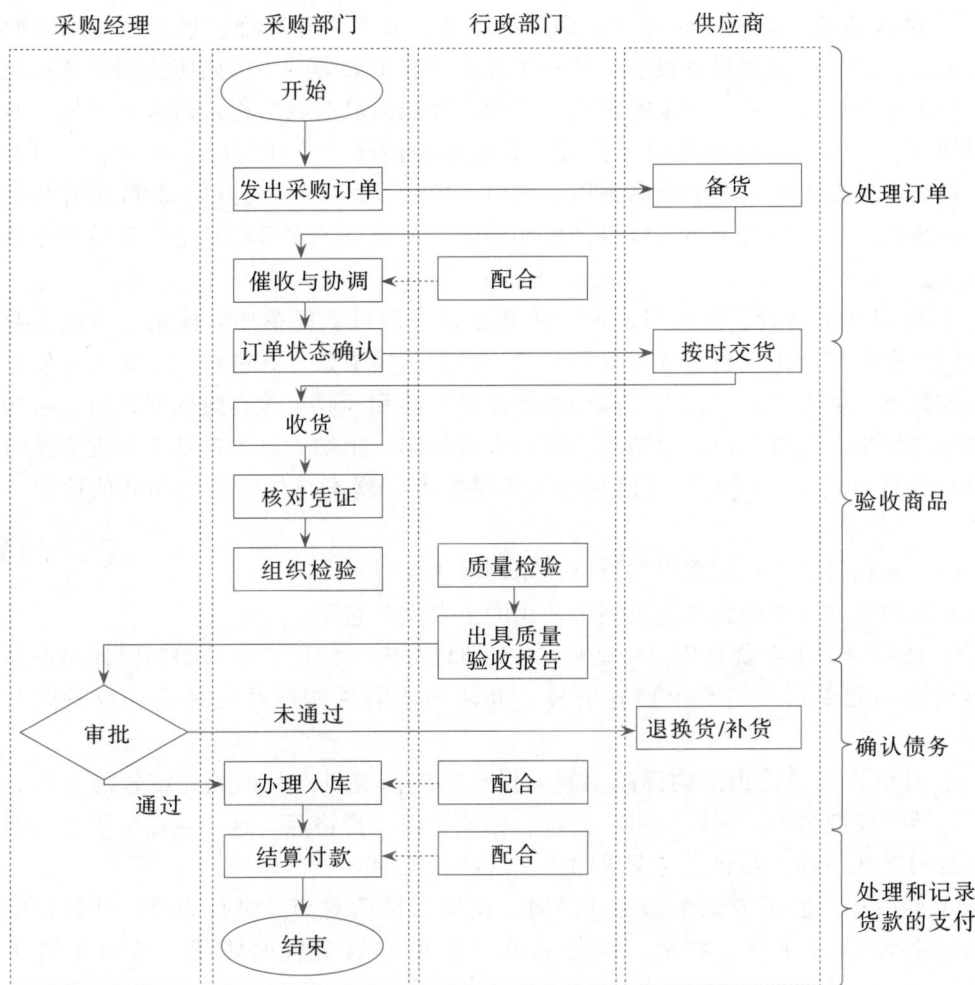

图4-13　采购付款业务流程

①　处理订单。商品采购人员提出采购申请并填制请购单是本循环的起点。为了保证商品的购入符合要求，避免过量或不必要的购入，采购需要经过适当的授权批准。为了提高采购的效率，连锁企业都设有专门的采购部门。在保证多供应渠道的条件下，应该集中订货以取得数量折扣，降低进货成本。采购部门要根据批准后的请购单签发订单，订单上注明采购的数量、价格和交货时间，并送交供应商处以表明购买意愿。

②　验收商品。企业从供应商处收到商品是本循环中的关键点，正是在这一点上，连锁企业在其记录中确认有关应付款项。验收职能部门应检查收到的商品是否与订单上的详细项目一致。对采购数量应通过计数、称量或测量来验证，并尽可能检验商品，包括检验有无装运损坏。在某些情况下，还必须通过对商品的技术分析来确定其质量是否符合规定。此外，还需检查到货的及时性和其他情况。验收完毕后，填制验收单作为验收商品的证据，其中一份送配送中心仓库，另一份送财务部门以满足付款时的资料要求。

③　确认债务。正确确认已验收商品的债务，要求企业准确、迅速地对采购业务进行记录，初始记录对财务报表记录和实际支付有重大影响。因此应特别注意按正确的金额记录企业确已发生的采购事项。有的企业在商品验收后确认债务，而另一些企业习惯于在收到供应商发票时才记录。无论哪种情况，会计人员在收到供应商发票时，都需把发票上所列明的商品规格、价格、数量及运费等与订单、验收单等相关资料进行核对，发票经过审核入账后，这些采购业务就登记在采购日记账和应付账款明细账上。

④　处理和记录货款的支付。这一步骤通常采用付款凭单加以控制。多数企业的付款凭单在付款前由应付账款记账员掌管，付款采用支票方式进行。支票的签发要求有付款凭单、加盖"款已付讫"戳记的已注销发票和验收单等有效证明，防止这些单据被重复使用，支票要由经过适当授权的人员签字。出纳人员根据签发的支票及时登记银行存款日记账。签发后支票原件送给供应商，副本与付款凭单和其他单据一起存档。

（3）采购付款业务流程内部控制使用的基本文件

在采购付款业务流程内部控制中使用的主要文件包括：

①　请购单。由存货仓库（配送中心）、销售部门（门店）向采购部门提出商品采购申请并编制单据。请购单预先编号，并注明所需采购商品的种类、数量以及请购人。

②　订单。订单是由采购部门编制的授权供应商提供商品的预先编号的文件。订单上包括供应商名称，采购项目、数量、付款条件、价格等，这一凭证常用于表明商品采购的批准手续，并将其送交采购方表明购买意愿。

③　验收单。企业收到采购的商品时，由验收部门对商品进行验收，并据以编制有关收到商品的种类、数量、供方名称、订单号等资料的凭证。验收单需预先编号。

④ 供应商发票。它是由供应商送来的标明采购商品的种类、数量、运费、价格、现金折扣条件以及开票日期的凭证，它详细说明了由于某项采购业务而欠供应商的货款金额。

⑤ 借项通知单。反映由于退货和折让而减少向供应商付款金额的凭证。其格式常与供应商发票相同，用于证明应付账款借项记录。

⑥ 付款凭单。用来建立正式记录和控制采购的凭单，它是采购日记账中记录采购的基础，也是支付货款的依据。一般来说，付款凭单正本必须随附供应商发票、验收单和订单副本。

（4）采购结算控制

采购结算控制见表4-5。

表4-5 采购结算控制

控制节点	控制说明
要素控制	采购部根据企业实际需要发出采购订单，明确采购商品的型号、种类、技术指标、价格、数量等
交接控制	供应商进行备货，并按照订单要求按期交货，企业相关部门根据采购订单要求验货、入库，认真填写验收单等相关单据
单据控制	采购人员将商品验收单与采购订单进行核对，若两者相符，则进行单据汇总，整理各项数据
问题控制	若存在验收单据不齐全或是与采购订单不符的情况，采购人员应及时与相关部门人员沟通协调和催收，相关部门应配合
争议控制	若相关部门对采购人员提出的问题存在争议，则采购人员应及时与供应商确认订单状态，了解产生问题的原因，然后进行单据汇总
数据控制	采购人员根据汇总的各项数据，填写应付账款单，列明应付款项明细

行业案例4-6

供应链协同平台全方位助力数字化转型

益海嘉里金龙鱼粮油食品股份有限公司（以下简称益海嘉里）是新加坡丰益国际集团在华投资的以粮油加工、油脂化工、仓储物流、内外贸易为主的多元化企业集团，也是国内最大的粮油加工集团。随着数字信息化技术的升级，传统的从供应链采购到结算的流程无法做到全流程监控，大量的手工对账及开票增加了线下结算流程的沟通成本及风险。在已经建成的财务共享平台（FSSC2.0）的基础上，益海嘉里对财务共享中心的建设提出了更高的需求。为此集团共享中心不断地探索及改革财务结算流程，通过数字化结算协同产品打通与上游供应商的沟通壁垒，升级自动化开票功能，提升业务处理的效率，达成订单从采购、对账、结算、开票到付款全流程、全方位管理，实现高效协同、效益共赢。

供应商的支出和收入的发生存在时间差，基于此形成了大量的资金缺口。基于益海嘉里调研，上游非贸易供应商有75%以上有融资需求。尤其是中小型供应商掣肘于融资困难，无法做大做强。益海嘉里始终坚持和上游供应商不仅是一种买卖关系，更是一种合作共生的伙伴关系，为了更有效地赋能供应商，集团通过结算协同平台搭建供应链金融平台，通过自有资金以及引入银行资金，帮助供应商盘活流动资金，实现供应链良性循环。

　　（此案例节选自中国连锁经营协会发布的《2023 CCFA 零售业供应链最佳实践案例集》，可扫描二维码查看案例微课视频。）

微课

供应链协同
平台全方位
助力数字化
转型

▧ 项目测试

一、判断题

1.供应商调查常常采用问卷调查法，其优点是操作便捷，节省时间，便于对调查结果进行定量研究。　　　　　　　　　　　　　　　　　　　　　　　　（　　）

2.现代互联网发达，为降低成本，目前对供应商调查多采用网络远程调研，对供应商的设备设施、生产工艺等应尽量避免实地调研。　　　　　　　　　　　（　　）

3.只有选择好的供应商，企业的采购战略和竞争战略才能顺利推进，采购绩效才能发挥作用，推动供应商不断改进才能适应企业不断上升的采购需求。　　（　　）

4.在选择供应商的过程中，需要列明供应商评估因素及权重，通常因为采购价格的重要性，采购价格因素权重比例最大。　　　　　　　　　　　　　　　（　　）

5.谈判是为了共赢与解决问题，价格不是谈判的唯一诉求。　　　　　　（　　）

6.合同的公证和鉴证实行自愿原则。　　　　　　　　　　　　　　　　（　　）

7.合同有效期以盖章时间为准。　　　　　　　　　　　　　　　　　　（　　）

8.持续改进，即PDCA管理方法，是计划（Plan）、实施（Do）、检查（Check）、处置和改善（Action）的简称，涉及采购流程的全过程。　　　　　　　　　（　　）

二、单项选择题

1.当企业采购商品数量大、供应商竞争激烈时，可以采用（　　）选择合适的供应商。

A.判断选择法　　　　B.招标选择法　　　　C.协商选择法　　　　D.专家咨询法

2.合同双方当事人应调查对方的资信能力，了解对方是否有签署合同的资格。以下不具备法人资格的是（　　）。

A.农村集体经济组织　　　　　　　　　B.国家机关

C.具有法人资格的企业　　　　　　　　D.总公司的分公司

3.订立合同的当事人一方向另一方发出缔结合同的提议和要求，被称为（　　）。

A.要约　　　　　　B.承诺　　　　　　C.合同草签　　　　D.签订合同

4.受要约人确认做出对要约完全无异议接受的意思表示称之为（　　）。

A.要约　　　　　　B.承诺　　　　　　C.合同草签　　　　D.签订合同

5.国内经济合同争议申请仲裁的期限为（　　）。

A.90天　　　　　　B.180天　　　　　　C.1年　　　　　　D.2年

6.距离远、体积大、高密度、高吨位商品的理想运输方式是（　　）。

A.航空　　　　　　B.铁路　　　　　　C.公路　　　　　　D.水运

7.沃尔玛采用的是（　　　）的运输网络设计。

A.直接发运　　　　　　　　　　B.巡回发运

C.带库存的配送中心发运　　　　D.通过中转越库发运

8.7-11便利店采用的是（　　　）的运输网络设计。

A.直接发运　　　　　　　　　　B.巡回发运

C.带库存的配送中心发运　　　　D.配送中心利用巡回发运

9.依靠人的感觉器官对质量特性做出判断和评价的商品验收方法称之为（　　　）。

A.感官检验　　　　B.理化检验　　　　C.监控检验　　　　D.验收检验

10.见票即付，如同现金的结算方式是（　　　）。

A.银行汇票　　　　B.银行本票　　　　C.支票　　　　D.信用卡

三、多项选择题

1.获取供应商信息来源的渠道包括（　　　）。

A.互联网　　　　　　B.国内外展销会　　　　C.采购指南

D.产品发布会　　　　E.行业协会

2.供应商调查的常用方法有（　　　）。

A.问卷调查法　　　　B.实地观察法　　　　C.文献调查法

D.专家咨询　　　　E.内部讨论

3.好的供应商能提供好的产品和服务，主要表现在（　　　）。

A.产品质量好　　　　　　　　B.产品技术含量高、市场前景好

C.产品价格合适　　　　　　　D.产品货源稳定、供货有保障

4.以下符合供应选择的原则的有（　　　）。

A.全面、客观、具体原则　　　　B.综合性、系统性原则

C.简明、科学性原则　　　　　　D.稳定、可比性原则

5.以下符合采购谈判前的准备工作描述的是（　　　）。

A.准备谈判资料　　　B.确定谈判目标　　　C.制定谈判策略

D.整理谈判中可能遇到的问题　　　　E.安排谈判人员

6.以下对交货期延迟可能带来的影响描述正确的有（　　　）。

A.零售商发生空等影响效率

B.失去顾客信任导致销售额下降

C.为验收延后的订单，员工需要加班导致增加人工费用

D.寻找替代商品存在风险

E.稽催费用增加

7.为确保交货期，企业应该采取的措施包括（　　　）。

A.制定合理的购运时间，合理规划　　　B.加强与供应商联系

C.期中稽查　　　　　　D.准备替代来源

E.加重违约惩罚

8.以下属于采购付款业务流程内部控制中使用的文件是（　　　）。

A.请购单　　　　　B.订单　　　　　C.验收单
D.供应商发票　　　E.借项通知单

项目实训

实训1

【实训目的】

1.掌握供应商调查与选择的方法和流程。

2.能从前期调查的5家供应商中选择1家进行谈判的供应商。

【实训组织】

1.知识准备：供应商的调查与选择。

2.学生分组：每小组3～5人，合理分工，协作完成相应任务。

3.实训地点：综合实训室。

4.如果数据资料难以得到，可根据教师给出的模拟数据与环境，完成整个实训过程。

【实训要求】

采购专员根据销售部门数据，确定新一季开发采购新品，完成基本的供应商调研，初步筛选5家供应商，采购部拟从其中选择一家供应商开展谈判。

步骤1：制定供应商选择标准。

步骤2：对供应商进行评价。

步骤3：选择谈判供应商。

【实训报告】

通过调查获得相关资料后，以小组为单位完成某连锁企业商品采购供应商调查报告。题为"某零售企业某地区某新商品采购供应商调查报告"，报告内容包括：

1.调查目的、调查方法。

2.资源市场调查情况。

3.供应商选择标准及对供应商评价过程。

4.结论，选择谈判供应商。

【实训考核】

实训根据个人和团队表现进行综合测评，内容包含以下几点：

1.资料收集是否全面、真实。

2.调查步骤是否规范，选择供应商方法是否得当。

3.小组内分工是否明确，组员是否有协作精神。

4.小组汇报总结报告是否思路清晰、内容是否充实、重点是否突出，由教师对小组进行评分。

5.实训报告格式是否规范，对小组报告进行评分。

6.根据个人和小组综合评分确定每个学生的实训成绩。

实训 2

【实训目的】

1.使学生掌握采购订单管理、验收入库及结算基本流程及内容。

2.能按照采购需求编制采购订单、填写收货确认单、填写采购结算单。

【实训组织】

1.以小组为单位完成实训任务，小组成员共同完成相应任务。

2.综合实训室，安装采购管理系统软件。

【实训内容】

1.以采购专员身份编制采购订单，并在采购管理系统中完成操作。

2.以采购专员身份模拟验货并编制采购验收单，请采购专员编制收货确认单。

3.以采购专员身份在采购管理系统中编制采购结算单，并提交采购主管审核。

【实训考核】

实训根据个人和团队表现进行综合测评。

学习评价

根据本项目内容学习和实训完成情况，填写表4-6。

表4-6　　　　　　　　　　　　　　学习评价表

专业能力	评价指标	自测结果	备注
能对供应商进行选择并进行谈判	掌握调查供应商的方法与步骤	□优秀□合格□不合格	
	掌握选择供应商的方法与流程	□优秀□合格□不合格	
	掌握谈判的目的、准备、内容与技巧	□优秀□合格□不合格	
能对采购合同进行拟定与履行	掌握采购合同的内容、签订步骤与管理	□优秀□合格□不合格	
	掌握采购订单管理	□优秀□合格□不合格	
	掌握采购验收与结算	□优秀□合格□不合格	
项目测试完成质量		□优秀□合格□不合格	
项目实训完成质量		□优秀□合格□不合格	
综合成绩		□优秀□合格□不合格	

项目5
供应商管理

■ **学习目标**

【知识目标】

✓掌握供应商的分类

✓掌握供应商选择前的评估指标

✓掌握供应商长期合作关系

✓掌握供应商选择后的绩效管理体系

✓了解供应商集成

【能力目标】

✓能够建立供应商准入机制

✓能够维护供应商管理池

✓能够设计供应商绩效评估表

✓能够根据供应商绩效评估结果进行分类

【素养目标】

✓具备客观、公正的处事原则

✓具备实事求是的工作作风

✓具备团队协作精神与协调沟通能力

✓具有强烈责任感

■ 学习导图

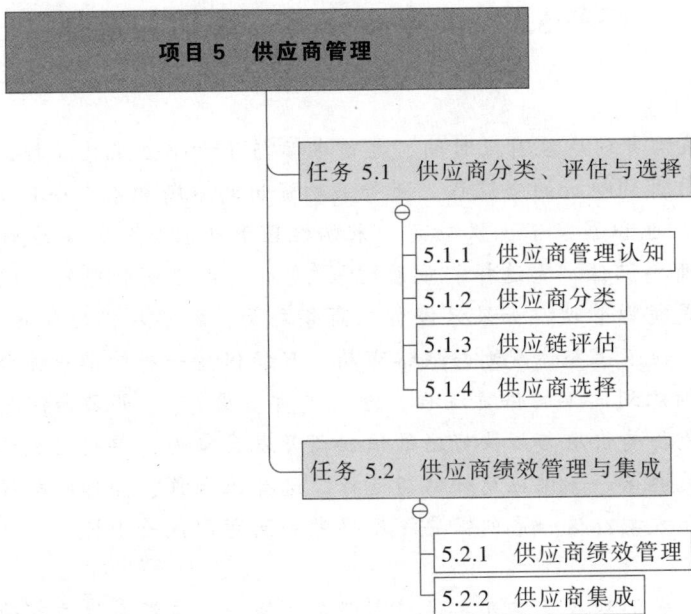

■ 引例

　　A公司总裁S先生在商界打拼多年，他一直在思考中国为什么出不了世界级的零售企业。中国的零售企业多是区域性的，很少有全国性的，更少有走出中国成为全球性零售企业的。中国市场巨大，国内零售企业更懂中国人的消费习惯和市场状况，中国又是世界工厂，商品应该是要啥有啥，外资零售既没有以上优势，还要克服管理跨度广、地域文化差异等问题，似乎没有理由在中国市场大行其道。S先生比较了中外零售差异，发现国外零售商普遍在供应商和供应链上下功夫。这些优秀的世界零售企业，想办法从原材料开始把商品成本降下来，把品质提上去，不断优化供应链，提高商品性价比和商品力，用商品说话，帮消费者省钱。此外，市场上的国外零售企业经历各种考验，形成了一套成熟的管理方法，靠组织、靠流程、靠系统管理，标准化和可复制性高，可平衡发展，全球开店。S先生深知供应链战略与企业竞争战略的关系，供应链竞争的核心在于效率提升、成本降低、信息通畅、数据精准、创新发展等几方面。这更加坚定了S先生想把公司的供应链管理打深打透，从而给消费者提供性价比高的商品和体验好的服务。说到供应链战略与采购战略的管理，不得不说供应商管理这一核心话题。它不仅决定企业未来的成长空间，也决定企业发展的健康程度。S先生坚信对供应商进行有效管理不仅必要，而且是企业一项竞争优势，他将供应商视为企业运营资源，思考如何通过有效管理和协同外部供应商资源提升企业竞争优势，并全力在执行层面进行转化。

　　那么供应商管理到底应该如何管？S先生一直强调的是"重选择、重管理"，供应商该如何选，如何管？带着这些问题，我们一起开启本项目的学习吧。

任务5.1 供应商分类、评估与选择

【任务导入】

小 E 进入采购部门已经有段时间，之前也参与了咖啡豆采购项目，完成从供应商选择到合同签订再到执行的全流程。随着采购资历的不断积累，小 E 开始负责越来越多的品类采购，也积累了不少供应商。采购经理和小 E 交代，供应商的管理非常重要，管理供应商要记住"重选择、重管理"，这就是供应商管理的门道。切记供应商的管理不能只是货源管理，如果只停留在商务表面，就陷入供应商管理的价格误区，只顾眼前利益，谈不上整体规划与战略布局，只能保持一种短期业务合同关系，整个采购环节也被缩短到简单的供货流程，沦为"货源屠户"。那么如何避免供应商管理重点错位，避免物美价廉与多快好省的供应商开发乱象呢？要想达成这些目标应做好供应商开发的关键点——供应商评估与选择，选择谁合作？合作的路径是什么？达成怎样的资源整合方案？这一系列需要深度思考的问题困扰着小 E。

任务分析：

在采购中，我们到底是在开发供应商还是选择一个货源？供应商管理应该与企业竞争战略相协调，形成一个以竞争战略为基底、以供应链盈余（顾客价值与供应链成本差额）为核心的"采购战略金字塔"。因此，供应商的评估与选择，应该基于采购战略匹配，各部门协同发展。

5.1.1 供应商管理认知

1）供应商管理的目的

供应链是从供应商的供应商到客户的客户的价值链。供应链管理是对贯穿其中的产品流、信息流和资金流的集成管理，以把速度和质量提上去，把成本降下来，给客户提供最大价值为目标。在零售、贸易、电商领域，70% 以上的产品成本来自供应商，即供应商在为 70% 以上的供应链增值活动负责，供应商绩效决定了供应链绩效。没有供应商就没有供应链，没有供应商管理就没有供应链管理。

供应商管理是指对基于企业战略所进行的供应商开发、评估、筛选、绩效管理与辅导改善管理等综合性工作的总称。在采购与供应链管理中，供应商资源是企业战略资源，是采购战略的重要内容。

（1）供应链全球化，要求更好地管理供应商

伴随着全球化和技术飞速发展，供应链跨度、长度在增加，可见度和可控度在下降。在技术驱动行业发展的时代，技术越发展，专业分工越细，供应链也就越长越难管控。这些都客观上要求企业强化供应商管理，以有效管理供应商资源，控制供应链风险。对很多本土企业而言，供应链风险管理薄弱，不光是风险管理不完善，更重要的是没有系统地选择与管理供应商。

（2）供应商管理是保持、提高供应商绩效的关键

选择一个合适的供应商至关重要，但是准入供应商之后，还要对供应商进行有效的绩效评估与集成，通过定期统计供应商绩效，及时采取措施，维持和提高供应商绩效。此外还应通过精益生产降低生产成本，通过电子商务降低交易成本，通过价值分析降低设计成本，通过供应商协作与集成把产品和供应链总成本降下来。

2）供应链管理内容

采购战略是基于公司战略与品类决定的，当产品属性与差异化战略不同时，就有不同的采购方案。甚至随着产品定位的变化，采购战略也需要调整。供应商管理是采购管理战略的核心内容，决定企业未来发展。采购经理人也清楚地意识到对供应商进行管理的必要性与重要性，力图通过有效管理供应商资源提升企业竞争优势。供应商管理涉及以下要点：

（1）企业竞争战略与供应链战略匹配，分解采购战略。

（2）基于竞争战略与采购战略，构建供应战略与供应商管理体系。

（3）将采购与供货管理作为一个利润中心建设，各部门业务功能协调整合。

（4）控制风险，优化供应商绩效评估与管理。

（5）建立供应商战略管理，努力与供应商建立长期紧密关系，实施供应商集成。

供应商管理基于企业质量、成本、客户体验及创新等战略，层层分级至采购战略，再将采购战略分解为供应战略、供应商评估与选择、供应商绩效管理与供应商集成，有效支撑整个企业战略。企业供应商管理内容如图5-1所示。

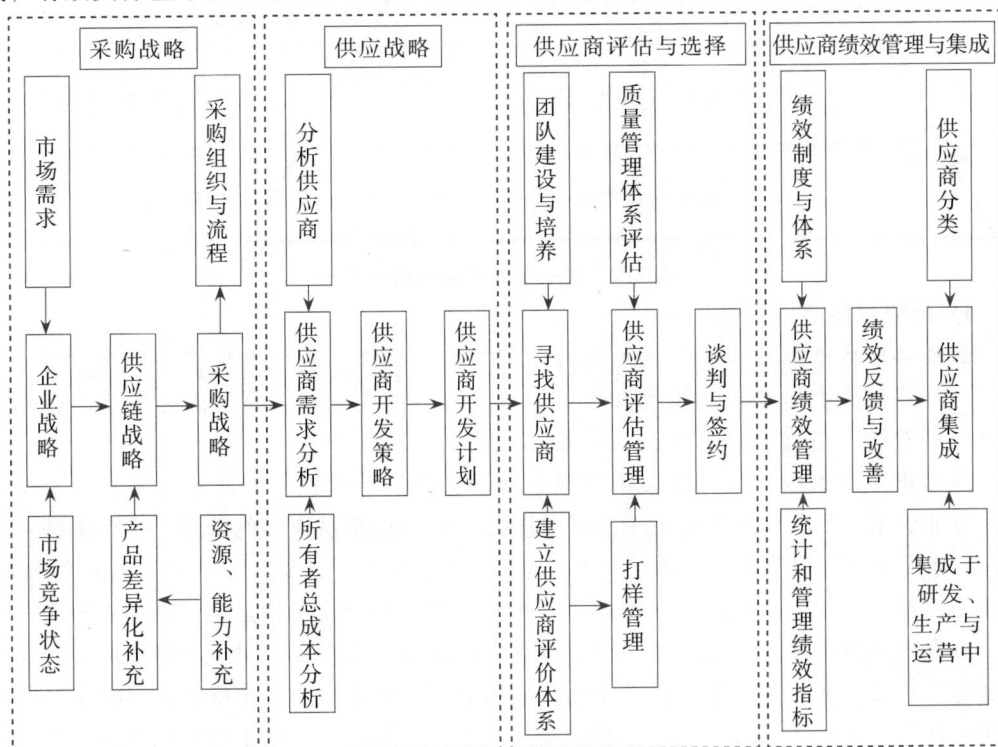

图5-1 企业供应商管理内容

5.1.2　供应商分类

分类就是我们通常讲的"品类管理"，即把有共性的采购对象归并到一起，设置专门的采购、技术和质量团队来管理。缺乏差异化，就无法将有限的资源分配给回报率最高的供应商。"胡子眉毛一把抓"的工作方式注定会让采购人员越来越忙，导致采购效率下降。缺乏专业的采购管理会让企业的供应链管理能力越来越弱。而有针对性的供应商管理则可以提高管理效率、降低管理成本。

这里我们介绍一种北美常见的分类方法，即把供应商分为五类：战略供应商与优选供应商为可增长型伙伴，消极淘汰供应商和积极淘汰供应商组成淘汰对象，中间观察对象为资格未定供应商，如图5-2所示。

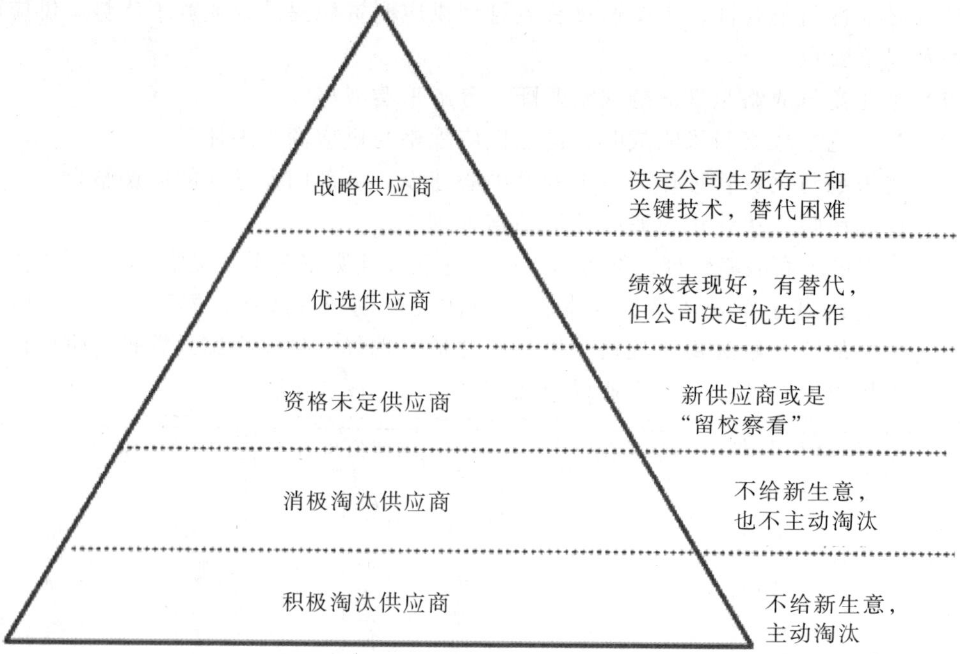

战略供应商　　　　　决定公司生死存亡和
　　　　　　　　　　关键技术，替代困难

优选供应商　　　　　绩效表现好，有替代，
　　　　　　　　　　但公司决定优先合作

资格未定供应商　　　新供应商或是
　　　　　　　　　　"留校察看"

消极淘汰供应商　　　不给新生意，
　　　　　　　　　　也不主动淘汰

积极淘汰供应商　　　不给新生意，
　　　　　　　　　　主动淘汰

图5-2　基于绩效的供应商分类

1）战略供应商

战略供应商指那些决定公司生死存亡的供应商，因为它们有独特的技术、产品和工艺。战略供应商对公司的生存和发展至关重要，如同唐僧团队里的孙悟空，合则双赢，分则双输，应该着眼长远，培养长期关系。

战略供应商难以替代，有关键技术且决定公司生死存亡，因此有能力，但也有脾气，行业的壁垒很大程度上取决于战略供应商。针对战略供应商的管理，主要依托长期合同、季度会议和供应商改进小组。首先对于战略供应商，公司应该和它签署长期协议，好处是明确双方期望，约束双方行为。其次，签订长期合同后就是绩效管理。每周、每月、每季度都需要做好绩效汇总，这里重点讲解季度业务汇报，对于战略供应商，每个季度需要召开一次业务汇报，由供应商和公司的高层领导参加，包括采购、技术和质量等相关部门。最后，战略供应商一般都在技术发展的最前沿。对于特定的技术，企业应安排采购、设计、质量等部门成员组成供应商行动小组，督促、帮助战略供应商改进。

值得注意的是，战略供应商管理已经超越采购层面，需要整合公司不同层级、不同职能的力量来管理。当然，采购部门仍然是第一责任人，需要扮演领导者角色，整合企业各方资源，给相关各方提供信息，从而督促、帮助供应商改进。

战略供应商带给企业的主要是差异化优势，企业的产品卖得好，关键是战略供应商提供的产品性能好。因此，战略供应商带给企业的不是成本优势，成本优势主要来自优选供应商。与战略供应商建立战略关系，要讲战略、看长远、谋双赢。讲战略是在公司层面形成供应商战略，研发、采购、品质等跨职能部门形成合力跟供应商打交道。战略供应商很难谈价格，尤其是采购后续的备件和服务。如果在签订合同时一并敲定备件条款，则可以省掉很多后续麻烦。看长远，指的是长期关系，在长期关系下，双方的依赖程度很高，也会驱使双方更加理性。长期关系需要双方刻意维护，但采购方居于主导地位。特别是未来的新生意，作为采购商能影响的因素，采购商可以利用这些影响供应商决策。谋双赢，意味着采购商得允许供应商有合理的利润。在一个充分竞争的市场，战略供应商的报价就是合理的价格。谋求双赢是出发点，也是战略供应商关系的基调。

2）优选供应商

优选供应商的绩效好，但是可替代。优先供应商和战略供应商有根本区别：战略供应商的身份更多是天生的，它们有难以替代的技术、产品或工艺；而优选供应商的身份是挣来的，它们必须在价格、质量、交期、服务等方面出类拔萃。在唐僧团队里，孙悟空是典型的战略供应商，因为它很难替代，沙和尚是典型的优选供应商。

企业应该将新生意交给战略供应商、优选供应商，它们是采购商的增长型伙伴，企业应该以选择为核心，通过新生意激励供应商，为公司增加更大的价值。企业将新生意授予最合适的供应商，可避免诸多后续问题，如质量、交期、服务等问题，或者采购额太分散导致议价权下降。

3）资格未定供应商

资格未定供应商分两种情况：第一种是新供应商，企业对其表现还不清楚，于是给一定的期限（如半年）来考察；第二种是原来的优选或者战略供应商在绩效评估的时候降级，"留校察看"一段时间。考察期满，符合条件升级为优选供应商或者战略供应商，不符合条件降级为消极淘汰供应商或积极淘汰供应商。

因此，资格未定是暂时的，比如半年，这段时间如果供应商补齐短板，则升级为合格供应商；或者启动淘汰程序，成为淘汰对象。资格未定供应商的特点是风险与机会并存：新供应商表现还不能被证明，因此有风险；"留校察看"的原有供应商因为绩效有问题，需要重新证明自己，也存在风险。对供应商进行分类的好处由此可见：供应商分类传递了清晰的信号，便于内部沟通。

4）消极淘汰供应商

消极淘汰供应商不再得到新生意，但企业也不会主动把现有的生意挪走。随着老产品的下市，这样的供应商自然被淘汰。对于这种供应商需要理性对待，如果绩效还可以，不要破坏现有的平衡。从供应商的角度来说，产品再生产了，额外的投入不多；对采购商来说，重新选择供应商成本太高。这样维持现状是最好的选择，但可能存在供应商不能盈利或不愿继续供货，采购方也不愿重新找供应商的情况。那么通常供方的力量会更大，可能出现对采购商的商品重视度不够，绩效不理想的情况。这对采购商而言是极大的调整，真正解决问题的方案，就是确保生意最初不要流入这样的供应商。

通常企业消极淘汰的供应商占比不高，一方面可能是由于企业供应商管理做得好，该淘汰的供应商均已淘汰；另一方面就是企业供应商管理做得非常不好，在供应商层面没有系统管理。所以说，消极淘汰供应商是从大乱到大治的过程产品。

5）积极淘汰供应商

积极淘汰供应商不但得不到新生意，而且现有生意都得移走。这是供应商管理中最极端的情况。对这类供应商要防止"鱼死网破"，采购商一定要确保另一个供货渠道已经开通。因此，采购商在导入供应商时，一定要在合同中加入相应的保供条款，比如采购方下订单，供应商就得接受；供应商要终止某项产品，需要提前例如6个月通知客户等。

从战略角度看，积极淘汰供应商相当于"下谋伐城"。除了供应风险外，资源投入也是一大挑战。积极淘汰表面上是淘汰了一个供应商，实则还需另外再找一个供应商。因此是两倍的投入，一倍的产出，投资回报太低。

☑ 互动课堂 5-1

表5-1是某企业的供应商分类，该公司对供应商进行打分，进而对供应商进行分类。请讨论该分类方法是否有问题。

表5-1　　　　　　　　　　　　　　　某企业供应商分类

	战略	优选	资格未定	淘汰
分数	100	80~99	60~79	<60
半年评估	否	是	是	是
参与设计	是	是	是	否

💡 小贴士

战略供应商更多是由不可替代来决定的，而不仅仅是绩效得分。且正因为技术难度高，供应链复杂，供货周期长，战略供应商的绩效往往问题很多，比如交付周期长，按时交付差，质量不稳定，尤其是挑战性强、工艺复杂的新产品。如果简单地按照绩效一刀切，这些供应商就不可避免地成为淘汰供应商。

在参与设计上，我们对资格未定供应商要慎重。这类供应商或者是新供应商，或者是绩效出了问题的老供应商，风险都相当高。

就半年一次的评估频率而言，请注意一个企业没有足够的资源对所有的供应商定期评估。作为管理者，在供应商评估问题上，要抓大放小，把管理资源聚焦在真正重要的供应商身上，即未来新生意流向的供应商。因此，淘汰供应商是不需要定期评估的。对于优选供应商，因为大部分采购业务都给了它，必须定期评估，但要避免过于频繁的评估。对于资格未定供应商，确实需要定期评估，督促、帮助供应商制订和落实改进方案。对于战略供应商，特别是有绩效问题的战略供应商，要定期评估，识别和消除绩效差距。

总结以上内容，有以下几点需要关注：

第一，纳入新供应商，需要做全面的供应商评估，确保供应商能满足最基本要求。

第二，战略供应商、优选供应商绩效出现重大问题时，需要及时评估质量、生产和物料管理体系，以防未来再发生此类问题。

第三，定期评估。鉴于资源有限，评估对象主要限于新生意更多的供应商，应根据企业具体情况调整。

5.1.3 供应商评估

供应商评估就是通过分析供应商的历史绩效、财务状况以及质量、生产、物料管理体系，评判其好坏，为下一步选择供应商做准备，也作为后续绩效改善的基础，制订进一步的供应商改善方案，以成为采购商的合格供应商。

1）供应商财务分析

财务分析是供应商风险管理的重要一环，主要包括四个方面的内容，即清偿能力（也称偿债能力）、盈利能力、周转能力及资本结构，具体见表5-2。

表5-2　　　　　　　　　　　　　　供应商财务分析

	关键财务指标	计算公式	描述对象	备注
清偿能力	流动比率	流动资产/流动负债	企业短期偿债能力	通常比率越高表明企业短期偿债能力越强，一般情况应该在2左右，低于2的话，表明企业可能短期偿债困难
	速动比率	（流动资产-存货）/流动负债	企业短期偿债能力	通常比率越高越好，一般在0.5~1之间比较合适
	净运营资产周转率	（流动资产-流动负债）/总资产	企业偿债能力	必须是正的
盈利能力	资产回报率	净利润/平均总资产	企业利用资产的效率	若该指标低于竞争对手，往往表明对手在财务、技术、质量、库存管理上做得更好
	净利润率	净利润/营业收入	企业盈利能力	越高越好，与竞争对手、历史表现相比，可以看出公司盈利水平
周转能力	应收账款周转率	赊销收入净额/应收账款平均余额	企业及时收回账款的能力	周转率越高，说明回款能力越强，资金利用效率越高
	应付账款周转率	销售成本/应付账款平均余额	企业管理应付账款的能力	周转率高，说明企业从采购到付款的周期越短
	库存周转率	销售成本/库存平均余额	库存周转能力，满足需求和把流动资产转化为现金的能力	周转率高，说明从销售到现金的时间短；周转率低，说明更多的资金积压在库存上，公司资金的利用率不高
资本结构	产权比率	负债总额/股东权益总额	公司的资本结构	越高说明风险越大，但也不是越低越好，企业的股价会受这一指标的影响
	长期负债与权益比率	长期负债/股东权益总额	公司的资本结构	总的来说越高越好，但企业的股价会受这一指标的影响

供应商的财务分析从清偿能力开始。速动资产是流动资产扣除存货，即现金或是变现很容易的资产。库存被当作流动资产，但往往流动性很低。与同行企业相比，存货周转率越低，表明存货周转周期越长，效率越低，企业经营也就越差。清偿能力取决于盈利能力，体现在资产回报率和净利润率上。盈利水平是财务结果，取决于企业的周转能力，反映在应付账款、应收账款和存货上。企业运营良好，这三个指标都较低。企业运营不好，回款就慢；回款慢，现金周转就不好，没钱支付供应商货款，应付账款就高。供应商的资本结构是供应商的基石，决定供应商的长期绩效。

需要注意的是，财务指标没有绝对意义，要与竞争对手或是历史绩效作比较才有意义。做出重大决策时通常要参考这些指标，例如与供应商建立长期合作伙伴关系。对于上市企业，这些数据都在公开的财务报表上；对于非上市企业，很多数据无法搜集，只能另想他法。对于非上市企业，采购商也可以直接向供应商索要财务报表。在采购方承诺保密的情况下，有的供应商乐意提供。但这些财务报表一般没有经过审计，准确性无法保障，也不排除供应商作假的可能。

2）评估供应商质量管理、生产管理、物料管理体系

供应商评估除了评估财务能力，还要评估供应商的质量管理、生产管理、物料管理体系。因为这三大体系保障了供应商运营绩效，也是供应商财务能力的源泉。在建制成熟的企业，这三大体系的评估都有成套的问卷以及评分标准。在评估方法上，有的企业会让供应商先自我评估，然后到现场逐一复核。质量、生产和物料管理体系的评估是重武器，一般会在新供应商导入、重要决策（如供应商整合）或是重大问题发生时进行（如重大质量事故），以全面评估供应商的关键能力并提出改进计划。对于一个成熟的企业，特别是在特定的行业、地域有一定历史的企业，很多供应商其实已经在跟企业做生意。对于这样的供应商，公司有相当多的历史绩效数据，这是最准确、最可信赖的数据。在表5-3中，一家企业从质量、成本、交期等多方面评估现有供应商，决定哪些应该是优选供应商，哪些应该淘汰。针对每个指标，企业都应有具体的评分标准，由专门的职能部门或人员来评分。

表5-3　　　　　　　　供应商质量、生产、物料管理体系评估分析

	质量		成本		交期
评分	13周次品率	质量事故	成本	降本积极性	13周按时交货率
优秀	<300	没有	最好的	分解成本，建议降本合作	95%以上且有上升趋势
良好	<1 000	没有	高出0~5%	积极提出降本建议	90%以上
一般	<3 000	没有	高出5%~10%	降本建议不彻底	80%以上
差	其余	一个或多个供应商原因	高出10%以上	没行动	其余
责任人	供应商工程师	供应商工程师	采购经理	采购经理	采购员

评分	服务						技术				
	合作容易度	电子商务	及时汇报订单状况	响应速度	快速打样	产能爬坡	管理体系	生产体系	质量系统	设计系统	关键技术
优秀	优秀	100%采用网上系统	及时更新交货时间	当天回复	1天报价3天交货	3个月翻番	有系统流程且提高改进	有MRP、5S等	ISO认证	能设计模具,具有CAD和CNC编程能力	具备所有要求的技术能力
良好	良好	90%以上采用网上系统	每周更新交货时间	24小时以内回复	2天报价一周交货	4个月翻番	有系统流程	有部分产能分析	1年内通过ISO认证		具备90%要求的技术能力
一般	一般	80%以上采用网上系统	偶尔更新交货时间	跟进后回复	4天报价10天交货		有一些流程	有MRP,部分5S	2年内通过ISO认证	有CNC编程能力	具备80%要求的技术能力
差	差	不用网上系统	不跟踪不更新	不跟进不回复	其余	其余	其余	没有MRP	没有	没有CNC编程能力	不可接受
责任人	采购经理	采购员	采购员	采购经理	采购员	采购经理	采购经理	供应商工程师	供应商工程师	供应商工程师	供应商工程师

评分	资产管理	财务状况		全球支持	售后市场
	缩短交期	稳定性	行业依赖度	是否有全球网络	是否在售后市场竞争
优秀	前置期缩短到2周以内	营业额高于1.5亿美金,盈利	<20%	有	不竞争
良好	前置期缩短到3周以内	营业额3 000万~8 000万美元,盈利	20%~50%	没有,但在构建过程中	竞争但不主动
一般	前置期缩短到4周以内	营业额8000万~1.5亿美元,盈利	<60%		竞争且愿意协商
差	其余	其余	其余	没有,无建立计划	竞争且不愿意协作
责任人	采购经理	采购经理	采购经理	采购经理	采购经理

在以上评估指标体系表格中,对于非客观指标,如降本积极性、合作容易度、质量系统、关键技术,我们需要相应的职能部门来打分,因为他们熟悉情况,能更好地

进行主观判断。对于有客观标准的，例如13周按时交货率、13周次品率，数据都在信息系统里，也需要专业职能部门评估，便于决策执行。供应商管理是一个跨职能的任务，供应商评估也需要各部门协作，避免采购部门对供应商的片面评估，要形成供应商选择、整合、开发等重要决策的优化机制。

最后需要说明的是，具体的评分标准放到不同行业、企业需要根据自身战略做出调整，以适应供应链能力，提升竞争战略。这些标准，无论是主观的还是客观的，总会有争议，重要的是行业或是同规模企业用同样的标准，供应商之间就有了可比性。

☑ 互动课堂5-2

某连锁企业对供应商采用扣分的红黄牌、黑名单等管理措施（见表5-4），请小组讨论这样的供应商评估方式是否可取。

表5-4　　　　　　　　　　　某连锁企业的红黄牌及黑名单管理办法

序号	类型	事项描述	说明
1	黄牌	供应商原因造成的供货延误，经采购商努力未影响商品销售	● 每出现1次符合黄牌标准的行为，记1次黄牌，双方暂停合作6个月
2		产品出现质量问题，严重影响销售，引发顾客投诉且供应商服务跟进不力	● 协议期内累计2次黄牌，双方合作暂停1年
3		合作期间连续3次进入供应商评估"黑榜"	● 3次黄牌按照红牌处理
4	红牌	出现商业贿赂采购商行为	● 每出现1次符合红牌标准的行为，记1次红牌
5		供应商原因实质性影响采购商销售	
6		交付商品货不对版，且以次充好未达到合同质量标准	
7		出现严重的产品问题或者质量问题，供应商不跟进，给采购商造成直接经济损失或是声誉负面影响	● 协议期内累计1次红牌，双方合作暂停2年
8		供应商单方面毁约	
9	黑名单	供应商出现比上述红黄牌规定更为严重的质量、生产、物料管理事件	● 符合黑名单标准的合作方，双方暂停合作3年

💡 小贴士

没有完美的供应商，经过供应商评估，选择合适的供应商，通过后期管理来改进。红黄牌的做法，本质上是拿淘汰取代管理，但容易陷入频频导入供应商的怪圈，导致采购额分散，供应商绩效无法得到实质性改进。没有完美的供应商，我们无法通过选择来找到完美的供应商，不但要选择，还要有管理。采购商要有严格的管理措施，从设计到制造到质量，对全流程要有管理。

微课堂 5-1

扫描二维码学习微课：什么是供应链。从零售企业管理者视角，了解更多有关企业在供应链和供应商管理中的知识和实践案例。

微课

什么是供应链

【延伸阅读 5-1】　　　**古茗这款新品火出圈，原来背后的秘密在这里**

2023 年底，"千里暮山红"着实火出圈，这款随着古茗与天官赐福联名活动一同推出的轻乳茶新品，一经上新就受到消费者的追捧，短短两个月，已经卖出近 1 500 万杯。不止"千里暮山红"，古茗今年还有龙井香青团、招牌柠檬茶多款饮品同样受到大家的喜爱，其凭借对产品的创新、对品质的追求，不断赢得消费者的信赖、认可。

"古茗品质"的背后，是产品力、供应链和管理能力的体现。

供应链触达能力保障的是一杯饮品的底线。今年古茗供应链精细化升级，具体体现在：(1) 配送频次再次提升，门店较为密集的区域，已经可以从两天一配，提升至一天一配；(2) 仓储精细到区分"温区"，例如不同的水果，会划分出多个不同的温度区来保存，有些水果储存可能仅相差 1~2℃，只有这样精细化的分类管理，才能最大化地保障水果品质；(3) 自研订配系统，实现"订货+定制物流方案"的一键式操作；(4) 物流配送全链路监控，古茗自有冷链物流车近 300 辆，为了保障产品品质，古茗在配送过程中，有一套严格的"全链路监控"规则；(5) 古茗在全国范围内的物流仓库已经达到 23 个。

在原材料方面，古茗严把茶叶、水果、牛奶等原料的质量关，从源头保障产品质量。在遴选茶底原材料时，古茗主要以选茶底为主，参与供应商部分加工工艺的改进，使其风味符合古茗的产品需求。此外，古茗的标准是以国标为基础，并制定相关的验收标准。在优选水果原材料上，古茗原产地直采，从源头把关鲜果品质。不仅如此，古茗还在云南西双版纳自建柠檬基地，自 2016 年起，经过 7 年的发展，基地整体种植面积已经达到 4 300 亩，种植了 17 万株中国台湾香水柠檬，迄今为止，是全国最大的中国台湾香水柠檬基地。

(此文节选自"经济观察报"公众号 2023 年 12 月 21 日同名文章，欲了解全文，可通过该公众号查看。)

5.1.4　供应商选择

1) 供应商选择相关问题

(1) 供应商评估指标权重分配

在供应商评估指标体系中，众多的指标如何分配权重呢？是否通过加权平均选择供应商？供应商的选择是一个决策优化的过程，并不是通过简单的加权平均就能获得最优决策。不同的行业、不同的企业、不同的采购品类（商品），甚至是同一家企业不同的发展阶段，对供应商绩效的侧重点都是不一样的。这意味着权重需要经常调整，且因供应商评估指标众多，仅从加权平均的数值判断，即便最后几个供应商的评分是一样的，可能几个供应商之间有天壤之别，因此不能仅靠一个加权平均后的数字做决策。

因此，需要"从数据开始，由判断结束"的方法，在数据基础上，采购部门应能说服设计、质量部门，通过职业判断选择合适的供应商。前文图4-3所示的案例中，如果产品技术比较成熟，但成本压力很大的话，采购商就可以选择低成本的供应商2。从供应商分类角度，供应商2属于优选供应商，如果选择该供应商，潜在的风险就是技术和质量。质量部门如果一起做出这样的决策，后期质量部门就得帮助供应商改善质量，而不是一旦出现质量问题让采购部门启动淘汰流程，寻找新的供应商。

如果采购商对技术、质量的要求高，则可以选择技术好的供应商1。从供应商分类角度，这是一个战略供应商，这样的供应商通常不太容易管理，因为它有技术且有脾气。这意味着后期供应商谈判过程中，价格谈判会很困难，需要技术部门协助，通过优化设计来降本，而不是强求采购部门在谈判中降价。

☑ 互动课堂5-3

请结合以上供应商评估与选择教学内容，分小组讨论：究竟怎样的供应商才算得上是好供应商？

小贴士

心目中好的供应商，应该是有能力且愿意跟我们合作的供应商。如同若干年前欧美企业到中国寻找货源，价格实惠就是好供应商，但是质量不够好。若干年过去了，外企发现中国企业的质量上去了，价格也高了。供应商能力有了，意愿却没有了。于是欧美企业向东南亚等低成本区域转移寻源。如同员工管理，新员工有意愿，却没能力，老员工有能力，却意愿不强。因此新老都要管理，只是方式和侧重点不同。

（2）供应商选择考量因素

供应商选择是品类战略的关键要素，解决一个企业的核心问题，针对具体品类，有众多供应商可以选择，究竟该选择哪些作为合作伙伴？供应商的选择需要考量的因素主要有三点：

第一，规模效益，即面对供应商，采购商能成为大客户，获取规模优势以及更好的支持。从品类决策考量，选择供应商，既要有规模效益，又不占供应商业务比例太高。需要特别注意，业务不能太集中，如果占供应商的业务比重太高，采购商的业务容易受到供应商影响，供应商风险增大。

第二，竞争的充分性，要解决的核心问题是对于一个品类，究竟有多少个供应商能算是充分竞争。当形成实质性竞争的时候，两个供应商就是充分竞争。通常情况下采购商缺的不是供应商的竞争不充分，而是管理得不到位。如果供应商只有选择，没有管理，轻易淘汰，这样就会存在供应商绩效问题。另外需要强调的是，单纯的市场行为无法带来差异化的竞争优势，真正带来差异化竞争优势的是企业行为，如供应商管理，而不是单纯依靠竞争管供应商。

第三，供应风险，即如何应对供应商可能出现的交期、质量等绩效风险。通常企业的做法是备份，同一个品类，选择两个或是更多的供应商，称为多点寻源。但实际上，多点寻源的供应商忠诚度低，通常不会协助采购商优化设计，也无法控制成本。另外，多点寻源会牺牲规模效益，从根本上造成交付和质量问题。此外，多点寻源会导致采购份额分散，弱化对供应商的管控力度。以上情况反映了一个根本问题，企业在供应商选择上之所以采用一品多点，以备份的方式应对供应风险，根本原因就是管理能力不足，没有能力选择合适的供应商，并把供应商管好。因此需要"重选择、重管理"的方式应对风险。在品类决策上，料号层面一品一点获取规模效益，品类层面两点或多点寻源控制供应风险。举个例子，某零售企业采购瓷茶杯（品类），红色是一个料号，绿色是一个料号，每个料号都只选择一个供应商，以获取规模效益，但在品类层面，可以有两个供应商，万一红色料号的供应商交期出现问题，也能在短期内启动绿色瓷茶杯供应商。通过供应链的安全库存应对转换期间的短缺。风险是任何一个决策的一部分，一流的企业和经理人能清楚识别和量化风险，并与收益权衡，承担经过计算的风险。风险的概念是二维的，一是发生后的影响，二是发生的概率。对于供应商管理的风险控制，还是要从改变能力以改变行为入手，提高供应商选择与管理能力，选好供应商是第一步，管好供应商，确保后续绩效是第二步，不用层层备份。

2）与关键供应商建立长期关系

在供应商选择上，为了整合供应商，增加规模效益和议价能力，企业往往需要对整个供应商群进行一次性评估，选择部分供应商作为长期合作伙伴，这些供应商就是企业的增长型伙伴，越来越多的新生意将流入这些供应商，企业对这些供应商的信赖度也会越来越高。所以和这些增长型伙伴（主要是战略供应商和优选供应商），我们需要建立长期合作关系，同时制订改进方案，进一步改善绩效。

对于其他供应商，有潜力的可以归为资格未定供应商，成为后续开发的对象；没有潜力的就要淘汰，不管是积极淘汰还是消极淘汰，这样企业的供应商群会有很大的改观，如图5-3所示。

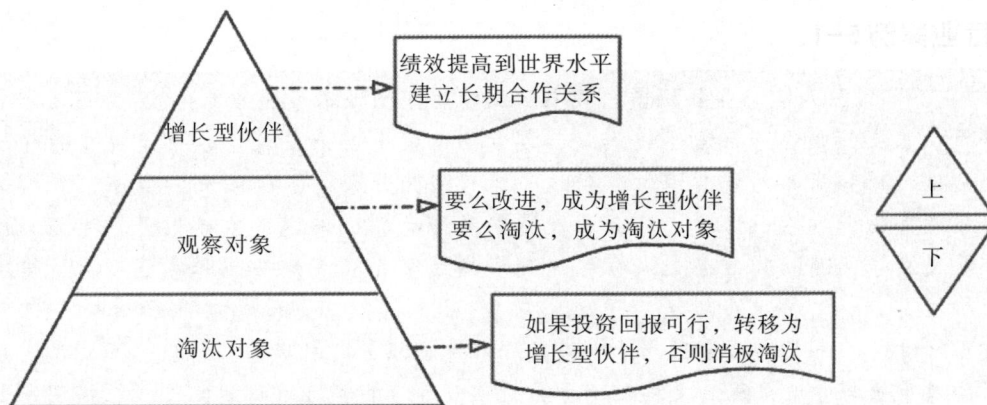

图5-3 企业需与数量有限的优质供应商长期合作

长期关系主要对象是关键供应商，即战略供应商和优选供应商。同时，长期合同是一个重要承诺，一定要获得相应的回报，如未来几年降本的空间、整体绩效的提升或是新产品开发的支持等。

供应商长期关系的体现之一就是长期协议，目的是为双方未来几年的合作奠定基调。对零供双方而言，长期协议是一个很大的承诺，合同的签订和维护需要涉及多个职能部门，花费巨大的精力，得按照一定流程有条不紊地进行。需要注意的是，长期协议力求抓住重点，简单且标准化。短期关系因为双方信任度低，合同需要细致明确才能起到应有的作用。

【延伸阅读5-2】 ··········· **揭秘宜家中国供应链：一张床垫从生产到销售的旅程**

宜家对供应商有一套严格的筛选标准，包括对供应商的产品及生产过程的一套详细的品质管控和评判标准，这在宜家内部被称为"IWAY"行为准则，即宜家采购商品、材料和服务的行为准则。IWAY考察供应商在社会、环境和工作条件等各方面的状况，它是供应商与宜家开展业务的前提条件。

浙江省嘉兴市嘉善县的盛诺集团，是宜家记忆棉床上用品和舒适用品的制造商。自2015年与宜家合作以来，不仅逐渐发展成宜家创新型供应商，与宜家共同开发凝胶凉感床垫，还完成了车间的重新规划，产能大幅提升。当初，企业高层认为，要发展壮大并不能只看短期，集团如果展开和全球顶尖企业的合作，意味着必须推动内部管理优化，这一动作从企业内部自发推动起来，进程较慢。经过讨论，盛诺集团做了一个重大决定，即不管投入多大，这件事都要干且要得干好。

盛诺集团方面称，和宜家合作能获得长期稳定的订单，以促进利润和业务的增长，尤为关键的一点是，能实现知识传输和供应链的重新整合优化。宜家还会在过程中分享顾客的需求、技术新实践的行业参照等内容，双方共同探索一些领先的理念，一起在生产和产品上找到创新性的解决方案。

（此文节选自"经济观察报"公众号2019年9月25日同名文章，作者郑淯心，欲了解全文，可通过该公众号查看。）

> **行业案例5-1**

深入核心业务场景，飞书帮助物美集团降本、提效、合规

在零售行业的商品流通链路中，质量安全关乎企业安危。其中最重要的环节就是供应商和商品的资质审核。而这一流程极为复杂，不仅涉及供应商、采购部和质量部的三方沟通协作，还会出现不同类型商品认证体系各不相同、资质文件纷繁复杂等问题。如何简化流程、提升审核效率已经成为每个零售企业亟待解决的难题。

针对这一痛点，物美创造性地将资质审核流程与飞书审批相结合，开发了一系列高效审核与管理系统。文档化审批系统实现了3个部门的高效协作，根据国家法律法规和自身业务需求，物美质量部制定出各商品品类的资质要求。采购部据此细化出每类商品相对应的资质模板，外部供应商根据模板自主上传资质文件，大大减少了反复低效的沟通，提升了资质材料的审核通过率。

除此之外，飞书供应商合作生态圈极大程度地解放了人力、提升了沟通效率；审批文档自动归档系统将线下资质文件进行线上统一存档，提升了文档的安全性；知识库管理系统便于各部门快捷检索资质信息。

（此案例节选自中国连锁经营协会发布的《2023CCFA连锁便利店创新案例集》，可扫描二维码查看案例微课视频。）

微课

深入核心业务场景，飞书帮助物美集团降本、提效、合规

任务 5.2 供应商绩效管理与集成

【任务导入】

采购经理传授了小 E 有关供应商管理的精髓，那就是"重选择、重管理、轻淘汰"，选择合适的供应商，即战略寻源；管好供应商绩效，即供应商的后评估；督促、帮助供应商，让供应商绩效更上一层楼，即供应商的集成。那么供应商的绩效评估有哪些指标，为什么供应商很难集成，问题出在哪里？小 E 还得跟着采购经理好好学，才能真正掌握供应商管理的门道。

任务分析：

没有供应商绩效管理，75% 的战略寻源成果会在 18 个月内消失殆尽，让供应商的绩效更上一层楼就自然免谈了。因此，应统计和管理供应商的各项绩效指标，督促和协助供应商持续改进。供应商集成就是把优秀供应商集成到研发、生产和日常运营中，以进一步降低产品和供应链成本。

5.2.1 供应商绩效管理

1）供应商绩效管理的目的

供应商分类、评估、选择做好，就进入到后续的绩效管理，我们称之为后评估，以及供应商绩效持续改进。供应商绩效管理的目的主要有两个：其一，确保供应商达到绩效期望，满足企业要求；其二，督促供应商更上一层楼，给企业带来更大的收益。

离开了绩效统计与绩效管理，供应商的绩效管理注定是不好的。且在前文中也提到，没有完美的供应商，因此需要通过后续的供应商管理来持续改进。零售企业通常会通过招标选择供应商，容易暴露的问题就是以选代管，这便是粗放型的管理代表。绩效管理往往给供应商传递这样一个重要信息：我们在关注你的绩效，只有关注，供应商才会引起重视。

和任何绩效管理一样，供应商绩效管理也要力求简单可行，尽可能客观、量化。考核流程要透明、一致，确保可重复性。如果对供应商的绩效考核无法客观、量化，管理粗放的企业就会困难重重。

☑ 互动课堂 5-4

考核指标难以落地，对供应商的管理就会困难重重。请根据表 5-5 中某零售商对供应商的月度考核评分标准，谈谈供应商考核体系出了什么问题，为什么难以客观、量化？

表5-5　　　　　　　　　某零售企业对供应商的月度评分标准

序号	项目	分值	考核评分说明	不客观、不量化之处
1	质量体系评价	5	通过 ISO90001、QS14000 行业标准，5分 通过 ISO9001：2000 通用等级的，3分 通过协会审核、贯标证书已到期，2分 未通过质量体系贯标或协会审核，0分	
2	交货质量检查	20	供货不良品每发生一次，扣3分 每办理一次让步接受，扣5分 拒收一次，扣20分	
3	销售中发现问题	30	影响销售正常进行，每次扣5分 影响销售被迫调整，每次扣5分 影响销售导致另外找备货，扣30分	如何界定"影响正常销售"
4	售后质量问题	5	每出现一次售后质量问题，扣1分，扣完为止	
5	质量整改	5	接到通知要求整改未整改，扣2分 整改无效果，扣5分	
6	数量准确性	5	每次供货数量不足，扣1分	供给数量不足是针对订单还是合同
7	交货时间	5	降低1%，扣1分	交货期如何统计？同比还是环比，计件还是计批次？
8	响应性	5	采购部门发出整改通知后，信息未反馈扣3分；信息反馈不及时扣1分	反馈是24小时还是一周？反馈质量如何界定？
9	售后服务	5	对供应商投诉1次，扣1分，同一问题投诉两次扣2分	
10	价格保护	10	供应商提供产品价格低于市场同类同级产品价格	哪个市场？
11	供应商等级	5	对供应商设置A、B、C、D级，分别给5~1分	

🔦 小贴士

1.质量系统方面，必须有判断标准，即合约规定的对供应商的规范和订单要求。

2.交期方面也要有一定的标准，例如95%的情况下，供应商得在双方约定的时间内完成分配的任务，或者交付相应的产品。如同表格中的交期指标，可按照滚动13周统计，低于90%要做根源分析，扣1分；低于85%警告处分，扣2分。这样的指标会驱动供需双方事前约定交付日期、数量。

3.就响应性方面，采购部门可以要求供应商在发出"供应商整改通知书"5个工作日内提交根源分析，10个工作日内提出整改计划。经过采购方认可，供应商需在20个工作日或双方约定的期限内，落实整改。供应商原因拖期1次扣1分；根源分析、整改方案未达质量目标扣2分；整改方案落实后，3个月内有重犯者扣3分等。

2）供应商绩效管理指标体系

供应商绩效可以概括为7个方面：成本、质量、交期、服务、技术、资产管理、员工/流程，具体如图5-4所示。不同行业侧重点不同，前3个指标各行业通用，易于统计，属于硬性指标，是供应商绩效管理的直接体现；后3个指标相对难以量化，是软性指标，但是确保前3个指标达成的根本；服务指标介于中间，是供应商增值的重要表现。

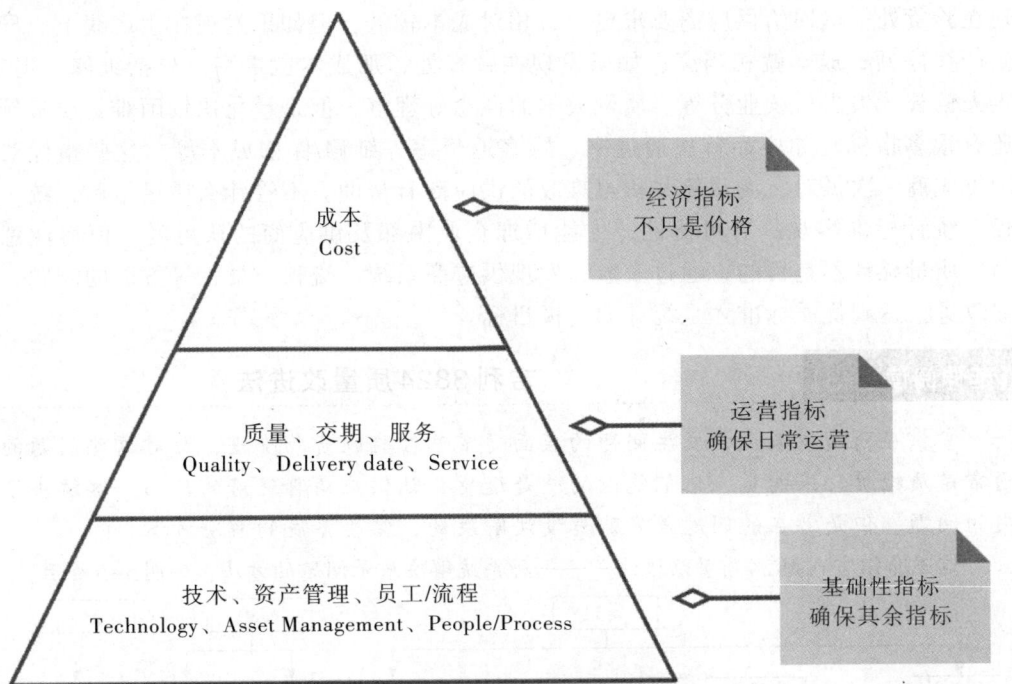

图5-4 供应商绩效管理体系金字塔

（1）成本指标

采购绩效的70%来自成本，成本在供应商绩效中占据非常重要的位置，成本的表现即采购价格。但在实际操作中，采购差价的统计远比看上去复杂。首先是基准价的制定。如果是历史上的实际采购价，以什么时候的采购价为准？如果没有采购历史的新产品又该如何定价？如果是市场价，那是哪个市场的价格？什么时候的市场价？如果是全球采购，那是哪个地区的采购价？其次，采购返利是另一种形式的降价，即在价格决策中提到的诸如数量折扣。如果需求波动较大，采购量难以预测，采购返利的确是一种好方法。如果采购量很小，供应商也愿意加上采购返利这一条款。因此，作为采购方，不要局限于现在的采购量，尽可能在合约中写入采购返利条款。最后，付款条件也是一种指标，包括账期和提前付款折扣。账期是验收货物合格后多长时间付款，是供求力量对比的写照。一些行业巨头，凭借采购规模，拿到了行业最低采购价，也拿到了行业最长账期，但可能不一定有想要的交期和服务。跟采购价格相关的还有提前付款折扣，即如果供应商想提前拿到货款，要支付给采购方一定的折扣。因为融资成本高，规模较小的供应商给采购方适当的折扣，往往比从银行贷款利息要低。当然，提前付款折扣的挑战是实现兑现率。从下订单到付款，整个周期反映企业采购、运作效率的重要指标，包括采购对象的质量、文档完整性、信息准确度、付款流程等。

（2）质量指标

最常用的质量指标是百万次品率，但是不同的行业，指标的标准不一样。不良质量成本（COPQ）弥补了百万次品率的不足，其概念是造价不同的产品，质量问题带来的影响是不同的，同一次品，出现在供应链不同位置，影响也不一样。例如次品出现在验货处，退回给供应商要求更换，相对成本较低；但如果发现在生产线上，导致生产线停顿，成本就相当高；如果发现在顾客处，那成本就更高，包括维修、退货、丧失信誉、失去后续业务等。质量成本的概念好理解，但是量化比较困难。质量领域还有很多指标，如样品首次通过率、顾客退货率、维修/保修成本等。这些指标对鼓励供应商一次做对，淘汰那些积习难改的供应商有帮助。不管什么质量指标，统一口径，统计标准客观，有可比性，才能增加企业内部及供应商的认可度。值得注意的是，质量统计不是目的，通过表象，发现供应商系统、流程、员工等方面的问题，督促改进，达到优质标准才是统计的终极目标。

【延伸阅读5-3】 吉利3824质量改进法

拿供应商质量来说，发生问题的层面通常都在验收货物阶段，应对这些问题的人通常是质检员、采购员，他们能做的就是退货，让供应商再送好的产品。这解决了冒尖的问题，但是潜在的问题是采购员没法解决的，需要系统的解决方案。

这里介绍吉利3824质量改进法——一种系统解决质量问题的方法，如图5-5所示。

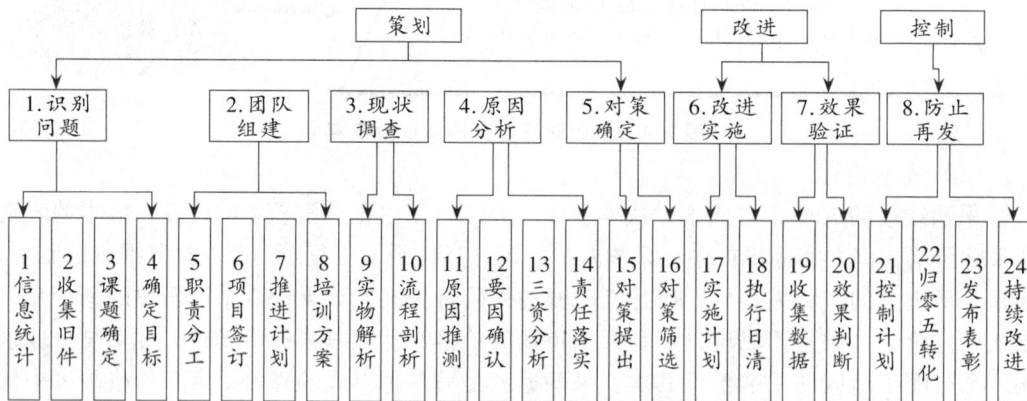

图5-5 吉利3824质量改进法

（资料根据"Qualityln质量学院"公众号名为"吉利特色的质量改善方法——你

没听过的3824法!"一文整理，欲了解全文，可通过公众号查看。)

（3）交货指标

按时交货的概念很简单，一般用百分比表示。对于订单，按时交货率可以按件、按行、按订单来计算，得到的结果不同。跟年度降价一样，按时交货概念上简单，但实际操作很复杂，最关键的就是基准：究竟怎样才算准时？基于承诺日期来统计按时交付的概念不难，但绝大多数企业做不到。在信息化程度高的企业，订单都是由ERP生成，通过电子商务发送给供应商；供应商通过电子商务确认数量、单价、交期；如果需求与供给匹配，供应商的确认就是承诺；如果不匹配，就要提醒采购、物料等人工介入。对于供应商管理库存（VMI），因为有最低和最高库存点，因此按时交货可以通过实际库存水平来衡量。在信息化水平高的企业，这些信息都会通过及时的信息系统分享给供应商。

质量、成本、交期三大指标相对客观性较强，只要统计口径一致，统计标准客观，不同供应商之间、同一供应商不同阶段都有可比性，能很好地反映供应商的总体表现。下面介绍的服务、技术、资产管理、员工/流程指标相对主观，统计上不直观，但也是衡量供应商绩效非常重要的依据，以及选择供应商重要的参考。

（4）服务指标

服务很难直观统计，却是供应商价值的重要组成。对于本土企业，伴随着制造业升级，顾客对服务的期望也会更高，越是高端的产品，越是要求更好的服务。就长期而言，真正能差异化到质量和服务的，还是支付的价格，最低价必然导致以牺牲服务和质量为代价。服务是无形的，不同的企业、行业侧重点会不同，但共性的是服务涉及人，都可以用顾客满意度来统计。

（5）技术指标

对技术要求高的企业，供应商的价值往往在于其独到的技术或者工艺，尤其是战略供应商。战略供应商给我们的是产品、技术、工艺的差异优势，而不是最低价。这些供应商一直在技术最前沿，作为采购方，我们的技术发展蓝图对帮助供应商聚焦未来技术发展，意义重大。协助设计部门制定技术蓝图是采购部门一大任务，这是提前寻找合适供应商，同步供应商的技术开发的关键，对公司几年后的成功至关重要，这也应该是采购部门的一项指标，并定期评价。战略合作情况下，采购方对供应商的依赖度很高，很多核心技术都依赖供应商的开发，这需要时间和投资，还需要一系列的合同保障和操作注意，比如签订保密协议（NDA）。和技术开发相关的是新技术的知识产权归谁。在技术开发前，采购就需要和供应商谈好，签订知识产权协议，约定新开发技术的知识产权归属问题。值得重视的是，供应商管理分两层：供应商层面和订单层面。供应商层面是在战略寻源阶段选择合适的供应商，在量产阶段管理好和改善供应商总体绩效，把关键供应商与企业集成起来，在系统和流程上对接，简化产品流、资金流和信息流。在订单层面，大多任务都可以自动化，通过电子商务来完成，信息化是系统建设的关键构成。

（6）资产管理指标

供应商管理直接影响企业的资产周转率，包括：①通过供应商管理库存转移库存给供应商；②通过谈判取得更长的账期；③通过信息共享协助供应商更好预测和执行，降低供应链库存。供应商的执行能力对采购商的库存影响很大，供应商交付越差，采购方库存周转就越慢。这是因为：其一，供应商交付差，供应不确定性高，采购就需要增加安全库存；其二，供应商交付差，采购库存的齐套率就低（针对组装商品，以原料和半成品的方式积压）。

供应商管理库存是指供应商在顾客现场或是第三方仓库堆放库存，根据实际库存水平和需求预测安排生产与补货，把实际库存维持在最低和最高水平之间，然后采购方用掉多少，就付给供应商多少钱，如图5-6所示。对采购商来说，库存管理的责任转移给了供应商，由供应商负责计划、补货和维持库存水平，减少采购方人力资源需求；库存也转移给供应商，采购方用掉后再付款（寄售），减轻采购方库存压力，从账面上改善采购商资产回报率。但VMI对供应链的计划和执行提出很高的要求，对于计划和执行能力不足的企业，VMI并不是一个很好的选择，如果需求预测准确率低，库存水平设置一刀切可能导致经常断货，最终导致呆滞库存高企，供应商运营成本惊人。

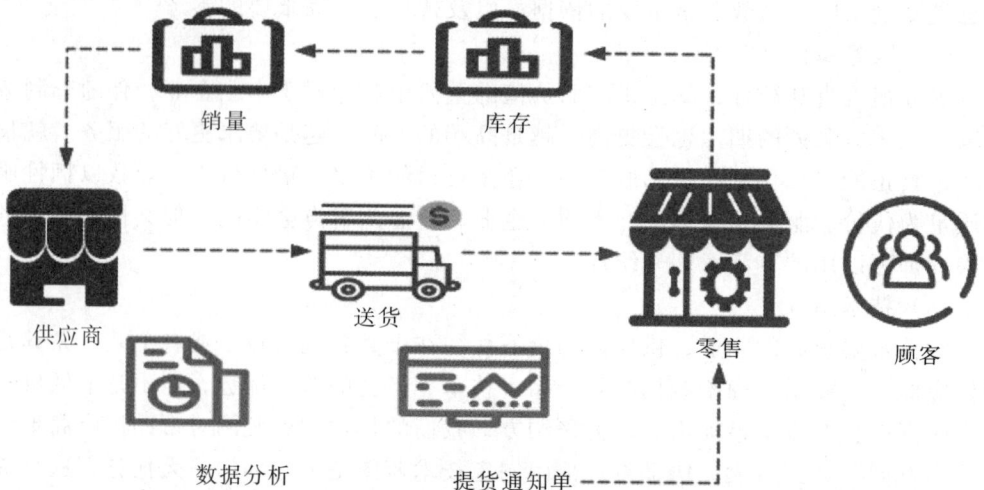

图5-6 供应商管理库存（VMI）

（7）员工/流程指标

这一指标和采购商与供应商都相关。对供应商而言，员工素质和基本流程是供应商绩效的基石。采购商需要评估供应商的质量管理、生产管理和物流管理流程，确保基本的流程，是确保供应绩效稳定的关键。在供应商评估体系中，建制完善的企业都有成套的表格与问题，评估供应商流程的完善程度。供应商一定要具备基本的流程和系统，以减少对特定员工的依赖，否则很难维持稳定的供应绩效。对于供应商绩效指标，要力求客观、简单、实用、平衡。客观是减少人为因素，增加指标公信力。简单是指计算方法简明扼要，有利于企业内部沟通、理解。实用是指指标要能与顾客利益、股东利益直接挂钩。平衡，是指不同指标之间的平衡，不要出现单一指标驱动的情况，供应商管理指标体系需要时间、精力、投资来完善，没有捷径。特别是对大企业而言，供应链越复杂，越需要通过指标体现，不统计就不知道，不知道就没法管。企业的管理水平，也跟数据的充分性相关，管理水平越高，数据越多，对人的依赖就越少。

☑ 互动课堂 5-5

请同学们结合以上知识点及企业案例实践，谈谈相较于欧美，中国企业在供应链管理上的短板主要表现在哪些方面？

小贴士

就供应链执行而言，中国的企业已经做得相当不错。要说供应链管理的短板，主要表现在：其一，研发力量不够，产品差异化不足；其二，计划薄弱，需求预测精确度太低。在这两个短板中，研发短板最为根本，差异化优势有限，同质化严重，整个销售计划容易受竞争对手影响。供应链管理的诸多挑战，最终还是需要通过产品的差异化解决。

5.2.2 供应商集成

1) 采购战略与供应商绩效管理协同

供应商管理过程中，绩效管理总是让人头疼，企业投入大量资源，绩效管理效果却不如预期。与此同时，企业采购战略也陷入困境。究其原因，供应商是企业绩效竞争力的延伸，采购战略与绩效管理之间必须协同。

（1）为什么对供应商管理绩效不满意

企业如果以"物美价廉，多快好省"作为理想供应商标准，供应商绩效管理必然以成本、质量、交期等要素为核心。绩效管理是企业对理想供应商特点的反映，绩效管理的目标，就在于以绩效制度推动供应商朝着理想供应商成长。但实际上，企业如何描绘自己理想的供应商，关键在于企业采购战略所需要的供应商是什么样的。

如果绩效管理与采购战略无关，则对供应商绩效不会满意，绩效管理也无法推动企业竞争力提升。绩效考核必须与企业的采购战略相匹配，即没有战略就没有绩效考核的价值。在企业的供应池中，有各种不同的供应商，有的供应商交付及时，有的供应商降本空间大，有的供应商专注质量，有的供应商胜在技术。因此，结合企业采购战略和品类要求，应当制订不同的绩效管理方案，以实现匹配，确保每个供应商优势最大化。总之，只有当绩效管理与采购战略协同，并与每家供应商相适配时，企业的绩效管理才能达到极致，真正发挥推动企业战略实现的作用。

（2）如何确定采购战略

供应商的绩效管理基于采购战略，如何制定采购战略的方针与目标？企业可从以下四方面入手，如图 5-7 所示。

第一，理解客户，梳理目标。每个企业战略的开头都是愿景、使命和目标，其核心是理解客户，确保企业整体战略愿景、使命和目标的一致性。因此，采购高管在一开始就需要将采购战略融入企业整体战略中，发挥二者协同效应。

```
                    ┌─────────────────┐
                    │   采购方针与目标   │
                    └─────────────────┘
```

| 理解客户，梳理目标 | → | 分析形势，清楚定位 | → | 明确需求，清晰定位 | → | 严格执行，改善反馈 |

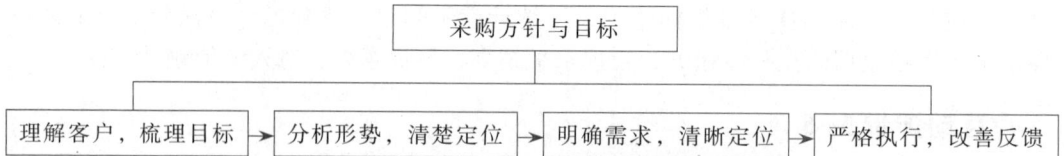

图5-7 采购方针与目标的实施

第二，分析形势，清楚定位。采购战略如果脱离市场形势，则难以具备应有的效用，更不能协调所有利益相关方的需求。因此企业确定采购战略时，必须知晓供应链运作逻辑及外部环境，可运用PESTLE法分析政治、经济、社会、技术、法律和环境等因素，评估企业运营环境；也可采用SWOT分析法，分析竞争优势、劣势、机会和威胁，评估采购过程和供应链情况，总之，企业应该借助各种方法，制定符合市场形势的采购战略。

第三，明确需求，清晰目标。企业应该明确竞争需求，探寻外部最佳匹配资源，从而支撑企业战略，"目标"即可转化为企业整合外部资源的索引。战略目标要落地，必须与企业实际相结合，方针才能执行，目标才能实现。企业可以采用从小到大的方式排列目标，在确定所有采购事项及其执行计划后，根据计划重要性将其排列组合，凸显核心计划，在兼顾所有采购需求的前提下，制定合适的采购策略。

第四，严格执行，改善反馈。只有在执行过程中，采购战略的有效性才能得到证明。因此企业要制定采购战略周期，采用适当的管理工具监控采购战略的执行进度，并收集和评定可用的绩效信息，从而在战略周期后进行分析与总结，进一步完善采购战略。

2）供应商集成：供应商管理最高层次

（1）为什么说供应商集成是供应商管理的最高阶段

供应商集成是把关键供应商集成到企业的供应链里，让它们成为公司的有机延伸。如果说绩效管理是保持供应商绩效逐渐改善的话，供应商集成是让供应商绩效更上一层楼。从这个意义上讲，供应商集成是供应商管理的最高阶段，如图5-8所示。在这个阶段，市场机制仍起作用，但更多的是基于双方的长期关系，通过谈判、协商、协作来解决问题。如果说绩效管理是面向普罗大众，是市场机制下的优胜劣汰，那么供应商集成的对象就是关键供应商，追求深度协作下的共同进步，只能与数量有限的供应商推进。

（2）如何进行供应商集成

供应商集成，在设计阶段意味着让关键供应商早期介入产品开发；在量产阶段，就是通过JIT、VMI等简化与供应商的产品流、信息流和资金流；在交易阶段，就是通过电子商务等信息化手段，更有效传递信息，促进协作。

①供应商早期介入。设计和生产的竖向集成比较容易，研发人员设计好图纸、规定好技术范围，生产线打样，根据反馈进一步优化。在生产外包盛行年代，产品设计发生在采购方，生产工艺设计发生在供应商，两者之间的交互优化就成问题。设计阶段对成本的影响最大，可以从图5-9的成本影响曲线看出。图中曲线数据是美国EPC

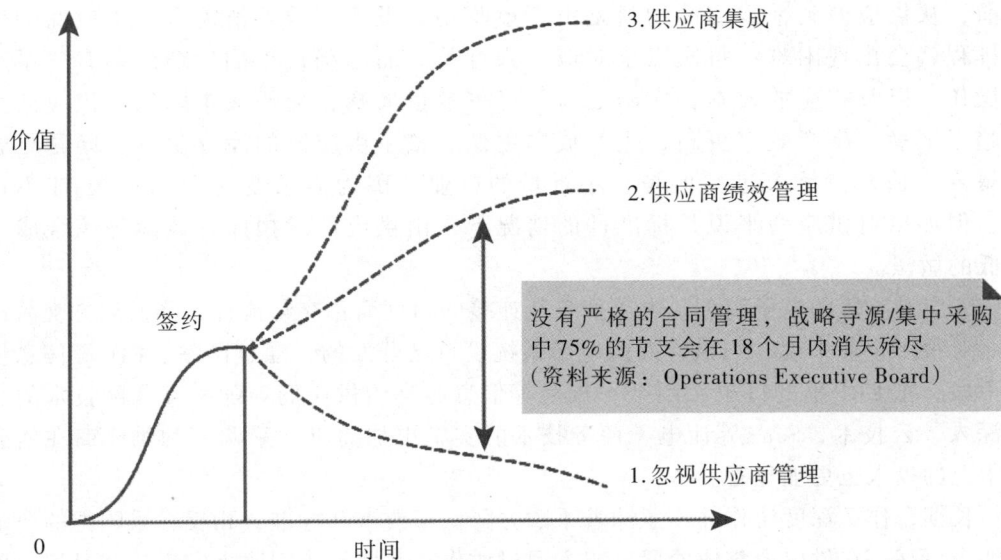

图5-8　供应商集成是供应商管理的最高阶段

（设计、采购与施工的缩写）巨头福陆的应对措施，通过将战略供应商在设计阶段就纳入项目，及早利用供应商资源降低项目总成本，并加快项目进度。需要强调的，供应商的早期介入，前提条件一定是采购商和供应商之间是长期关系。需要理性对待供应商早期出现的问题，重点关注与供应商谈判的原则，需要超越谈判降价，通过流程优化和设计优化来达到降本目标。

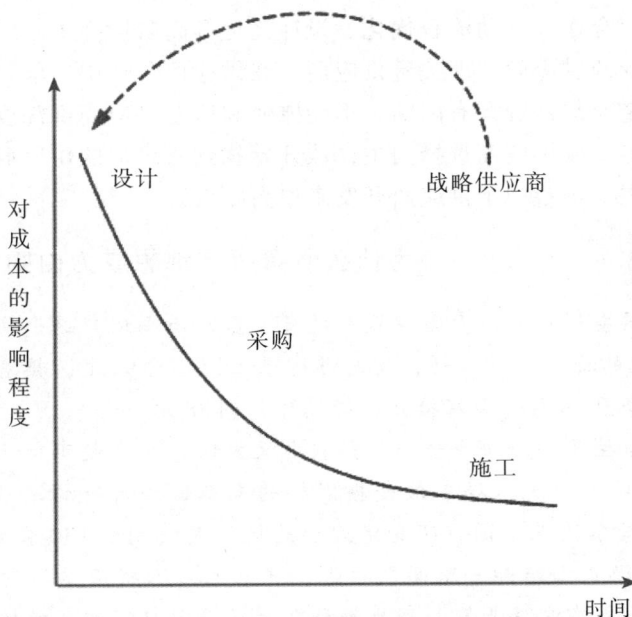

图5-9　福陆公司副总裁Larry Jackson 提出的供应商早期介入对降本的影响曲线

　②量产阶段。在量产阶段，供应商集成就是通过 JIT、VMI，把供应商与公司的生产系统对接起来。JIT、VMI简化了供应链的产品流、信息流和资金流，在实

施前，从供应商到采购商的物料是由订单驱动，没法有效平滑需求，供应商的生产排程就会出现困难；每次需求对应一张订单，而围绕订单的生命周期有一系列的操作，以及相应的成本；实施之后，订单数量大减，交易成本降低；供应商生产趋于平稳，生产效率更高，生产成本更低。整个供应链的库存更低，问题更容易暴露，适合持续改进。但是，小批量的行业，因为需求变动大，实施JIT不现实。但如果对供应商来说是标准件的情况下，由供应商承担库存风险是综合成本更低的做法。

③交易阶段的电子商务。电子商务从连接的角度简化交易流程，降低双方交易成本。对很多企业来说，与供应商的电子系统是自己开发的，通过网站、EDI等信息技术手段，把ERP里的订单、图纸、规范等信息分享给供应商。随着互联网技术的不断深入，云技术，SaaS等让电子商务技术的实施更加简单，采购商和供应商在信息技术上的投入也更加显著。

长期合作、深度协作并不意味着采购方降低了要求和标准，相反，采购方的要求往往会更高。在供应商集成阶段，双方通过协作、共同解决问题来实现这些目标。价值工程、价值分析离不开供应商，没有供应商的生产工艺知识、研发人员没法有效优化产品设计。精益生产看上去是供应商的事，但很多行业中精益生产都是供应链上游企业的推动，帮助供应商实施，是供应商集成的一种形式。

供应商管理根本目的之一就是寻找谈判降价以外的降本方式。供应商分类、评估与选择，即供应商战略寻源，确定了合适的供应商，让企业同数量有限的优质供应商合作。这样，在规模效益下，谈判降价有了以量换价的基础。只有跟为数甚少的供应商合作，才能深度合作，推动流程优化、设计优化等高阶段降本。供应商开发、集成只适用于为数甚少的供应商，即关键供应商。在供应商分类中，就是战略供应商和优选供应商。任何企业都是资源有限的，不能摊薄和所有供应商都深度合作。因此，选择重于开发：一定要以供应商选择为主，从开始找到最合适的供应商，而不能在供应商选择上马马虎虎，寄希望于供应商开发来提高绩效。

【延伸阅读5-4】   **为什么所有超市都想成为山姆**

一个榴莲千层蛋糕到底该卖多少钱？近日，盒马与山姆就这个问题开打了——山姆率先推出128元的榴莲千层蛋糕，盒马迅速跟上，标价99元；接着山姆降价一毛来到98.9元，盒马降至89元；山姆接招，继续降价到88元……

就在两大超市巨头为一块蛋糕打得热火朝天之时，整个超市行业却在经历一场狼狈的撤退。同为巨头的沃尔玛本该手握同样的剧本，但却凭借着山姆改写了命运。2016—2022年，沃尔玛在中国（不含港澳台地区）共关闭超130家卖场，仅剩365家门店；而旗下的42家山姆却一路高歌猛进，凭一己之力将沃尔玛的店均销售额拉到了3亿元。沃尔玛能够被写进各大商业教科书，正是源自其超高效的供应链管理，能做到"天天低价"。

当同行们一头扎进低价内卷中，以求讨好每一个需要买菜的中国人时，山姆早早走上了另一条路：用供给决定需求。同行们需要动辄数万种 SKU 以讨好所有消费者，而山姆仅保留 4 000 余 SKU。这样做的优势在于能够真正实现我卖什么，消费者就爱买什么。

精简 SKU 首先带来了更强的压降运营成本的能力。毕竟每增加一种产品都会带来一条新的供应链成本，以及上架和调整的人力物力成本。更低的运营成本自然意味着更低的售价。

山姆能够做到供给决定需求的前提是因为它早就通过会员制完成了对消费者的筛选。稳坐全球第一大连锁商超数十年，沃尔玛掌控供应链实现全球采购，以最低价格拿下高品质的商品，这正是它的看家本领。

（此文节选自"商业评论"公众号 2023 年 8 月 16 日同名文章，欲了解全文，可通过该公众号查看。）

☑ 微课堂 5-2

刘宝红所著《采购与供应链管理：一个实践者的角度》中描述了供应商管理的五步流程，请扫描二维码学习微课，了解更多有关供应商管理的步骤与方法。

微课

供应商管理
五部曲

（3）供应商整合：集中采购

近年来，供应商整合是供应商管理的热点，供应商越来越少，采购额越来越集中，从而取得更好的议价优势和规模效益。据不完全统计，供应商整合可一次降价 6%~12%，外加 2%~4% 的多年度降价。对供应商来说，整合带来更多生意和长期合作关系，采购方的供应商开发也可帮助供应商增效节支，从而提高盈利水平。前几年，中国经济快速发展，很多企业供应商不够用，供应商数量一直膨胀。现在增速放缓，成本压力增加，供应商整合迫在眉睫。

总体而言，供应商过多的原因很多，主要有分散采购、设计多样化以及公司兼并。分散采购是指采购决策分散到事业部、分公司层面，事业部与分公司，分公司与分公司之间联系很少，这样同一种产品，不同的事业部、分公司可能用不同供应商。设计多样化是造成采购品种多、供应商多的另一大原因，给采购和库存管理带来极大的挑战，背后可能是标准化、通用化、模块化程度低，没有约束的创新等。公司兼并也是供应商过多的又一因素。大公司兼并，供应商数量动辄成千上万，兼并后，主流产品供应商会整合，但非主流可能维持现状。另外，供应商选择是公司兼并后势力角逐的延续，作为妥协，可能就维持现状而导致供应商数量增加。

供应商整合的对策很多，重点是集中采购，也包括标准化和合格供应商清单等措施。集中采购是为应对分散采购的弊端，在更高层面选择供应商，议定价格，签订协议，然后由各分部去执行合同。一些中小连锁企业为了扩大规模效益，甚至组织起来进行集中采购，降低价格，与共同的竞争对手抗衡（又称联合采购）。集中采购的过程自然而然地整合了供应商。但是，它增加了控制却降低了灵活性，取得了价格优势却降低了采购的响应速度，减少了内部用户的选择余地。标准化是减少不必要的设计多样化，采用标准件，减少采购品种和供应商数量。设计多元化必须由设计来解决，如产品、工艺和供应链的并行设计就是应对措施，即在设计产品的时候，一定要考量工艺上如何生产、供应链上如何供应，通过后两者来优化前者。而对供应链来说，产品设计是供应链众多问题的源头，供应链管理其实是从产品设计开始的。供应商数量失控，与设计、生产、采购部门不遵循供应商准入制度，随意采用供应商有关。这些可以通过合格供应商清单来控制。合格供应商清单也是供应商准入制度，清单上的供应商，公司各部门可以自由选择，但是如果要采用清单外的供应商，必须预先批准。针对特定商品大类，企业层面可以成立采购委员会，这是达成共识的一种方法。

供应商整合后，就是与优选供应商建立长期合作伙伴关系。在长期关系中，如双方签订3~5年合同，约定一次性降价和以后年复一年降价指标，约定绩效、标准和管理流程，然后进入履约阶段。

【延伸阅读5-5】　　未来企业两种命运：要么生态化，要么被生态化

多元化的唯一理由是协同效应。协同效应的公式是"1+1>2"，它有多种类型，包括采购、运营、销售、管理、财务等方面的协同。从经济学角度看，协同效应的理论基础主要是范围经济和市场权力，最终体现为成本节约或价格控制。而从战略管理角度看，除了降低成本之外，还有其他几种协同效应。"生态效应"是一个具有丰富内涵并且持续开放的概念，就已有的认知来说，它包括三种主要效应，如果一个企业能够恰当地处理与生态之间的关系，必将从这三种效应中获益。

第一种是资源的互补和联结机制，即通过各种资源的联结和整合高效率地完成工作。这一机制伴随市场分工而自然发展，并随着市场不断扩大而将分工和协调推向更高水平。而当市场边界扩展至全世界时，全球化就发生了。第二种是创新涌现。创新来自多元的视角、自由的组合，而与企业自身的局限性相比，生态显然可以带来更多元的资源、视角，以及新组合的可能性。第三种主要体现为协同进化。与创新涌现强调的跳跃性不同，协同进化描述的是不同生态成员之间紧密互动合作所带来的持久价值。

对于生态来说，更重要的是"合作"，是如何吸引更多的组织、机构加入进来。对于这样的能力，我们将其定义为生态能力。"未来的企业只有两种命运——要么生态化，要么被生态化。"这是张瑞敏的一个判断，对此我们非常赞同。在今天，企业单打独斗、仅仅依靠自身的力量越来越难以生存和发展，在商业生态的层次上思考公司的战略定位变得日益重要。这正是生态战略得以流行的根本原因。

不过，实施生态战略并不容易，在很多方面与已有战略模式，包括这里重点讨论的多元化战略，颇有不同。企业需要明确自己的存在价值，围绕客户价值，以共赢思维来整合生态的力量，共生、共创、协同演化。

（此文节选自"商业评论"公众号2023年10月19日同名文章，作者程兆谦，欲了解全文，可通过该公众号查看。）

项目测试

一、判断题

1. 供应商绩效考核的最重要指标是价格。　　　　　　　　　　　　　　（　　）

2. 供应商的技术能给我们带来差异化优势，因此考核供应商一定要将其技术纳入其中。　　　　　　　　　　　　　　　　　　　　　　　　　　　　（　　）

3. 供应商绩效考核力求客观，即减少人为因素，增加指标的公信力。　（　　）

4. 一般在新供应商导入、重要决策或是重大问题发生时全面评估供应商关键能力，提出改进计划。　　　　　　　　　　　　　　　　　　　　　　　　（　　）

5. 供应商指标体系需要时间、精力、投资来完善。这意味着每天都要认真整理数据，确保数据准确性；公司从上到下都关注指标，利用指标做决策。　　　（　　）

6. 在供应商管理中不谈价格！解决方案在成本。　　　　　　　　　　（　　）

7. 供应商的技术是我们具有差异化竞争优势的原因。　　　　　　　　（　　）

8. 供应商一定要具备基本的流程和系统，减轻对特定员工的依赖，否则就很难维持稳定的供应绩效。　　　　　　　　　　　　　　　　　　　　　　　　（　　）

二、单项选择题

1. （　　）决定公司生死存亡和关键技术，替代困难。

　A.战略供应商　　　　　　　　　　　B.优选供应商

　C.资格未定供应商　　　　　　　　　D.淘汰供应商

2. 新供应商或"留校察看"供应商是（　　）。

　A.战略供应商　　　　　　　　　　　B.优选供应商

　C.资格未定供应商　　　　　　　　　D.淘汰供应商

3. 不给新生意，当现有产品退出市场就淘汰的是（　　）。

　A.战略供应商　　　　　　　　　　　B.优选供应商

　C.积极淘汰供应商　　　　　　　　　D.消极淘汰供应商

4. 以下对供应商评估指标描述正确的是（　　）。

　A.清偿能力中的流动比率越低越好

　B.清偿能力中的速动比率越低越好

　C.净运营资本周转率可以是负的

　D.库存周转率越高说明从销售到现金的时间越短

5. 我们到底该选择怎样的供应商，（　　）不在考虑范畴内。

　A.规模效益　　　　　　　　　　　　B.竞争的充分性

　C.供应风险　　　　　　　　　　　　D.供应商要多点寻源以降低风险

6. 供应商管理的最高层次是（　　）。

　A.供应商分类　　　　　　　　　　　B.供应商评估

　C.供应商选择　　　　　　　　　　　D.供应商集成

7. 潜在的战略供应商是（　　）。

　A.战略供应商　　　　　　　　　　　B.优选供应商

C.资格未定供应商　　　　　　　　　　D.淘汰供应商

8.没有完美的供应商，指标权重的确定方法是（　　　）。

A.从数据开始，由判断结束

B.打分加权，质量权重最大

C.打分加权，交期权重最大

D.打分加权，服务权重最大

9.如图5-10所示，如果产品技术成熟，但成本压力大，可以选择（　　　）。

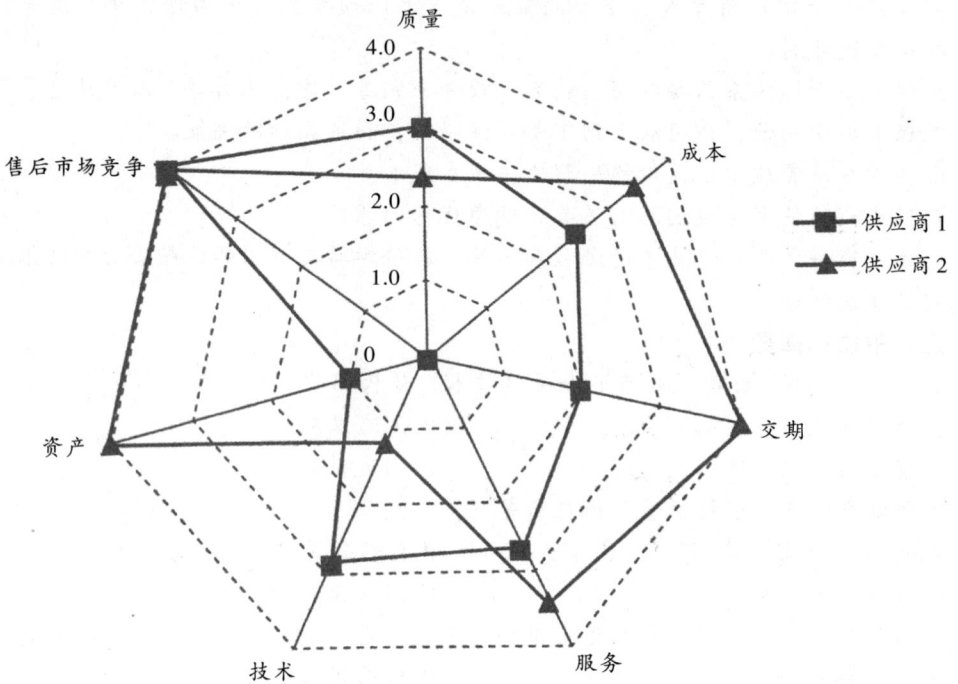

图5-10　供应商评估结果

A.供应商1　　　　　B.供应商2　　　　　C.给定权重才能选择　　　D.不一定

10.如图5-11所示，增长型伙伴应（　　　），制订改进方案，进一步改进绩效。

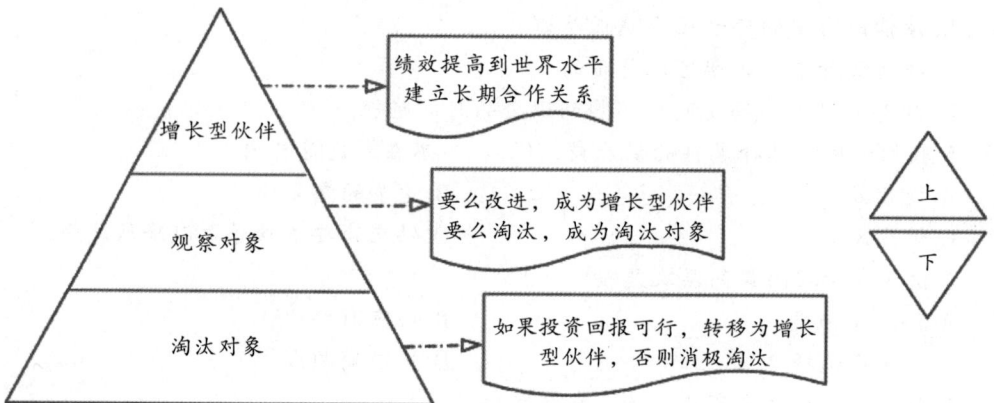

图5-11　供应商选择

A.建立长期合作关系　　　　　　　　B."留校察看"

C.建立战略合作伙伴关系　　　　　　D.积极淘汰

三、多项选择题

1.战略供应商要通过（　　　）的方式管理。

A.长期合同，约束双方行为

B.组织由供应商和公司高层领导参加的季度会议

C.组建供应商行动小组

D.在一个充分竞争的市场不存在永远的战略供应商

2.供应商财务分析是风险管理的重要一环，供应商财务评估主要包括（　　　）指标。

A.清偿能力　　　　B.盈利能力　　　　C.周转能力　　　　D.资本结构

3.纳入供应商评估指标的有（　　　）。

A.质量　　　　　　　　B.成本　　　　　　　　C.交期

D.服务　　　　　　　　E.技术

4.纳入供应商绩效管理指标体系的包括（　　　）。

A.技术、资产管理、员工/流程　　　　B.质量、交期、服务

C.成本　　　　　　　　　　　　　　D.售后市场竞争

5.新生意交给（　　　）。

A.战略供应商　　　　　　　　　　　B.优选供应商

C.资格未定供应商　　　　　　　　　D.淘汰供应商

6.（　　　）指标在各行各业都相同，属于硬性指标，是供应链绩效的直接体现。

A.成本　　　　　　　　B.质量　　　　　　　　C.交期

D.服务　　　　　　　　E.技术

7.（　　　）指标相对难以量化，是软性指标，却是保证成本、质量、交期指标的根本。

A.服务　　　　　　B.技术　　　　　　C.资产管理　　　　　D.员工/流程

8.供应商绩效要力求（　　　）。

A.客观　　　　　　B.简单　　　　　　C.实用　　　　　　D.平衡

项目实训

【实训资料】

供应商管理案例 1：死猪不怕开水烫

供应商 A，按时交货率一直在 70%左右，采购总监却对他"特殊照顾"。两年前，换了新的采购总监，新官上任三把火，迫使供应商 A 降价 25%~30%，声称要么降价，要么生意交给别人做！但是结果是供应商 A 无利可图，负担不起有资质的工人、工程技术和管理人员工资，交货一日不如一日，且屡次催促整改无果。

供应商管理案例 2：公司合并一团糟

供应商 B 原本有两部分，两个公司自负盈亏，各有各的信息系统、生产系统和

客户服务系统。为节约成本，供应商B决定合并两部分。合并带来裁员，裁员就会混乱。影响更大的是两个公司的生产、信息系统并不兼容，合并后有些订单就失去了踪迹。供应商B交货率一度降到20%，采购商费尽周折才提高到70%。公司和供应商B高层管理人员介入，定期汇报订单执行情况，局势得到巩固，几个月后按时交货率达到95%。

供应商管理案例3：不统计就没法管理

六西格玛质量管理有一句经典的规则：if you don't measure, yue don't know; if you donn't know, you don't manage。按时交货率低的供应商，往往是因为没有人去积极管理。采购商很少统计供应商的绩效，并告知供应商。供应商C地处美国东海岸，主要客户在航空业，节奏相对慢，按时交货率要求相对低，一直在70%左右徘徊。公司却无法容忍供应商C的表现，该公司技术人员已经准备开发新供应商，C却蒙在鼓里。发现认识上的差距，C决定向新的标准（100%）迈进。新任采购经理每周查C的上周、滚动4周、滚动13周的按时交货率，一有问题就沟通。自然而然，C就养成了按时交货的习惯，交货率一直在95%。

【实训目标】

通过案例讨论，使学生掌握供应商管理的基本方法与思路，能正确描述企业如何实现供应商管理与采购战略、供应链战略及竞争战略之间的战略匹配。

【实训任务】

1.请认真阅读供应商管理案例1，理解让供应商赔本的买卖绝对不是好买卖，并分析作为采购经理，应该如何考量决策的长远影响。

2.请认真阅读供应商管理案例2，理解作为供应商的主要客户，你的一举一动很重要，要么帮助供应商渡过难关，要么推波助澜，让供应商万劫不复，并从供应商的角度分析该如何选择供应商。

3.请认真阅读供应商管理案例3，理解不统计就无法管理，并分析如何做好供应商的绩效管理。

【实训指导】

1.复习相关知识，精心组织，合理确定小组成员。
2.指导学生收集整理背景材料。
3.指导学生根据案例信息进行分析。
4.指导学生根据所学知识分析案例中涉及有关供应商管理的知识点和技能点。
5.学生以小组为单位汇报交流，指导教师进行点评。

学习评价

根据本项目内容学习和实训完成情况，填写表5-6。

表5-6   学习评价表

专业能力	评价指标	自测结果	备注
能正确认识供应商管理的分类、评估与选择	理解供应商管理认知 掌握供应商管理的分类 掌握供应商评估体系及方法 能选择供应商	□优秀□合格□不合格 □优秀□合格□不合格 □优秀□合格□不合格 □优秀□合格□不合格	
能正确认识供应商绩效管理和集成	理解供应商绩效管理体系与方法 了解供应商集成与方法	□优秀□合格□不合格 □优秀□合格□不合格	
项目测试完成质量		□优秀□合格□不合格	
项目实训完成质量		□优秀□合格□不合格	
综合成绩		□优秀□合格□不合格	

项目6
采购绩效评估与供应链可持续发展

学习目标

【知识目标】
- ✓ 熟悉采购绩效评估的目的、原则
- ✓ 掌握采购绩效评估指标体系与方法
- ✓ 掌握采购绩效评估后的改善措施
- ✓ 理解供应链可持续发展的重要性
- ✓ 掌握描述供应链可持续发展的关键维度

【能力目标】
- ✓ 能够根据采购绩效评估指标体系设计采购部门绩效考核表
- ✓ 能正确实施采购评估，并运用评估结果对采购部门提出改善措施
- ✓ 能根据供应链可持续发展关键维度设计企业供应链可持续发展方案

【素养目标】
- ✓ 能运用PDCA方法论指导工作、学习
- ✓ 能用可持续发展思维处事

■ 学习导图

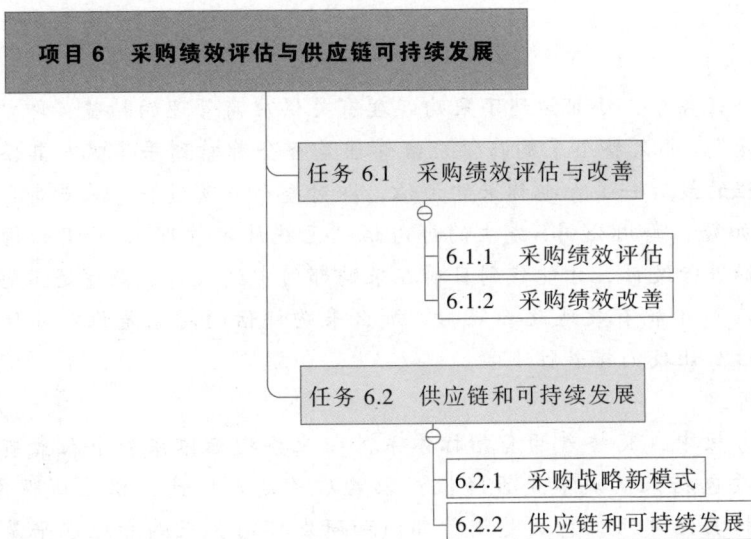

■ 引例

　　A公司总裁S先生这几年越发对战略、供应链、采购等关键字做出深入思索，原因在于对从20世纪90年代就投身零售行业的他而言，在中国经济高速发展时期，企业但凡坐上经济发展的快车，就能分享速度的红利。但是如今速度放缓，想要持续发展，从战略定位到供应链能力，到与之匹配的采购管理体系，都需要深入谋划。对于供应商的管理，S先生有句名言：无统计不管理。没有完美的供应商，即便选择了最优的供应商，想要在竞争中共赢，需要管理。而管理的精髓在于通过数据的统计，发现问题，持续跟进改善。供应商管理中的这句箴言同样适用于采购管理。采购战略要匹配供应链战略，最终形成竞争战略，必须统计采购数据，根据战略定位和供应链能力判断改善，这就是采购评估与改善。对于供应商评估与管理的体系指标，S先生和企业采购总监等管理团队已经达成一致，那么对采购管理的评估体系指标呢？在本项目中我们将随同S先生继续探索。

　　S先生在商界打拼30余年，现在也接受了电商、云计算、人工智能、工业互联网等新生事物，深知随着这些技术创新，供应链在企业竞争战略中地位日益显著。精细化运营时代已经到来，原来那套粗放式的运营模式只会让企业万劫不复。跳出盈利困境，做好采购战略与战略采购，才有可能拥抱时代变局。管理思想与手段优化革新只有深入企业竞争与发展需要，并将之与市场环境、企业情况结合在一起，才能让管理手段的转型革新，成为企业可持续发展的助力。供应链和可持续发展是21世纪的热点，S先生带领的A公司如何在这样的竞争浪潮和复杂多变的市场环境中可持续发展，在本项目中我们也亟待与S先生一同探索。

任务6.1 采购绩效评估与改善

【任务导入】

在上一个任务中，小E学到了采购经理有关供应商管理的精髓，即"重选择、重管理、轻淘汰"。那么整个采购与供应链管理是否全都学到手了呢？其实不然，复盘作为采购流程的最后一关，也称采购评估，即对整个采购过程、采购部门做评估，有则改之无则加勉。套用公司S先生的那句话"无统计不管理"，小E必须对采购过程中的关键指标进行统计，才能找到目前在采购部门中到底哪里做得还不够好？哪里是关键症结所在？才能有效地改善采购。那么采购评估的对象是谁？评估的指标有哪些？谁来评估？让我们接着往下学。

任务分析：

在采购考核中，交替着两套指标体系，即业务指标体系和个人素质体系。业务指标体系主要包括采购成本是否降低？采购质量是否提升？供应商服务是否增值？采购是否支持其他部门，特别是销售部门和研发部门？采购管理水平是否得到了提升？对个人的评估，应将采购人员划分为若干等级，或奖励、晋升或培训再提升甚至予以警告或辞退。当然绩效考核更多作用是提升员工积极性，对防止腐败也不失为有效措施。

6.1.1 采购绩效评估

1) 采购绩效评估的目的

若能对采购工作做好绩效评估，通常可以达到下列目的：

（1）确保采购目标的实现。企业的采购目标互有不同，采购作业除了以"如期""如质""如量"为目标外，对不少企业而言非常注重成本的降低。因此，可以评估针对企业竞争战略与供应链能力设定的主要目标，并督促它的实现。

（2）提供改进绩效的依据。绩效评估制度可以提供客观的标准，来衡量采购目标是否达成，以确定采购部门目前的工作表现如何。正确的绩效评估，有助于发现和指出采购作业的缺失环节，并据以拟定改善措施，收到"检讨过去、策励将来"的效果。

（3）作为个人或部门奖惩的参考。良好的绩效评估方法，能将采购部门的绩效独立于其他部门而凸显出来，并反映采购人员的个人表现，作为各种人事考核的参考资料。依据客观的绩效评估，实现公正的奖惩，能鼓舞采购人员充分发挥工作积极性，从而使整个部门发挥合作效能。

（4）协助人员甄选与训练。根据绩效评估的结果，可针对现有采购人员工作能力的缺陷，拟订改进计划，例如安排参加专业性的教育培训；若发现整个部门缺乏某种特殊人才，则可另行由公司内部甄选或向外界招募。

（5）促进部门关系。采购部门的绩效，受其他部门能否配合的影响很大。所以采购部门的职责是否明确，表单、流程是否简单、合理，付款条件及交货方式是否符合公司的管理制度，各部门的目标是否一致等，均可通过绩效评估予以判定，并可以改善部门间的合作关系，增进企业整体的运作效率。

（6）提高人员的士气。有效且公平的绩效评估制度，将使采购人员的努力成果获得适当回馈与认定。采购人员通过绩效评估，将与业务部门人员一样，对公司的利润贡献有客观的衡量尺度，成为受到肯定的工作伙伴，对其士气的提升大有帮助。

2）采购绩效评估的基本原则

采购绩效评估的关键问题包括如下几点：一是要选择适用的衡量指标；二是绩效指标的目标值要合理；三是确定绩效指标要符合有关原则。一套完整的采购绩效评估体系是做好该项工作的必要保证。采购绩效评估指标的设定应同企业的总体采购水平相适应。对于采购体系不太健全的企业，刚开始可以选择批次、质量合格率、准时交货率等来控制和考核供应商的供应表现，而平均降价幅度或平均毛利水平则可用于考核采购部门的采购业绩。随着供应商管理程序的逐步健全、采购管理制度的日益完善、采购人员的专业化水平以及供应商管理水平的不断提高，采购绩效评估指标也就可以相应地系统化、整体化，并且不断细化。

3）采购绩效评估指标体系

采购绩效评估的关键是要制定一套客观的、能够充分展示采购人员绩效的、对评估对象有导向作用的指标体系，同时要制定相应的、合理的、适度的标准，只有这样才能真正发挥出采购绩效评估的监督、激励、惩罚的作用。

采购人员在其工作职责上，必须达成适时、适量、适质、适价及适地等基本任务，因此，其绩效评估一般均以"5R（质量、数量、时间、价格、效率）"为中心，并以数量化的指标作为衡量绩效的标准。

（1）质量绩效指标

质量绩效指标主要是指供应商的质量水平以及供应商所提供的产品或服务的质量表现，它包括供应商质量体系、质量水平等方面，可通过验收记录及销售记录来判断。

① 商品质量。其包括批次质量合格率、商品抽检缺陷率、商品免检率、退货率及处理时间等。

② 质量体系。其包括通过 ISO 9000 的供应商比例、商品免检的供应商比例、商品免检的价值比例、围绕本企业的商品标准或要求开展专项质量改进的供应商数目及比例等。同时，采购的质量绩效可由验收记录来判断。验收记录指供应商交货时，为连锁企业所接受（或拒收）的采购项目数量或百分比。其公式为：

$$验收记录指标 = \frac{合格（或拒收）数量}{检验数量}$$

（2）数量绩效指标

数量绩效指标主要用来评估当采购人员为争取数量折扣，以达到降低价格的目的时，可能导致存货过多的情况。

①储存费用指标。现有存货利息及保管费用与正常存货利息及保管费用之间的差

额。其公式为：

储存费用指标=现有存货利息及保管费用-正常存货利息及保管费用

②积压商品处理损失指标。处理积压商品的收入与其取得成本的差额。存货积压越多，利息及保管的费用越大，积压商品处理的损失越高，表明采购人员的数量绩效越差。

（3）时间绩效指标

时间绩效指标主要用来评估采购人员处理订单的效率，及对供应商交货时间的控制。延迟交货，固然可能导致缺货现象，但是提早交货，也可能导致企业负担不必要的存货成本或提前付款的利息费用。

①紧急采购费用指标。**紧急运输方式（如空运）的费用**是指因紧急情况采用紧急运输方式的费用。将紧急采购费用与正常运输方式的费用差额进行考核，用公式表示为：

紧急采购费用指标=紧急运输方式的费用-正常运输方式的费用

②缺货损失指标。除了直接减少的营业额损失外，尚有企业形象受损等间接损失。

（4）价格绩效指标

在供应商管理指标体系中，我们强调不谈价格，只谈成本，但在财务数据采集上，价格是常见且重要的衡量指标。透过价格指标可以衡量采购人员议价能力以及供需双方实力的消长情形。通常用年采购金额、各采购人员年采购额、年人均采购额、各供应商年采购额、供应商年平均采购额、各采购商品年度采购基价及年均采购基价等进行绩效评估。它们一般作为计算采购相关指标的基础，同时也是展示采购规模、了解采购人员及供应商负荷的参考数据，是进行采购过程控制的依据和出发点，常提供给企业管理层作为参考。

（5）采购效率指标

质量、数量、时间及价格等绩效指标，主要是衡量采购人员的工作效果的指标。而采购效率指标通常用来衡量采购人员的能力，例如：

①年采购金额。年采购金额是连锁企业一个年度商品的采购总金额。

②年商品毛利额。这是指企业在一个年度里采购商品所实现的经营毛利，它反映企业采购商品的盈利能力。

③订购单的件数。订购单的件数是指企业在一定时期内采购商品的数量，主要是按 ABC 管理法，对 A 类商品的数量进行反映。

④采购人员的人数。这是反映企业专门从事采购业务的人数，它是反映企业劳动效率指标的重要因素。

⑤采购部门的费用。采购部门的费用是一定时期采购部门的经费支出，它是反映采购部门的经济效益指标。

⑥供应商开发个数。供应商开发个数是指企业采购部门在一定期间内与新的供应商的合作数量，它反映企业采购部门工作效率。为使供应商来源充裕，对唯一来源的商品，常要求采购人员必须在期限内增加供应商家数，此绩效指标可用唯一来源商品

占所有主力商品的比率来衡量。

⑦采购计划完成率。采购计划完成率是指一定期间内连锁企业商品实际采购额与计划采购额的比率，它是衡量采购人员努力工作程度的绩效指标。其计算公式为：

$$采购计划完成率 = \frac{本月累计采购额}{月度计划采购额} \times 100\%$$

采购计划完成率有两种计算标准：第一种标准是通过采购人员签发的订购单计算，另一种标准必须等供应商交货验收完成才算。不过，采购人员若为提高采购计划完成率，使议价流于形式或草率行事，则将得不偿失。

⑧错误采购次数。错误采购次数是指一定时期内连锁企业采购部门因工作失职等造成错误采购的数量，它反映连锁企业采购部门工作质量。

⑨订单处理的时间。订单处理的时间是指连锁企业在处理采购订单的过程中所需要的平均时间，它反映连锁企业采购部门的工作效率。

▶ 行业案例6-1

全业态有货率提升一体化管理与数字化方案

物美-宝洁-多点以三方数据打通为前提、以多方达成的逻辑模型为基础、以一体化工作协同流程为保障，通过锐意创新开发全业态有货率数字化工具赋能可视化、看趋势、自动化找原因，并通过档期及大窗口联合预测及复盘数字化追踪，全面提升货架有货率、线上有货率、档期有货率。方案通过零供协同一体化管理与数字化赋能方案，实现了全业态有货率全面提升，为提升消费者购物体验、助力生意增长保驾护航。

2022年物美-宝洁门店有货率平均达99.4%；物美-多点-宝洁网页有货率达98.5%（缺货率部分月份降至1%以内，行业平均水平5%），持续领跑全业态最佳；档期联合预估达成率96%~125%，对比一方预估提升20%准确性；档期缺货（库存=0）降低至0.3%~0.7%，为行业最佳。其中，物美-宝洁在执行档期联合预估与复盘项目后，助力双方在KCP档期促销大窗口（2022年11月16日至2022年11月29日）"咱家一块美"中扳正生意，获得双位数生意增长势头，到家生意对比去年同期大幅增长，为提升档期产出提供了坚实保障。同时，方案充分利用了数字化平台和自动化工具协同，极大提升了零供双方多部门的效率和协同，每年累计可为销售助理节省624工时，为双方采销、供应链节省208工时，实现了多部门高效运作。

（此案例节选自中国连锁经营协会发布的《2023CCFA连锁便利店创新案例集》，可扫描二维码查看案例微课视频。）

微课

全业态有货率提升一体化管理与数字化方案

4）采购绩效评估的标准与方式

（1）采购绩效评估的标准

采购绩效评估需要一定的可比参照物，即采购绩效考核标准。一般常见的标准有以下几种：

①历史绩效。选择企业历史绩效作为考核目前绩效的基础，是企业十分有效的做

法。但是只有当采购部门，无论是组织、职责或人员等均没有重大变动的情况下，才适合使用此项标准。

②标准绩效。在历史绩效难以取得或采购业务变化比较大的情况下，企业可以使用标准绩效作为衡量的基础。标准绩效设定要遵循以下三个原则：

第一，固定标准。标准绩效一旦建立，就不能随意变动，要有持续性和连续性。

第二，挑战标准。挑战标准是指标准的实现要有一定的难度，采购部门和人员必须经过努力才能完成。

第三，可实现标准。可实现标准是指在现有内外环境和条件下经过努力，确实应该可以达到的水平，通常依据当前的绩效加以衡量设定。

③行业平均绩效。如果其他同行业公司在采购组织、职责以及人员等方面与本企业相似，则可与其绩效进行比较，以辨别彼此在采购工作成绩上的优劣。数据资料既可以使用个别公司的相关采购结果，也可以应用整个行业绩效的平均水准。

④目标绩效。标准绩效是在现实状况下，应该可以达成的工作绩效；而目标绩效则是在现状下，非得经过一番特别的努力才能达到的较高境界。目标绩效代表企业管理者对工作人员追求最佳绩效的期望值。

（2）采购绩效评估人员的选择

评估人员的选择与评估的目标有着密切的联系，要选择最了解采购工作情况的人员，与评估目标实现关联最紧密的部门参与评估。企业通常可以选择以下几类部门和人员参与评估：

① 采购部门主管。采购部门主管是对所管辖的采购人员实施采购绩效评估的第一人，采购部门主管最熟悉采购人员的工作任务以及工作绩效的优劣，因此，由采购部门主管负责评估，可以更全面、公平、客观地评价每个采购人员的采购绩效，但也应考虑主管进行评估可能包含的一些个人情感因素导致评估结果出现偏颇。

② 财务部门。财务部门掌握着企业经营成本的所有数据，全盘掌控资金的获得与付出，因此，财务部门可以从采购成本的节约对企业利润的贡献、采购成本节约对资金周转的影响等方面来评价采购部门的工作绩效。

③ 销售部门。当采购项目的品质与数量对企业的产品质量与销售影响重大时，销售主管人员应参与采购绩效的评估。

④ 供应商。供应商与采购人员工作接触最多、最频繁，通过供应商对企业采购部门或人员的意见，可以间接了解采购工作绩效和采购人员素质，但对供应商的意见要全面分析、正确对待。

⑤ 外界专家或管理顾问。为了让评估工作更为客观、权威，可以聘请外界的采购专家或管理顾问，对企业的整个采购制度、组织结构、人员分配、流程设置、工作绩效等定期做客观的分析和评价，并提出具有可行性的建议。

（3）采购绩效评估的方式

进行采购人员工作绩效评估的方式有定期和不定期评估两种。

① 定期评估。定期评估是配合企业年度人事考核制度进行的。一般而言，如果

能以目标管理的方式，从各种工作绩效指标中选择年度重要性比较高的项目中的几个定位绩效目标，年终按实际达到的程度加以考核，那么一定能够提升个人或部门的采购绩效。并且，这种方法因为摒除了"人"的抽象因素，以"事"的具体成就为考核重点，也比较客观、公正。

② 不定期评估。不定期绩效评估，是以专案的方式进行的。比如企业要求某项特定商品的采购成本降低10%。当设定期限一到，评估实际的成果是否高于或低于10%，并就此成果给予采购人员适当的奖励或处分。此种评估方法对采购人员的士气有巨大的提升作用，此种不定期的绩效评估方式特别适用于新产品开发或引进计划、资本支出预算、成本降低的专案。

（4）采购绩效评估的方法

采购绩效评估方法直接影响评估计划的成效和评估结果的正确性。常用的评估方法有：

① 排序法。在排序法中，主管按绩效表现从好到坏的顺序依次给员工排序，这种绩效表现既可以是整体绩效，也可以是某项特定工作的绩效。

② 两两比较法。两两比较法是指在某一绩效标准的基础上把每一个员工都与其他员工相比较来判断谁"更好"，记录每一个员工和任何其他员工比较时被认为"更好"的次数，根据次数的高低给员工排序。

③ 等级分配法。等级分配法能够克服上述两种方法的弊病。这种方法由评估小组或主管先拟定有关的评估项目，按评估项目对员工的绩效做出粗略的排序。

【延伸阅读6-1】　　年底了，怎么跟绩效不佳的员工谈话？

1.先理解，再判断

如果你认为一个团队成员的表现没有达到预期，你应该先寻求理解，再做出判断。一旦做出判断，你就会找出大量的证据来支持你最初的偏见。确认性偏差让我们盲目：我们不可能看到与我们的判断相矛盾的证据，或我们会找到理由驳回这些证据。一开始有帮助的是理解力，而非判断力。

2.艰难的谈话

没有人喜欢艰难的谈话。艰难意味着人们经常回避这类谈话，而问题也会因此持续发酵。如果幸运的话，问题会自行解决；更多的时候，问题会愈演愈烈，谈话变得更加艰难。领导者不能一直高枕无忧，你必须及时、适当地处理好艰难的问题。下面提供了10条建议，帮助你将艰难的谈话变得富有成效。

✔ 明确目标

✔ 做好准备

✔ 阐明议题和目标

✔ 争取理解

✔ 不要离题

✔ 保持尊重

✔ 注意言行

✔ 共同解决问题

✔ 确保达成一致意见

✔ 一定要开展谈话

（此文节选自"商业评论"公众号 2023 年 12 月 25 日同名文章，作者乔·欧文，欲了解全文，可通过该公众号查看。）

6.1.2 采购绩效改善

1）采购质量改善

质量多用"不合格数与总商品数之比"来衡量，因此，可以采取的改进方法有：一是对于战略合作伙伴关系的供应商，即供应商分类中的战略供应商与优选供应商，通过早期生产介入，帮助其进行质量改进，派出由相关技术人员、质量管理人员、采购人员等组成的小组，现场分析研究，与其一起制订改善方案。二是对于资格未定供应商依据质量数值大小进行排名，从而找出最差的几名供应商，令其在规定的时间内进行改善，否则给予"降级"。

2）采购成本改善

采购绩效管理中的核心内容就是成本优化与改善。通过绩效管理，企业可以不断实现成本管理、可持续管理的目标。采购成本改善的意义在于，以更低的成本获取相同质量的物料，或是以同样的价格获取质量更优的物料。

（1）工厂生产项目的改善

越来越多的零售企业通过建立工厂，生产自有产品获取品牌和成本优势。工厂生产项目在成本控制上应当逐一解决如下事项：①计划外停机时间：对计划外的停机时间进行规划，尽可能固定停机维护时间，避免影响正常生产。②过长的循环时间：发现生产项目问题在哪里？什么原因造成生产项目循环时间过长？哪些工艺还有提升空间等？③报废、返工、返修：降低报废、返工、返修的频次，从品质保证入手，分析原因。④场地的非增值使用：场地的非增值使用情况如何？是否有效利用场地进一步聚合生产，降低成本？⑤过大的变差：品质的过大变差问题出现在哪个环节？解决思路是什么？⑥人力和材料的浪费：是否做到人力和物料的最大优化，能否杜绝浪费。⑦不良的质量成本：哪些构成不良的质量成本，能否良好地解决？⑧产品装配或安装难：装配和安装存在哪些问题？⑨过多的搬运和储存：如何有效进行储存以降低成本？⑩顾客不满意，如抱怨、退货等：顾客反馈了什么？不满意究竟在哪里？接下来生产如何解决。

（2）持续改进技术与工具

技术要全方位改进，一方面需要提供相应的数据，另一方面企业也要求供应商对技术改进提出答复和改进计划，进而与企业的要求与发展相一致。通过对供应商生产制造体系的改造，企业实施全方位的自订单、生产到最终交付的全过程管理，增强采购品质持续提升能力以符合企业要求。

对于成本的改善，最忌讳企业只是单纯地提出要求，无法令供应商找到问题关键点，难以真正对成本进行改善。且成本的改善，需要双方不断交流最终确认，需要给予缓冲地带，提供成本改善的可能空间。

3）采购订单与交期改善

（1）替代品采购处理

当无法采购到计划产品时，为了避免影响企业正常运营，采购人员或需求部门可以提出替代品采购申请。在替代品采购申请中，企业应当注意以下事项：①一般物料的替代品采购，只需要采购主管审批即可。②重要物料或关键物料的替代品采购申请，需要总经理审批。③如果涉及技术问题，需要有关技术人员参与。

（2）临时紧急请购处理

针对临时出现的紧急采购需求，需求部门需填写请购单，并直接交由总经理签字后，再由采购部门进行采购。为了规范物料请购的处理，企业应对临时紧急采购需求进行限制，如每周紧急请购不得超过3条等，否则，大量的临时紧急请购申请会使得企业的请购管理制度失去意义。

（3）交期应急管理

当企业面临交期延误等异常情况时，为了确保企业运营的有序推进，避免企业因此遭受重大损失，企业应制订完善的应急管理方案，及时对异常情况进行有效处理。①及时沟通。采购人员应与供应商进行及时沟通，督促供应商尽快交货，以减少交期延误对采购商造成的负面影响。②替代品采购。如果供应商的交期延误超出采购商能接受的范围，采购企业则需要及时进行替代品采购，以满足企业生产运营需要。③损失赔偿。待核算完相关损失，采购人员则可根据此要求供应商按合同进行赔偿。

在进行交期应急管理的同时，企业要根据采购经验对交付延误原因进行总结，并在后续采购管理中进行改善。针对不同原因造成的交期延误，采购人员需执行相应的跟催方案。①因供应商导致的延误，采购人员应及时催货，如对企业造成损失，要求供应商按照合同承担违约责任。②因本企业导致的交期延误，采购人员要加强交期意识并提高业务能力，企业则需要按照绩效管理办法对相关责任人进行处理。③因双方沟通不良导致的交期延误，企业要加强内部控制，优化采购工作流程，建立完善、通畅的沟通渠道，与供应商保持良好沟通。④因偶发不可抗力导致的交期延误，企业需要与供应商协商处理，力求尽可能减少双方损失。对于自然灾害造成的损失，企业可以寻求保险公司的赔偿。

4）库存绩效管理

针对库存管理的各个环节，企业应制定相应的指标绩效，并明确每个指标的考核对象、周期和评估办法。库存绩效管理应秉持科学、可行、协调、可比、稳定的原则。

（1）库存绩效指标

库存绩效指标包括财务、运营和营销三个方面的内容，见表6-1。

表6-1 库存绩效指标

指标类型	说明
财务指标	库存在收益和损失上的反映，如采购价格变动分析； 库存总投资； 相对于预算的绩效情况； 已销库存成本和持有库存成本
运营指标	库存周转率； 服务水平； 库存准确率； 采购物品指标； 相对于目标的绩效情况
营销指标	库存可用性，如缺货、订单丢失和备份订单； 服务和保修成本； 滞销导致的过时物资； 销售预测准确率

常见的绩效指标主要包括以下几种：

①库存周转率

$$零售企业库存周转率 = \frac{总销售额}{总库存金额} \times 100\%$$

②出入库服务水平

$$出库率 = \frac{每月实际出库量}{每月计划出库量} \times 100\%$$

$$供给率 = \frac{实际出库量}{要求出库量} \times 100\%$$

$$及时发放率 = \frac{实际及时出库的数量}{要求及时出库的数量} \times 100\%$$

$$综合发放率 = \frac{每月实际出库量}{每月要求出库量} \times 100\%$$

$$物资收发差错率 = \frac{计划期内发生收发差错的物资总量}{计划期内仓库的进出总量} \times 100\%$$

$$账卡物相符率 = (1 - \frac{账卡物不相符数}{库存物资总项数}) \times 100\%$$

③库存管理指标

$$仓库有效面积利用率 = \frac{仓库使用面积}{仓库内有效面积} \times 100\%$$

$$仓库内有效容积利用率 = \frac{仓库使用容积}{仓库内有效容积} \times 100\%$$

④综合管理指标

$$质量保证率 = \frac{无质量事故的出库量}{出库量} \times 100\%$$

$$安全率 = \frac{无事故天数}{作业天数} \times 100\%$$

⑤资金利用率

$$全部资金利润率 = \frac{利润}{固定资金平均占用 + 流动资金平均占用} \times 100\%$$

$$固定资金利润率 = \frac{利润}{固定资金平均占用} \times 100\%$$

$$流动资金利润率 = \frac{利润}{流动资金平均占用} \times 100\%$$

（2）评估办法

由直接上级、人力资源部门和财务部门组成的考核组，对被考核人的绩效进行评估。绩效评估必须遵循既定的绩效指标及公正、公开、公平的原则，对被考核人的绩效进行真实、准确的评估。如出现扣分事项，应当详细说明。常见的绩效扣分事项有：物料收发单填写不完整；物料收发异常，账、卡更新不及时；未落实循环盘点工作且实施记录未保持完整；未进行盘点差异原因分析及改进；未按时提交库龄报告、有效期报告、质量异常物料报告及废品报告；在库不合格物料、报废产品未明确标示等。

5）采购人员管理

（1）采购人员绩效考核标准制定

正如供应商管理的核心是供应商绩效管理一样，采购人员管理的核心是采购部门的绩效管理。采购人员绩效考核应该与企业采购战略相协同，在设计采购人员绩效考核指标时，企业需要结合供应商绩效评估流程，制定完整的采购人员绩效评估流程。采购人员发现问题时，如果及时上报，并协助相关部门进行方案的制订，那么会得到相应的奖励。企业需要确定能者多劳的原则，采购人员越能走进供应商的生产线寻找问题，获得晋升的机会越大。企业还应当将采购人员的工作汇报纳入年底绩效考核和职务考评体系之中，名列前茅者获得相应奖励；始终处于末位者会被暂停采购工作，待接受培训考核后，重返工作岗位，企业也可因此规避内部管理漏洞造成的采购风险。

采购人员同样要承担责任，每位采购人员负责的领域，如果出现漏洞，同样需要承担相应责任，严重者甚至会受到停职处分。只有让采购人员意识到自己的工作直接关系到企业未来发展，稍有不慎可能会给企业带来无法弥补的损害时，采购人员才能正确认识自身工作的重要性，积极与供应商交流，让问题第一时间得到解决。

（2）采购人员风险控制措施

为了有效防范采购业务风险，企业应当建立完善的采购人员风险控制措施。可以从以下6个层面入手：

① 控制目标。采购业务控制不当可能导致所采购的物料及其价格偏离目标要求，或者出现由舞弊造成的经营风险。企业应确保采购业务按规定程序在适当授权下进行。采购业务会计核算多记、错记、漏记采购成本和应付账款等可能导致财务风险。企业应确保采购和付款核算规范、准确，账实相符。采购业务违反有关法规，将导致企业面临行政处罚或法律制裁等合规性风险。企业应确保采购和付款业务等符合国家

有关法律法规。

②组织保障。一般项目由采购部门牵头负责，重大项目成立项目领导小组。项目实施全过程中，计划、采购、财务等部门紧密衔接、配合。

③信息沟通。信息沟通包括采购计划制订中的配合与协调；采购计划与预算制订的沟通与协调；商务谈判中涉及采购计划重大变更情况的沟通；财务付款事项等的沟通。

④管控思想。管控思想以风险控制为导向，各环节控制由业务管理部门实施自主管理。

⑤制度支持。制度支持包括采购管理办法、合同管理办法、商务谈判组织管理制度、招标管理办法、招标工作监督办法、财务管理办法、资金管理办法、财务事项申请办法、预算管理办法等。

⑥监督检查。监督检查包括采购项目后评估，采购项目阶段性审计和综合审计，采购程序执行情况检查、监督整改和规范。

（3）采购人员培训与职业规划

作为采购的核心，采购人员如果不能做出专业的评判，不仅会导致供应商供货问题不断，还会引发内部信任危机，出现徇私舞弊的现象。因此企业必须建立完善的采购人员培训机制，并帮助采购人员做好职业规划，引导采购人员不断成长。

①建立采购人员培训机制。每位新入职的采购人员，都应当接受专门的入职培训，了解企业价值观，融入企业文化氛围。与此同时，企业平时要设立与采购相关的专业培训，让每位采购人员都能做到术业有专攻，不断提升专业能力。为了增强培训效果，内部培训应该引入考评机制。企业必须加强对相关人员的培训，用专业说话、用专业服众，才能保证采购活动有序开展。

②做好采购人员职业规划。每位采购人员都有实现自我价值的需求，不只是为了获得薪酬，更是为了获得成长。企业需要帮助每位采购人员做好职业规划。为此，企业首先应在内部建立完善的晋升机制，设立专业和管理两条晋升序列，让专业的采购人员的专业能力得到充分发挥，让具有管理能力的采购人员做好采购部门的管理。

（4）采购职业道德管理

由于采购工作的特殊性和敏感性，采购人员的职业操守问题让不少企业困扰。这些问题不仅影响着企业对外竞争，且使企业内部环境不佳，导致企业文化不能良好延续。

职业操守是个人问题，也是企业问题。想要解决职业操守问题，从企业角度看，应研究怎样的采购环境和工作流程制度能够有效地控制和杜绝采购人员出现职业操守问题，能够让其更加专注于事业发展和为企业做出贡献。

要预防采购腐败，提升采购人员职业操守，企业要做好职业道德管理。以预防为本、消防结合，构建不能腐的采购环境，同时要构建不敢腐的严惩机制；还要结合正向激励，正确引导采购人员及采购团队的价值取向，通过企业降本增效获得激励和奖励，让团队和个人的成长发展与企业保持同步。

①组织层面的规划。很多企业将采与购的岗位职能分离，采只负责选择供应商，确定质量、价格、产能、交付条件等；购只负责向合格供应商下订单采购。还有企业除了采购分离外，还设立采购分析和采购控制等岗位。采购分析进行专业数据和市场分析，对采购价格进行审核和建议；采购控制对采购工作流程进行监督控制。

②制度层面的规划。但凡与企业建立合作关系的供应商都需要与企业签署《采购廉洁协议》和《商业保密协议》；采购岗位相关人员上岗前也需要和企业签署《采购廉洁协议》和《商业保密协议》。这样做的目的是明确企业底线和红线，增强采购人员和供应商的法律意识和道德意识。

另外，设立留痕管理制度，保证采购流程每个节点的可追溯性。在数字化采购和ERP系统普及、完善的今天，技术能有效解决留痕管理问题，因此，越来越多的企业开始重视数字化采购在企业采购过程中的应用。

③流程层面的规划。组织、制度设立合理、完善后要落地，就要依靠流程。流程是保证制度、措施有效落地的决定性因素，企业要避免腐败，就要重视流程设计并不断优化。好的采购流程既要能保证效率又要防控风险。在流程设计中，企业通过关键节点的设计和流程线路的优化达到上述目的。

④绩效层面的规划。一方面，道德管理的相关指标不仅要列入采购人员的绩效考核，同样也应用到供应商绩效评估中。另一方面，供应商绩效评估道德管理的要点在于评估指标尽量客观、量化，只有这样，评估结果才能让供应商信服，企业才能将供应商管理有效进行下去。

⑤文化层面零容忍。企业文化对采购腐败的零容忍是所有层面中最关键的一环，也是最具震撼力的环节。因此，企业文化构建要具有清晰的价值导向。企业文化对采购腐败行为和环节的零容忍才是一切变革和改善的有力支持。

【延伸阅读6-2】　触目惊心！知名超市员工涉嫌职务侵占约2.2亿元

2023年12月19日，中百集团发布公告称，2023年7月22日，中百控股集团股份有限公司全资子公司中百仓储超市有限公司（以下简称"中百仓储超市"）发现其财务人员邵某某存在职务侵占嫌疑，立即向公安机关报案。经过初审，邵某某承认在发现供应商结算系统漏洞后，利用生鲜非标品采购与结算的特殊性，通过虚假填写验收单据、伪造审批人签字、虚增供应商等隐蔽手段，恶意侵占公司巨额资金。

其实，员工涉嫌职务侵占或犯职务侵占罪在A股公司中并不少见，但中百集团此次案件涉案金额较大，嫌疑人还是财务人员，值得行业关注。胖东来创始人于东来曾一再提醒企业经营要注意制度完善。他指出企业的运营一定要有完善、规范的系统，这样可以保障如果我们不想做了就能不做，而不会再造成将来负债累累的或者出现法律问题。

（此文节选自"新零售"公众号2023年12月20日同名文章，联商网编辑部原创文章，欲了解全文，可通过该公众号查看。）

任务6.2　供应链和可持续发展

【任务导入】

小E在采购经理的带领下，已经从最初对采购与供应链一窍不通，到开始熟悉整个采购过程，并能对供应商进行管理，对采购业务部门进行评估与改善。学到这里，小E觉得已经学到采购与供应链管理的全部内容了。殊不知采购经理提到，最后还有个必须掌握的知识点，就是供应链和可持续发展。疫情以来，社会有过很多反思。疫情之后经济低迷，企业更希望通过可持续发展为企业转型、为社会经济快速恢复贡献自己的力量。什么是供应链和可持续发展？我们应该如何可持续地发展供应链，我们接着往下学。

任务分析：

当今企业面临的最大挑战就是如何健康地持续经营和可持续盈利。在讨论如何借助采购供应实现企业可持续盈利之前，企业首先要将目光放大至全局，从企业竞争战略思考问题。进入21世纪，可持续发展成为供应链设计和运作的关键，是需要优先考虑的问题。致力于可持续发展可以使供应链更好地服务于更具环境意识的顾客的同时，提高自身效益。

6.2.1　采购战略新模式

1）企业可持续盈利挑战

"这是最好的时代，这是最坏的时代"。我们正式进入一个轰轰烈烈的不确定时代——乌卡（VUCA）时代，更多人身处其中而不自知。所谓乌卡（VUCA），即易变（Volatile）、不确定性（Uncertainty）、复杂（Complex）、模糊（Ambiguous）。乌卡时代的变化经常呈现出跳跃性和震荡性的特征。在这样的时代，如果组织不能及时调整方向，适应新的环境，很可能因错误的假设迷失方向，继而错失发展机会。经济增速放缓，过去粗放式、经验化的管理，必然导致企业面临最大的挑战——如何健康持续经营和可持续盈利。

企业面临的巨大挑战具体体现在以下三方面：首先是市场需求的变化。客户是供应链管理的焦点，企业竞争战略应切分客户群落。在乌卡时代，消费者需求愈趋多变与多样化。他们不再将性价比作为单一核心需求，开始关注外观、品牌、价值观等多元化附加价值。企业传统供应链无法满足顾客动态性需求，客户体验太差被市场冷落。纵使企业具有成本规模效应，一旦市场需求改变，毫无还击之力。其次，管理思想与方式的革新。市场变化必然导致供应链管理思想与方式变化。在确定需要革新管理思想基础上，提出四点要求：（1）要形成战略纵深，不要仅盯着供应商谈判细节；（2）要提高计划性；（3）加强风险管理，保障供应链安全，不要计较一时的储备成本；（4）与最优秀的供应商建立战略合作伙伴关系。最后，人的变化。当下环境，人几乎成了最大变量。社会结构中人在变，而企业不变，必然导致人才流失。人在企业有三个基本要求：获得报酬、获得快乐和获得成长。

面对这样一个乌卡时代，企业供应链管理系统将何去何从，我们将从以下几个方面畅想：

第一，新形势：全球化与信息化。基于全球化竞争的需求和信息时代的技术应用，现代企业供应链管理系统的建立成为必然。企业竞争模式发生根本改变，在组织结构上，形成网络结构；在竞争理念上相互依靠，与企业的关系转变为战略伙伴关系；工作的中心围绕核心竞争力，即满足和创造客户需求；企业管理目标动态化，竞争关系为供应链关系。

第二，新地位：从战术职能变为战略职能。传统企业供应链管理承担战术职能，即为企业寻找更具成本优势的供应商和更具渠道优势的经销商。随着乌卡时代来临，日趋多变的竞争环境挤压企业利润，企业要促使利润增长，只能借助利润的杠杆效应——降低成本，这正是供应链管理的核心战略职能。同时，物流系统管理的地位提升。智能时代拥有优化渠道、创造价值的物流系统管理在供应链中的地位显著提升，物流系统完成分拣、包装等诸多工作，并与采购、分销、配送、维修等系统进一步结合，实现物流效能的提升和渠道流程优化，为供应链营运创造价值。

第三，新思路：从传统管理模式向供应链集成转变。传统物流承担商品转运职能，随着电商普及，物流作为商业基础设施的重要性不断凸显。物流产业走向整合，主要表现在职能独立，内外部整合，完善自建物流体系或打造有针对性的第三方物流公司。伴随着经济发展，供应链体系不断完善，形成供应链集成新思路。

第四，新机制：制度化、规范化、程序化。在乌卡时代，企业要发挥供应链管理的战略职能，让供应链管理新思路落地，必须完善机制建设，通过制度化、规范化、程序化的管理，让企业员工理解新思路并履行新职能。

第五，新策略：供应链管理系统策略。供应链管理新思路以及智能时代的诸多信息技术，为企业提供更多管理手段，形成供应链管理新策略。这些新策略包括：综合的采购策略，如准时采购、全球采购等；延迟策略，包括生产延迟或是物流延迟策略；供应商管理库存和联合库存管理策略；精细化生产、准时化生产战略；合作计划、预测与补给策略以及有效客户反应策略。

第六，新趋势：供应链管理系统未来发展趋势。首先，以信息技术为核心，上下游协同进行内部管理的整合和优化，从而实现控制成本、提高效率的目的。其次，以绿色健康安全为基本发展方向，对系统内污染进行有效控制，确保员工健康安全作业，还会出现专业、成熟的处理工业和生活废弃物的第三方物流体系。再次，以内外部资源整合为主要策略。随着社会分工不断细化，专业的第三方公司能够提供更加专业、高效的外包服务，企业可以通过参股、收购形式进行资源整合。最后，以客户个性化需求为发展方向。为适应大规模客户定制生产的需求，企业借助延迟策略，尽可能将产品定制延迟到供应链最终阶段，在需求确定同时进行生产或发送物流，及时满足不同地区客户对产品的不同需求。

微课

智能时代企业为什么要进行供应链变革

微课堂6-1

扫描二维码学习微课：智能时代企业为什么要进行供应链变革？了解更多有关乌卡（VUCA）时代及其供应链发展的趋势分析。

【延伸阅读6-3】　　　　前瞻2024：拥抱韧性与重塑时代

从中国的视角来审视，世界已经不再是平的了。地缘政治与大国博弈的拉扯竖起了不少高墙和壁垒，自由贸易也因为朋友和敌人的划分而支离破碎。效率不再是跨国公司行为的主旋律，它们与国家一样开始注重安全，没有谁希望夹在大国竞争之间左右为难。高科技的攻防战更是没有硝烟的战场，迫使中国要蹚出一条开放式自主创新的发展之路。

供应链的搬迁是2023年被经常讨论的一个话题。无论是富士康帮助苹果在印度代工生产iPhone15手机，还是比亚迪与苹果商洽在越南代工生产iPad11平板电脑，都给人一种中国制造正在搬迁的感觉。其实真正发生的是，中国参与的全球供应链正在不同的地缘环境下被重塑，而中国制造是参与这一重塑的重要力量。

理解全球供应链的重塑，首先需要清楚地意识到，重塑不是简单地搬迁，不是一朝一夕就能完成的。这是中国制造充分参与其中的重构，而重塑的结果很大程度上取决于地缘政治、大国博弈与中国制造对自身优势与短板的清晰梳理。

按照《供应链攻防战》中的分析，中国制造在连接力上，全球第一；在控制力上，也就是像苹果这样的龙头企业对供应链的掌控能力，制定供应商标准、指挥供应商布局的能力，中国制造正在迎头赶上；在设计力上，则还需要不断发展。

（此文节选自"经济观察报"公众号2023年12月17日同名文章，作者吴晨，欲了解全文，可通过该公众号查看。）

2）企业采购战略制定

（1）基于企业竞争的供应链分解

全球范围内企业获得竞争优势的方式很多，但归纳起来无外乎4种，具体见表6-2。

表6-2　　　　　　　　　不同类型企业竞争优势归纳

竞争优势	代表企业（品牌）
技术创新	苹果手机、特斯拉新能源汽车
客户体验	IMAX电影、奔驰汽车
产品质量	沃尔玛、雷克萨斯
成本领先	丰田汽车、小米手机

随着互联网和新技术的运用，企业出现差异化竞争势头，更需要企业认真思考：企业当前与未来的战略是什么？企业必须确定竞争战略，思考战略协同，集中资源获取最大化绩效。企业战略导出供应链战略，供应链战略决定企业采购战略

等，如图6-1所示。

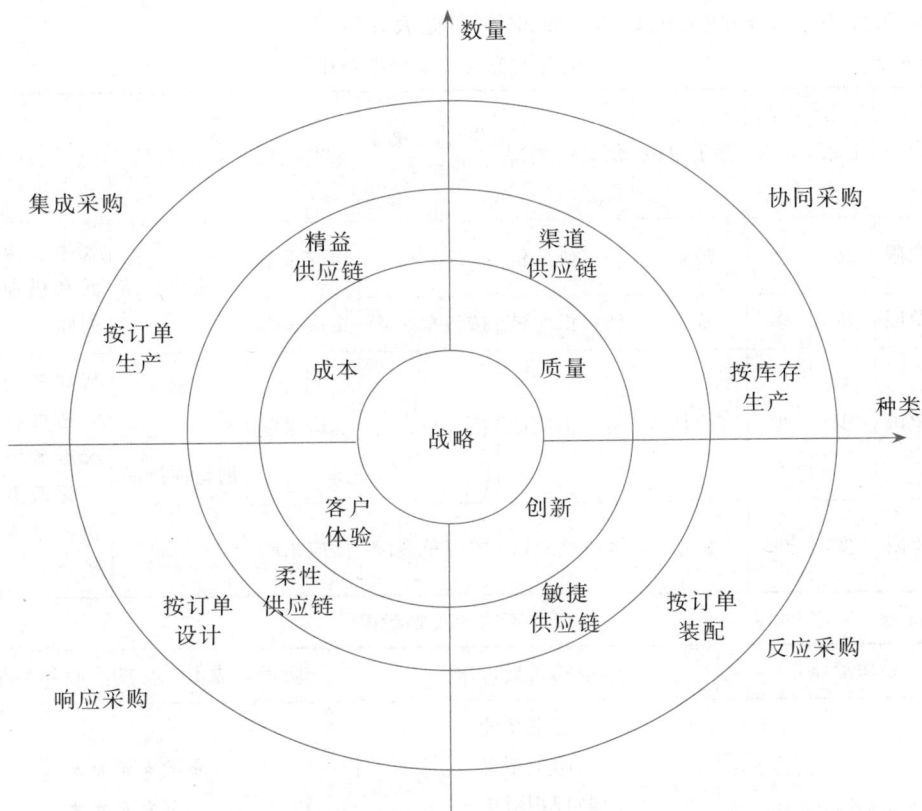

图6-1 供应链竞争模型

① 渠道供应链。产品数量多、种类多，企业供应链需要一个庞大的团队来管理，并对产品质量、交期、服务、成本等要素进行管控。由于涉及产品线丰富，管理成本高，很多企业将产品品类有共性的产品聚集到几个渠道供应商，以节约成本、提高效率，如沃尔玛的采购品种多，数量大，往往会委托给渠道商采购等。

② 精益供应链。产品数量多、种类少。这种市场竞争比较激烈，最后只能拼价格。这种市场的供应链强调总成本导向，如丰田汽车。

③ 柔性供应链。产品数量少，种类少。这种市场需求通常是个性化定制商业模式，由于个性化，需要供应链柔性响应，如高端定制品行业。

④ 敏捷供应链。产品数量少、种类多，通常就是大规模定制、模块化生产，需要个性化与快速响应，如戴尔电脑等。

从表6-3及图6-1可以看出，不同的供应链战略，需要匹配不同的生产和服务来支持。不同的企业竞争战略需要不同的采购战略来支持。品类分析决定企业竞争战略，最终通过供应链战略导出企业的四种采购战略模式，每种采购战略匹配不同采购策略、供应商管理模式、成本控制和合作方式。

（2）基于企业竞争战略的四大采购与供应链汇总

如果是以质量为竞争导向的企业，尽量采用协同采购方式开发供应商，关注质量与价格，但会妥协服务与交期。所以说战略就是取舍，有所为，有所不为。为了更好地理解四种不同采购战略的诉求，简单罗列见表6-4。

表6-3   采购与供应链竞争模型对比

象限	产品需求种类	产品需求数量	竞争定位	供应链类型	生产与服务方式	采购战略	产品特性	关注点
第一象限	多	多	质量	渠道供应链	按库存生产	协同采购	功能性产品	效率、成本最低和供应链计划性
第二象限	少	多	成本	精益供应链	按订单生产	集成采购		
第三象限	少	少	客户体验	柔性供应链	按订单设计	响应采购	创新性产品	利润率高，响应速度快，需求难预测，最大化服务水平和订单满足水平
第四象限	多	少	创新	敏捷供应链	按订单装配	反应采购		

表6-4   四种不同的采购战略

采购战略	采购关键诉求	质量、成本、交期、服务关注点
协同采购	追求功能 质量至上 品种相对单一 规模化效益 生产成本低 快速满足需求	质量 ★★★★ 成本 ★★★★ 交期 ★★★ 服务 ★★
集成采购	在协同基础上 库存水平低 精益化制造 上下游集成 反应时间慢	质量 ★★★★ 成本 ★★★★ 交期 ★★ 服务 ★★★
响应采购	个性化 多品种 小批量 快速捕捉 快速满足	质量 ★★★ 成本 ★★ 交期 ★★ 服务 ★★★★
反应采购	供应链延迟 大规模定制 标准化模块 快速反应	质量 ★★★ 成本 ★★★ 交期 ★★★★ 服务 ★★★

【延伸阅读6-4】 中国供销集团云仓数字物流项目负责人顾春国：中国需要有底盘性质的供应链

2023年10月19日，由商务部流通产业促进中心指导、零售圈主办的，19家行业协会、29家媒体支持的中国零售圈大会暨2023生鲜零售高峰论坛在中国徐州成功举办。来自浙江大学、麦德龙、盛景嘉成基金、盒马、滴灌通、百果园、上海市自有品牌协会、中国食品工业协会、蜀海供应链、中国供销集团、钱大妈、毕马威、西域美农等学术界、行业协会、零售企业的20位重磅嘉宾汇聚于此，共商生鲜零售新机遇。

中国供销集团云仓数字物流项目负责人顾春国以《如何打造3S4B2C模式的供应链》为主题分享了他对新兴供应链模型的深度理解。顾春国指出，3S4B2C模型具备三大特点：

第一，中国需要有底盘性质的供应链；

第二，连锁化趋势促使供应链从纯点状单一供应商变为多个供应商；

第三，供应链对运营及管理的要求越来越高。

打造3S4B2C模式的供应链如图6-2所示。

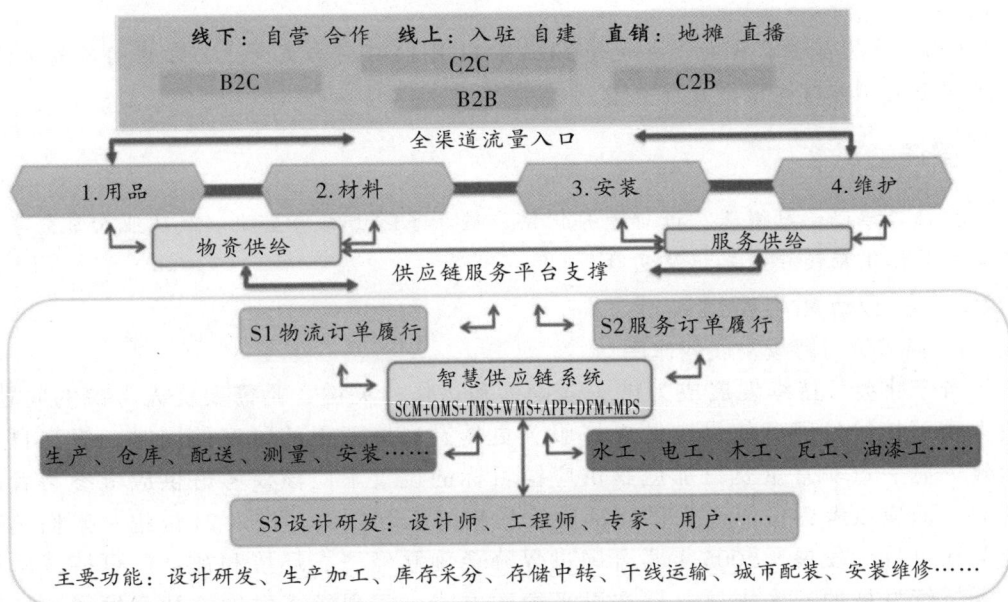

图6-2 3S4B2C模式的供应链

美国供应链协会在20世纪90年代推出的供应链模型叫SCOR模型，认为供应链是一个链条，既要看到客户，还要看到客户的客户，同时还要看到供应商、看到供应商的供应商。在整个链条里又分为五大概念，从采购到制造到交付到计划，这两年又加了一个赋能模型，大部分中国企业符合这个逻辑。2023年，SOCR模型做出重大改变，从链状模型变成两个循环模型，国内有学者将其命名为"28模型"，一端为供应，一端为需求，向上有计划，向下为再生，中间包含一个核心协同概念，如图6-3所示。

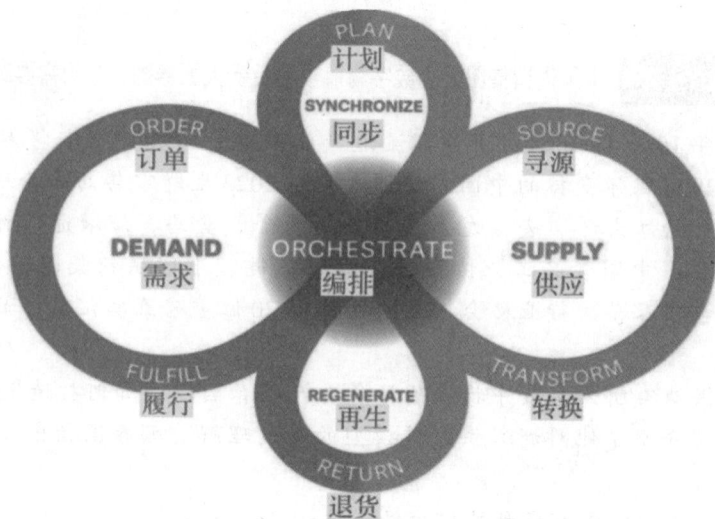

图6-3   28模型

从发展逻辑来看，中国市场在内循环中是一个统一市场，我们的供应链和美国供应链存在差别，链状模式并不能让市场拓展得更快，我们需要的是有底盘性质的供应链。

（此文节选自"零售圈"公众号2023年11月14日同名文章，为零售圈原创文章，欲了解全文，可通过该公众号查看。）

微课

进口差异化
供应链

☑ **微课堂6-2**

扫描二维码学习微课：进口差异化供应链。了解由零售企业一线从业人员分享的进口差异化供应链相关知识及实践。

6.2.2   供应链和可持续发展

1）供应链可持续发展的作用

当今社会可持续发展成为供应链设计和运作的关键，是需要优先考虑的问题，致力于可持续发展可使供应链更好服务更具有环境意识的顾客的同时，提高自身绩效。有一点非常重要，那就是供应链目标的设置不应该仅考虑供应链参与者的利益，而应该考虑可能受到供应链决策影响的所有方面。进入21世纪，人们越来越关注可持续发展。2005年联合国世界峰会确立经济、环境和社会的可持续发展为可持续发展的三大支柱，旨在以平衡的方式，实现经济发展、社会发展和环境保护。

随着中国、印度、巴西等人口大国的经济发展，可持续发展也越来越受到重视。一方面这些新兴市场的发展提高了全球生活水平；另一方面也给予环境和资源前所未有的压力。人们越来越清楚地认识到，如果供应链不能变得更具可持续性，世界资源和环境将不能持续现有的发展水平。促使人们对供应链可持续发展越来越关注的因素可分为三类：

第一类，降低风险，提高供应链的财务绩效；

第二类，社会压力和政府指令；

第三类，吸引那些关注可持续发展的顾客。

星巴克就是一家可持续发展公司，它认识到如果不帮助咖啡种植者以可持续方式提高产量，该公司发展将难以持续。该公司提出咖啡与种植者公平（C.A.F.E）规则，从产品质量、经济责任、社会责任和环境责任四个维度评价咖啡可持续性。根据这四方面得分，优秀申请者可被授予优秀供应商身份。这些举措不仅帮助星巴克吸引大量关注可持续发展的顾客，还帮助星巴克降低供应商风险，保障运营所需的最关键输入——高质量咖啡持续供应。沃尔玛投资于发光二极管（LED）照明以减少沃尔玛店铺中的能源消耗。虽然安装 LED 灯需要前期投资，但却能大大减少沃尔玛店铺的能源消耗。虽然这会带来长久回报，但由于需要大量前期投资，因此很少有其他企业效仿沃尔玛的做法。又如联合利华，世界上大约 10% 的茶叶和 40% 的菠菜被联合利华购买，它致力于可持续发展提高未来目标市场环境和经济健康。

当需要为可持续发展投入一定的努力却无法得到相应的回报时，企业将面临更大的挑战。事实上，顾客并不总是会因为可持续发展重要而为具有可持续性的产品支付更高的价格或为支持可持续性做出更大的努力。例如，星巴克为自带平底杯的顾客提供的饮料比例，从 2009 年的 1.4% 提升到 2013 年的 1.8%，在该公司《2013 年全球责任报告》所提及的所有维度中，可以看到可持续发展是进展最小的维度。在一次调查中，行业领先企业普遍认为可持续发展的投资并没有带来足够的回报，顾客不愿意为绿色产品支付额外的费用，并且难以在一个产品的生命周期内对可持续性进行评价。这些都将成为可持续发展得到进一步关注的主要障碍。对于企业来说，如果进一步致力于可持续发展的企业合理性不够明确，那么构建更具可持续性的供应链会更困难。目前的状况是，收益由企业或个人分享，而成本由全球承担。

2）供应链可持续发展的支柱

供应链的可持续遵循着三大支柱来评价：社会发展、环境保护、经济发展。大多数企业，例如沃尔玛、星巴克等，都会在其年度报告中报告财务绩效，在全球责任报告（也称企业社会责任报告）中报告社会和环境绩效。供应链采取的许多行动都可以提高这三方面的绩效。例如宜家利用模块化设计使产品部件在从生产地运往零售门店时可以更加紧密地保障生产。同时，模块化设计还有助于减少排放物、降低运输成本。在这种既改善可持续性又促进供应链财务绩效的情况下，我们能够利用财务指标来评价可持续工作。大部分与可持续发展相关的努力都会增加供应链成本，却带来更为普遍的利益。在这种情况下，评价为供应链可持续做出的相关努力的影响时，需要从三个支柱全面衡量供应链绩效。下文主要介绍社会支柱和环境支柱。

（1）社会支柱

社会支柱衡量企业解决劳动力、顾客和社会相关重要问题的能力。劳动力相关因素包括雇佣质量、健康安全、培训和发展、多样性和机会。顾客相关因素包括准确的产品信息和标签、产品对顾客健康和安全的影响。社会问题包括人员和对当地社区的影响。

　　沃尔玛和星巴克的全球责任报告对每一个社会因素都进行了报告。沃尔玛和星巴克均从全球各地企业采购大量产品。因此，沃尔玛和星巴克在劳动力方面的表现必须将其供应商的表现包括其中。沃尔玛非常关注供应商劳动安全、女性权利和反人口贩卖措施。沃尔玛建立供应商标准，要求供应商消除强迫劳动和使用童工，工资和劳动时间符合当地法律，同时关注工人健康和安全。对于像沃尔玛和星巴克这样的大企业来说，为了实现更大的可持续性，为其位于新兴国家的供应商提供支持非常重要。如果供应商没有能力自己做出改变，那么仅仅设立审计标准可能是不够的。

　　（2）环境支柱

　　环境支柱衡量企业对环境，包括空气、土地、水和生态系统的影响。企业改善环境的举措可能分为几类：减少资源消耗、减少排放、产品创新。减少资源消耗的举措可以使供应链能够更有效地使用自然资源。如星巴克大大减少北美门店用水量，沃尔玛重视供热通风与空气调节、冷藏以及照明系统，不仅环保，且为企业减少成本。产品创新反映了企业通过开发具有生态效益的产品和服务来减少顾客环境成本和负担的能力，如高效坐便器是一种能使用户大大减少废水排放的产品创新。

　　企业开始着手提高可持续性时，最好从减少资源消耗的活动开始，不管是减少包装和能源的使用还是减少运输，减少资源消耗的活动最后可能实现双赢的结果，既有益于环境，又可以增加企业的利润。这些活动的成功可以为更具挑战性的可持续活动提供动力。社会和环境改善的最大挑战在于，企业需要做出大量努力，但收益却被广泛分配。虽然一些企业总是宣称在可持续方面取得很大提高，但在整个供应链范围内衡量变化的困难性可能使得实际进展非常缓慢。

3）闭环供应链

　　当供应链的产品最终被作为垃圾填埋将会对环境造成巨大影响。对企业来说，提高可持续性的巨大机会之一就是设计出使用更少资源，可再循环、再制造的产品。再循环和再制造的程度取决于以下两个因素：对再循环和再制造的激励；再循环和再制造的成本。

　　除非是被迫，一般企业不会尽全力去设计再循环、再制造产品。制造商担心再制造的产品可能会影响新产品的需求，顾客可能不会尽力协助回收使用过的旧产品。产品最终进入填埋场的成本由社会来承担，但可循环产品的附加成本是由每个制造商来承担的。这也降低了制造商关注再循环、再制造的动机。

　　即使实施正确的激励，再循环、再制造的实际成本也会对再循环的范围造成极大的影响。在这种情况下，大多数成本是收集和运输的物流成本。以电子产品为例，收集和运输的高成本对于再循环、再制造产生较大影响。大多数消费电子产品生产于亚洲，但是主要消费市场在欧美，不仅从顾客处回收旧电子产品的成本很高，而且将可再循环利用的电子部件运输至亚洲进行再制造的成本也非常高。这使得再制造的成本非常高，以至于通常再制造产品的成本甚至比生产一个新产品的成本还要高。

　　为了减少资源消耗，提高再循环和再制造，其中一种合适的方法就是向生产者征税以鼓励减少资源消耗，并奖励实施再循环的企业或个人以提高再循环比例。排污定价是最具有成本效率的一种减少排放的方法，可以通过实施碳税或混合总量管制与交易系统来对排放定价。

行业案例 6-2

低碳物流：ToB 循环箱助力桂格降本减碳

百事旗下品牌桂格与菜鸟在 ToB 循环箱领域展开合作，通过循环箱替代纸箱的绿色包装举措，截至目前已助力桂格降低运营成本近 10%。首期合作落地后，预计一年即可减少近 5 万个纸箱的使用。同时，通过菜鸟碳排放和碳资产管理系统，可为桂格提供碳账户和减排第三方认证等多种碳资产服务，助力品牌做出更优的碳资产管理决策。

相比使用纸箱，百事一期部署 1 万个循环箱，预计全年将循环运营 5 万次，相当于每年减少 5 万个纸箱的使用。成本上，可助力百事节省 10% 的包材费用；减碳上，单箱单次循环可减碳约 696 克，按 5 万次循环计算，平均每年累计减碳 31 吨。通过循环箱 RFID（射频识别技术）标签，结合菜鸟循环箱管理系统，助力品牌以"一箱一码"的方式实现高效识别和数字化管理，推进绿色数字化供应链的建设。

B2B 数字化循环包装一般为循环箱（或循环筐）的形式，可取代常规 B2B 物流纸箱，用于原材料和成品的运输。末端使用产生的空箱，通过逆向物流进行回收、清洗和暂存，再按需供货给品牌工厂实现循环使用，减少纸箱废弃物。为助力品牌实现可持续减碳，B2B 循环箱作为一项服务，选品和运营是两大核心能力。首先，为控制部署成本，在 SKU 选择上需遵循一定的选品规则，否则可能会导致成本增加；其次，为实现持续运营，需有能力监控和优化全链路成本，其中箱体丢失率尤为关键，必须控制在一个极低的水平。这两大核心能力，恰恰是目前循环箱商业推广的两大痛点。菜鸟通过两年的产品和能力建设，已经取得实质性的突破，能助力各品牌针对多种场景完成正确选品、方案设计、规模化部署和全链路运营。

（此案例节选自中国连锁经营协会发布的《2023CCFA 连锁便利店创新案例集》，可扫描二维码查看案例微课视频。）

微课

低碳物流：
To B 循环箱
助力桂格
降本减碳

项目测试

一、判断题

1. 采购绩效评估指标的设定应同企业的总体采购水平相适应。　　　（　　）

2. 采购绩效评估的关键是要制定对供应商管理具有导向作用的指标体系。（　　）

3. 质量绩效指标主要是指供应商的质量水平以及供应商所提供的产品或服务的质量表现。　　　（　　）

4. 采购人员争取数量折扣以达到降低价格的目的，因此，数量折扣争取越多，说明采购人员的绩效越好。　　　（　　）

5. 时间绩效指标主要是用来评估采购人员处理订单的效率，及对供应商交货时间的控制。通常如果供应商延迟交货，则判定绩效差，但如果提前交货则无妨。（　　）

6.采购人员管理的核心在于采购部门的绩效管理，企业因此规避内部管理漏洞造成的采购风险。　　　　　　　　　　　　　　　　　　　　　　　　　　　（　　）

7.乌卡时代的变化经常呈现出跳跃性和震荡性的特征。　　　　　　（　　）

8.2005年联合国世界峰会确立经济、环境和社会的可持续发展为可持续发展的三大支柱，旨在以平衡的方式，实现经济发展、社会发展和环境保护。　（　　）

二、单项选择题

1.（　　）用来评估采购人员处理订单的效率，及对供应商交货时间的控制。

A.质量绩效　　　　B.数量绩效　　　　C.时间绩效　　　　D.价格绩效

2.紧急采购费用指标属于（　　）指标。

A.质量绩效　　　　B.数量绩效　　　　C.时间绩效　　　　D.价格绩效

3.当采购部门，无论是组织、职责或人员等均没有重大变动的情况下，适合使用（　　）。

A.历史绩效　　　　B.标准绩效　　　　C.行业平均绩效　　　　D.目标绩效

4.（　　）代表企业管理者对工作人员追求最佳绩效的期望值。

A.历史绩效　　　　B.标准绩效　　　　C.行业平均绩效　　　　D.目标绩效

5.由评估小组或主管先拟定有关的评估项目，按评估项目对员工的绩效做出粗略的排序的评估方法被称为（　　）。

A.排序法　　　　B.两两比较法　　　　C.等级分配法　　　　D.专家评分法

6.以技术创新作为企业获得竞争优势方式的企业，通常采用（　　）战略。

A.渠道供应链　　　　B.敏捷供应链　　　　C.柔性供应链　　　　D.精益供应链

7.渠道供应链要求对产品质量、交期、服务、成本等要素进行控制。通常采用（　　）战略。

A.协同采购　　　　B.集成采购　　　　C.响应采购　　　　D.反应采购

8.沃尔玛非常关注供应商劳动安全、性别平等等，可见沃尔玛在供应链可持续方面就（　　）做出努力。

A.社会支柱　　　　B.环境支柱　　　　C.经济支柱　　　　D.政治支柱

三、多项选择题

1.以下对采购评估目的描述正确的有（　　）。

A.确保采购目标的实现

B.提供改进采购绩效的依据

C.作为个人或部门奖惩的依据

D.协作人员甄选与训练

E.促进部门关系

2.采购绩效评估的基本原则包括（　　）。

A.选择适合的衡量指标

B.绩效指标的目标要合理

C.确定绩效指标要符合有关原则

D.必须企业全员参与

E.必须征得供应商认可

3.常用的采购绩效评估体系 5R 包括（　　　）。

A.质量　　　　　　　　B.数量　　　　　　　　C.时间

D.价格　　　　　　　　E.效率

4.以下用来衡量企业采购效率的指标有（　　　）。

A.年采购金额　　　　　B.年商品毛利额　　　　C.采购人员数

D.采购部门费用　　　　E.供应商开发数

5.标准绩效设定需要遵循的原则包括（　　　）。

A.固定标准　　　　　　B.挑战标准　　　　　　C.可实现标准

D.行业标准　　　　　　E.客观标准

6.企业通常可以选择（　　　）作为采购绩效评估人员。

A.采购部门主管　　　　B.采购部门　　　　　　C.销售部门

D.供应商　　　　　　　E.外界专家/顾问

7.交期的应急管理方案主要包括（　　　）。

A.及时沟通　　　　　　B.替代品采购　　　　　C.损失赔偿

D.临时请购　　　　　　E.更换采购人员

8.采购人员风险防范可以从（　　　）方面控制。

A.控制目标　　　　　　B.组织保障　　　　　　C.信息沟通

D.制度支持　　　　　　E.监督检查

项目实训

【实训目的】

1.了解企业采购绩效评估的作用和意义。

2.掌握采购绩效评估的步骤和方法以及绩效评估指标体系。

3.正确运用评估指标体系对采购绩效进行评估。

4.能不断提出改进采购绩效的方法。

5.培养学生分析能力、组织能力、沟通能力与团队协作能力。

【实训组织】

1.知识准备：采购绩效评估与改善。

2.学生分组：每小组 3~5 人，合理分工，协作完成相应任务。

3.实训地点：综合实训室。

4.如果数据资料难以得到，可根据教师给出的模拟数据与环境，完成整个实训过程。

【实训要求】

1.扫描二维码，获取 A 公司 M 连锁超市月度进销存数据，比对上一年度同月份进销存数据，运用 5R 指标体系以及 PDCA 法评估 M 超市月度采购绩效并提出改善意见。（说明：数据由连锁企业友情提供，为全真数据，仅用于教学，隐去门店信息）

2.在老师统一指导下，以小组为单位组织研讨、分析，形成小组课题报告。

微课

实训材料下载

微课

分析提示

【实训报告】

1. 分析采购人员及采购商品内容，了解企业采购部门如何进行采购绩效评估。

2. 对采购绩效评价资料进行分析、讨论，并依据指标提出改进意见。

（扫描二维码，获取运用 PDCA 法对 M 超市采购绩效进行评估及改进的参考）

【实训考核】

实训根据个人和团队表现进行综合测评，内容包含以下方面：

1. 资料收集是否全面、真实。

2. 评估体系是否规范，分析方法是否得当。

3. 小组内分工是否明确，组员是否有协作精神。

4. 小组汇报总结报告是否思路清晰、内容是否充实、重点是否突出，由教师对小组进行评分。

5. 实训报告格式是否规范，对小组报告进行评分。

6. 根据个人和小组综合评分确定每个学生的实训成绩。

学习评价

根据本项目内容学习和实训完成情况，填写表6-5。

表6-5 学习评价表

专业能力	评价指标	自测结果	备注
能对采购人员及采购部门进行采购绩效分析与改善	掌握采购绩效分析的方法与采购绩效评估体系	□优秀□合格□不合格	
	掌握改进采购绩效措施	□优秀□合格□不合格	
能理解供应链和可持续发展	理解乌卡时代的供应链发展趋势	□优秀□合格□不合格	
	掌握采购战略模式	□优秀□合格□不合格	
	理解可持续发展的三大支柱	□优秀□合格□不合格	
项目测试完成质量		□优秀□合格□不合格	
项目实训完成质量		□优秀□合格□不合格	
综合成绩		□优秀□合格□不合格	

主要参考文献

[1] 乔普拉，迈因德尔．供应链管理［M］．陈荣秋，等译．5版．北京：中国人民大学出版社，2013．

[2] 刘宝红．采购与供应链管理：一个实践者的角度［M］．3版．北京：机械工业出版社，2019．

[3] 刘宝红．供应链管理：高成本、高库存、重资产的解决方案［M］．北京：机械工业出版社，2016．

[4] 刘宝红，赵玲．供应链的三道防线：需求预测、库存计划、供应链执行［M］．北京：机械工业出版社，2018．

[5] 楼永俊．连锁企业采购管理［M］．2版．北京：中国人民大学出版社，2018．

[6] 沙克．供应链管理：新零售时代采购和物流的优化方案［M］．杨建玫，靳琼，赵会婷，译．杭州：浙江大学出版社，2019．

[7] 王波，张坤琳，岳良运．从零开始学采购：供应商管理与采购过程控制［M］．北京：人民邮电出版社，2018．

[8] 柳荣．采购是个技术活：如何专业做采购［M］．北京：人民邮电出版社，2020．

[9] 柳荣．采购与供应链管理：采购成本控制和供应商管理实践［M］．北京：人民邮电出版社，2018．

[10] 李文发．采购和供应链：全流程控制与运营管理［M］．北京：人民邮电出版社，2020．

[11] 李志君．供应链管理实务［M］．3版．北京：人民邮电出版社，2019．

[12] 张彤，马洁．采购与供应链管理［M］．北京：清华大学出版社，2020．

[13] 陈利民．采购管理实务［M］．2版．北京：机械工业出版社，2020．

数字资源索引

项目	数字资源	页码
项目3 采购计划与预算管理	微课：制订采购计划	78
	微课：确定待采购商品的品类	86
	微课：菜单选品	86
	微课：自有品牌品项决策	86
	微课：新商品引进决策	87
	微课：连锁企业商品结构配置	89
	微课：可变的价格的组成部分——折扣	91
	微课：编制采购预算	93
	行业案例：青岛利群与中粮福临门零供合作	85
	行业案例：绿色供应链——生鲜供应链循环周转筐项目	91
	延伸阅读：中国零售企业品类分析现状调研与实施（2023）	83
项目4 实施采购过程	微课：供应商的选择与谈判	104
	微课：赋能乡村振兴发展	109
	微课：采购合同的签署与履行	121
	微课：采购质量管理的基本方法	132
	微课：昆仑好客供应链效率提升方案	133
	微课：商超仓到仓自动驾驶商业运营项目	140
	微课：推进数字化转型升级，提升农村物流配送效率	142
	微课：开启数字化仓储管理转型升级	142
	微课：兴盛社区阿必达智能分拣集成平台	142
	微课：供应链协同平台全方位助力数字化转型	146
	行业案例：良友便利小吃商品开发创新	114
	延伸阅读：谈判小人生	120
项目5 供应商管理	微课：供应商分类、评估与选择	152
	微课：什么是供应链	161
	微课：深入核心业务场景，飞书帮助物美集团降本、提效、合规	165
	微课：供应商管理五部曲	175
项目6 采购绩效评估与供应链可持续发展	微课：采购绩效评估与改善	184
	微课：全业态有货率提升一体化管理与数字化方案	187
	微课：供应链和可持续发展	196
	微课：智能时代企业为什么要进行供应链变革	198
	微课：进口差异化供应链	202